国家出版基金项目
NATIONAL PUBLICATION FOUNDATION

瓜饭楼丛稿

冯其庸文集

卷十一 中国文学史稿 上

青岛出版社

图书在版编目(CIP)数据

冯其庸文集. 第 11 卷, 中国文学史稿. 上 / 冯其庸著. —青岛:青岛出版社,2011.1
(瓜饭楼丛稿)
ISBN 978 - 7 - 5436 - 6791 - 4

Ⅰ.①冯… Ⅱ.①冯… Ⅲ.①冯其庸—文集 ②文学史—中国—古代—文集
Ⅳ.①C53 ②I209.2 - 53

中国版本图书馆 CIP 数据核字(2010)第 245012 号

责任编辑 吴清波 李星灿
录入初校 任晓辉 霍 雯
责任校对 孙熙春 高海英 赵 旭

中國文學史稿

作者在工作（1956年摄）

关于文学史图版的几点说明

    一、 图片的编排依历史先后为序，但并不是每个历史时期连续不缺，只是有则存之，无则缺之。

    二、图片的选择以历史遗存为准，当代新建的一律不取。

    三、 在文学史上的众多作家，有的遗迹或实物较多，有的较少或没有。故所收图片，有的作家较多，如杜甫、苏轼等，有的则较少，只能从实际出发，不能强求一律。

    四、 图片中以遗迹为主，但也收录作家书籍的珍贵版本图片，如《诗经》《楚辞》《史记》等等。这些古籍的图版，大多取自国家出版的再造善本及善本的图目，都注明了原本的收藏单位，以表谢意。也有部分是本人收藏的原本或早期的古籍影印本。

    五、 遗迹及实物图片，有一部分是朋友代为拍摄或朋友所赠，如韦应物撰书元蘋夫人墓志拓本是赵君平兄所赠，周邦彦撰田子茂墓志铭拓本是张颔老所赠，王维辋川黄家岩瀑布和王维手植之银杏树是朱玉麒兄所摄，巩县杜甫窑洞是孙角生先生所摄，李清照故居、漱玉泉是牛国栋先生所摄、辛弃疾出生地是叶兆信君所摄，范成大遗迹、陆龟蒙墓地和斗鸭池是钱俊君所摄，元好问是范越伟先生所摄等等，均已在图片下一一标明，其余则都是本人所摄。

    六、 这部《文学史》因当时的特殊原因，未能写完，就是已写好的元、明部分因还未印成讲稿，"文革"中也都被毁了，故图片只收到元遗山为止。以下因无文字，故图片即不再收录。

七、我原想编一部《中国文学史图录》，但因种种原因，力不从心，现在收在本书里的我自己拍摄的图片，就是这个计划的一部分。现在我已无力再做这项工作了，希望有人能来做这件有益于世、有益于文化传承的工作。

冯其庸

2011 年 5 月 29 日

图版目录

1

22. 南京西善桥大岗寺南朝竹林七贤画墓砖, 阮籍

23. 南京西善桥大岗寺南朝竹林七贤画墓砖, 刘伶

24. 东晋隆安二年砖

25. 东晋泰（太）元十三年砖

26. 《笺注陶渊明集》, 涵芬楼影印宋本（一）

27. 《笺注陶渊明集》, 涵芬楼影印宋本（二）

28. 《陶渊明集》, 宋刻递修本

29. 《陶渊明集》, 清翰墨园朱墨两色套印批本

30. 王维隐居之辋川黄家岩瀑布

31. 辋川王维手植之银杏

32. 王维《王摩诘文集》, 北宋末蜀刻本

33. 王维《类笺唐王右丞诗集》, 明顾起经辑注本

34. 《孟浩然诗集》, 南宋中期刻本

35. 韦应物《韦苏州集》, 宋刻本

36. 唐韦应物撰并书元蘋夫人墓志

37. 《李太白文集》, 南宋初蜀刻本

38. 《分类补注李太白诗》, 明刻本

39. 《分类补注李太白诗》, 元刻本

40. 安徽当涂李白墓

41. 李白墓碑

42. 李白唐代墓砖

43. 河南巩县杜甫出生地

44. 杜甫同谷故居

45. 秦州杜甫草堂

46. 杜甫好友赞上人寺庙遗址

47. 秦州南郭寺内横斜的古树

48. 杜甫鄜州羌村故居旧址

49. 杜甫旅居之夔州全景

50. 杜甫《杜工部集》, 宋刻本

51. 杜甫《王状元集百家注编年杜陵诗史》三十二卷, 宋刻本

52. 杜甫《杜工部草堂诗笺》, 宋本

53. 杜甫《集千家注杜工部诗集》, 明嘉靖十五年玉几山人刻本

54. 陕西周至县仙游寺, 白居易作《长恨歌》处

55. 《白居易集》, 明嘉靖十七年伍忠光龙池草堂本

56. 元稹《新刊元微之文集》, 南宋刻本

57. 韩愈《新刊经进详注昌黎先生文》, 四十卷外集十卷遗文三卷, 宋刻本

58. 柳宗元《五百家注音辩唐柳先生文集》四十五卷，宋刻本

59. 朱墨两色评批《李长吉集》，扫叶山房本（一）

60. 朱墨两色评批《李长吉集》，扫叶山房本（二）

61.《笺注李义山诗集》，清同治朱墨蓝三色套印评批本（一）

62.《笺注李义山诗集》，清同治朱墨蓝三色套印评批本（二）

63. 苏州甪直陆龟蒙斗鸭池

64. 苏州甪直陆龟蒙墓

65.《花间集》，后蜀赵崇祚辑，宋绍兴十八年刻本

66.《花间集》，后蜀赵崇祚辑，宋刻递修本

67. 欧阳修《欧阳文忠公集》，宋庆元二年刻本

68.《醉翁琴趣外篇》，影宋吉州本

69. 欧阳修《近体乐府》，影宋吉州本

70. 王安石《临川先生文集》，宋绍兴二十一年王珏刻本

71. 柳永词《增修笺注妙选草堂诗馀》，影印涵芬楼明刊本（一）

72. 柳永词《增修笺注妙选草堂诗馀》，影印涵芬楼明刊本（二）

73. 柳永词《乐章集》，彊村丛书本（一）

74. 柳永词《乐章集》，彊村丛书本（二）

75. 施顾注《东坡先生诗》，宋嘉泰六年淮东仓司本，景定三年郑羽补刻本

76. 苏轼《东坡集》，宋刻本

77. 苏轼《王状元集百家注分类东坡先生诗》，宋建安黄善夫刻本

78. 苏轼《东坡乐府》，元延祐七年刻本

79. 海南岛中和镇苏轼桄榔庵遗址

80. 河南省平顶山市郏县苏轼墓墓道

81. 苏轼墓

82. 黄庭坚《山谷诗注》，宋绍定五年黄坪刻本

83. 黄庭坚《山谷黄先生大全诗注》，元刻本

84. 秦观《淮海先生闲居集》，宋刻本

85. 贺铸《东山词》，宋刻本

86. 周邦彦《详注周美成词片玉集》，宋刻本

87. 宋徽宗政和六年，周邦彦撰田子茂墓志铭

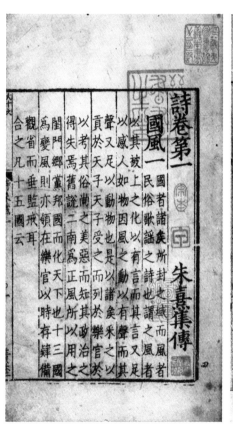

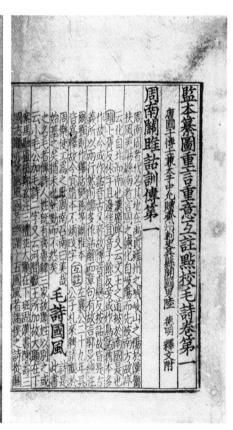

1.《诗集传》，朱熹撰，宋刻本，
南京图书馆藏

2.《监本纂图重言重意互注点校毛诗》，
宋刻本，国家图书馆藏

3.湖北秭归香溪之屈原故里　　冯其庸摄

4.湖北江陵之纪南城遗址，即楚国之郢都，亦即屈原《哀郢》之"郢"

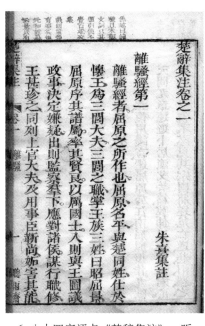

5.《楚辞集注》，宋朱熹集注，宋端平刻本，国家图书馆藏

6.八十四家评点《楚辞集注》，听雨斋本（一），瓜饭楼藏

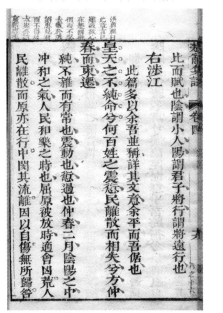

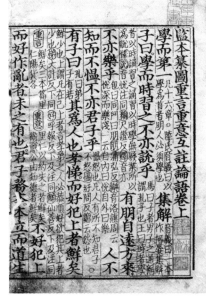

7.八十四家评点《楚辞集注》，听雨斋本（二），瓜饭楼藏

8.《监本纂图重言重意互注论语》，宋刘氏天香书院刻本，北京大学图书馆藏

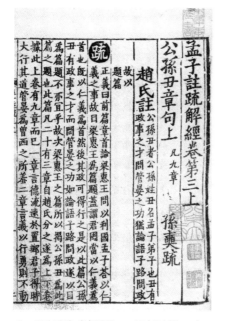

9.《孟子注疏解经》，汉赵岐注，宋孙奭疏，南宋刻本，北京大学图书馆藏

10.《孟子》，苏洵批点，明万历吴兴闵齐伋刻三色本，安徽省图书馆藏

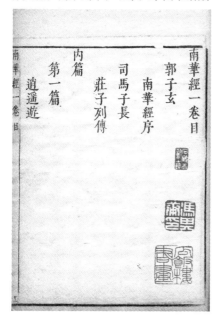

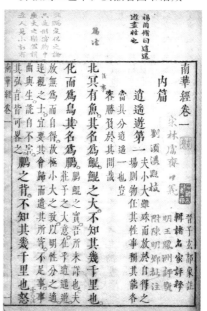

11.《南华经》，清五色评点本（一），瓜饭楼藏

12.《南华经》，清五色评点本（二），瓜饭楼藏

揚用衍曰國語
云魚禁鯤鰛皆
的鯤禁鯤鰛皆
字乃以至小為
至大便是渭楷
之開端
何盍春日寮諧
如今山海经之
題抉此書未必
右莊子既揲此

哉
其間
齊諧者志怪者也諧之言曰鵬之徙於南
冥也水擊三千里摶扶搖而上者九萬里
去以六月息者也

難桌故摶扶搖而後能上九
既有斯翼豈得決然而起數例而下哉此皆不
得不然非
樂然也
一飛半朝槍榆枋而止此北所
則有間矣其於適性一也

而飛其翼若垂天之雲是鳥也海運則將徙於
南冥南冥者天池也。九萬里不足以運其身非
豈好奇哉直以大物必自生於大處大處亦必於
自生此大物理固自然不患其失又何厝心於

野馬也塵埃也
至天池而息夫大鳥一去半歲藏
乃足自勝耳夫大翼

13.《南华经》，清五色评点本（三），瓜饭楼藏

14.陕西韩城司马迁墓（一）　冯其庸摄

15.陕西韩城司马迁墓（二）　　冯其庸摄

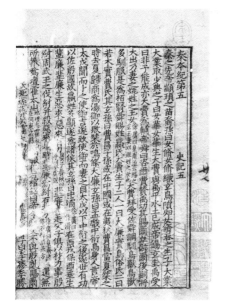

16.《史记》，北宋刻本，
北京大学图书馆藏

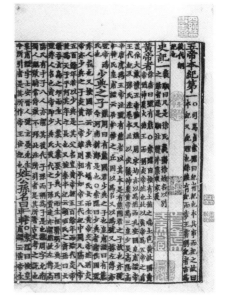

17.《史记》，宋淳熙三年张桐川郡斋
刻本，国家图书馆藏

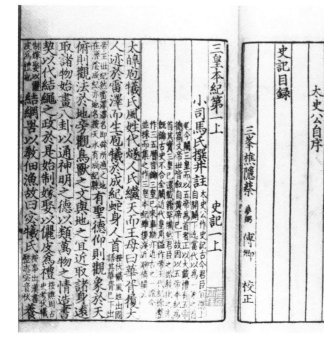

18.《史记》，宋乾道七年蔡梦弼东塾刻本，国家图书馆藏

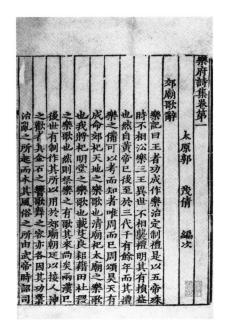

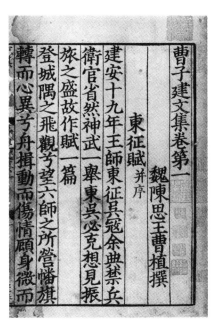

19.《乐府诗集》，宋郭茂倩辑，宋刻本，国家图书馆藏

20.曹植《曹子建文集》，宋刻本，上海图书馆藏

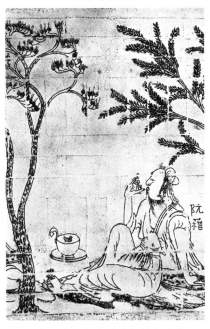

21.南京西善桥大岗寺南朝竹林七贤画墓砖，嵇康（见姚迁《六朝艺术》）

22.南京西善桥大岗寺南朝竹林七贤画墓砖，阮籍（见姚迁《六朝艺术》）

23.南京西善桥大岗寺南朝竹林七贤画墓
砖，刘伶（见姚迁《六朝艺术》）

24.东晋隆安二年砖，时陶渊明三十岁，出仕方三
年，为刘裕之镇军参军，原件瓜饭楼收藏

25.东晋泰（太）元十
三年砖，时陶渊明二
十岁，尚未出仕，原
件瓜饭楼收藏

11

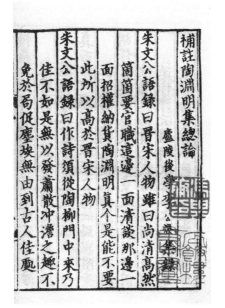

26.《笺注陶渊明集》，涵芬楼影印宋本(一)，瓜饭楼藏

27.《笺注陶渊明集》，涵芬楼影印宋本（二），瓜饭楼藏

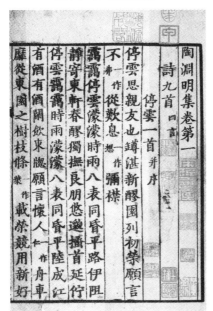

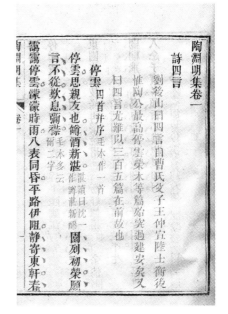

28.《陶渊明集》，宋刻递修本，国家图书馆藏

29.《陶渊明集》，清翰墨园朱墨两色套印批本，瓜饭楼藏

30.王维隐居之辋川黄家岩瀑布　　朱玉麒摄

31.辋川王维手植之银杏　　朱玉麒摄

32.王维《王摩诘文集》，北宋末蜀刻本，国家图书馆藏

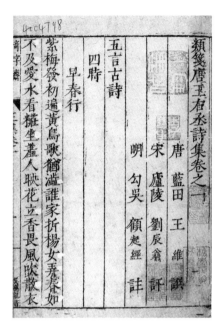

33.王维《类笺唐王右丞诗集》，明顾起经辑注本，开封市图书馆藏

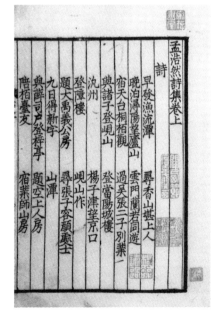

34.《孟浩然诗集》，南宋中期刻本，国家图书馆藏

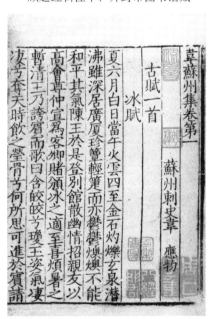

35.韦应物《韦苏州集》，宋刻本，国家图书馆藏

36.唐韦应物撰并书元蘋夫人墓志，赵君平惠赠拓本

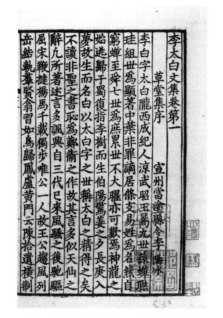

37.《李太白文集》，南宋初蜀刻
本，国家图书馆藏

38.《分类补注李太白诗》，明刻
本，南京师范大学图书馆藏

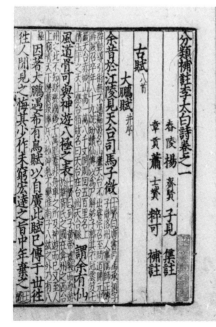

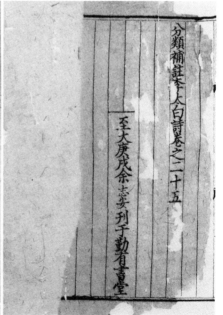

39.《分类补注李太白诗》，元刻本，浙江图书馆藏

40.安徽当涂李白墓　　冯其庸摄

41.李白墓碑　　冯其庸摄

42.李白唐代墓砖　　冯其庸摄

43.河南巩县杜甫出生地，窑洞后是笔架山　　孙角生提供

44.杜甫同谷（今甘肃成县）故居，在两山入口内　　冯其庸摄

45.秦州（今天水）杜甫草堂　　冯其庸摄

46.杜甫好友赞上人寺庙遗址　　冯其庸摄

47.秦州南郭寺内横斜的古树，即杜甫《老树空庭得》诗中的"老树"　　冯其庸摄

48.杜甫鄜州羌村故居旧址　　冯其庸摄

49.杜甫旅居之夔州全景　　魏靖宇摄

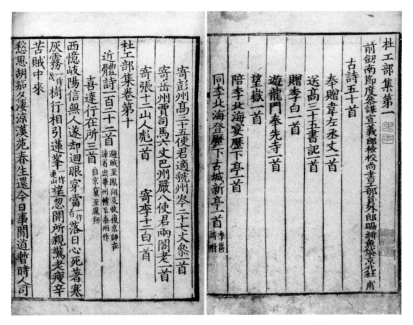

50.杜甫《杜工部集》，宋刻本，上海图书馆藏

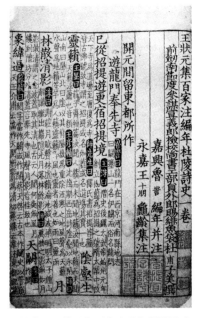

51.杜甫《王状元集百家注编年杜陵诗史》三十二卷，宋刻本，苏州图书馆藏

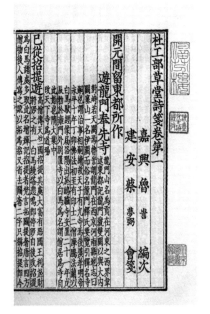

52.杜甫《杜工部草堂诗笺》，宋本，国家图书馆、北京大学图书馆藏，

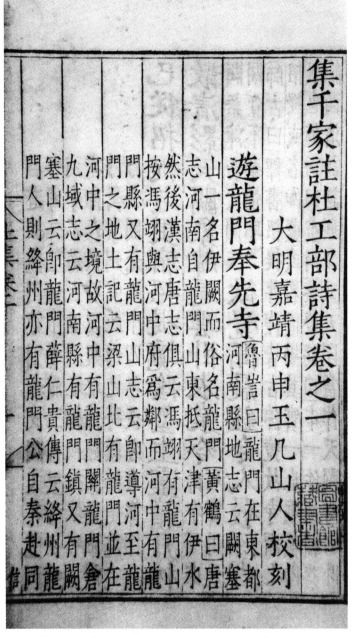

集千家註杜工部詩集卷之一

大明嘉靖丙申玉几山人校刻

遊龍門奉先寺〔河南縣地志云闕塞〕〔魯訔曰〕龍門在東都

山一名伊闕而俗名龍門山東抵天津有伊水

志河南自龍門山抵天津〔黃鶴曰〕唐

然後漢志唐志俱云馮翊有龍門河中府爲鄰而

按馮翊與河中俱有龍門河中府

門縣又有龍門山志云梁山北有龍門乃禹導河至龍

門之地土記云

九域志云河南縣有龍門鎮又有龍門闕會在龍

河中之境故河南縣有龍門闕龍門並在

塞山云郿龍門有薛仁貴傳云自秦赴同

門人則絳州亦有龍門公自云秦赴同

53.杜甫《集千家注杜工部诗集》，明嘉靖十五年玉几山人刻本，扬州市图书馆藏

54.陕西周至县仙游寺，白居易作《长恨歌》处，原建筑近年拆迁，
此是原建筑旧址，今已为水库　　冯其庸摄

55.《白居易集》，明嘉靖十七年伍忠光
龙池草堂本，湖南图书馆藏

56.元稹《新刊元微之文集》，南宋
刻本，国家图书馆藏

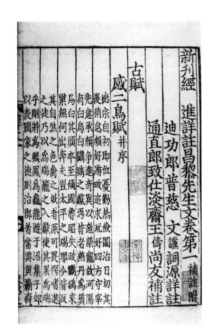

57. 韩愈《新刊经进详注昌黎先生文四十卷外集十卷遗文三卷》，宋刻本，国家国书馆藏

58. 柳宗元《五百家注音辩唐柳先生文集》四十五卷，宋刻本，国家图书馆藏

59. 朱墨两色评批《李长吉集》，扫叶山房本（一），瓜饭楼藏

60. 朱墨两色评批《李长吉集》，扫叶山房本（二），瓜饭楼藏

61.《笺注李义山诗集》，清同治朱墨
蓝三色套印评批本（一），瓜饭楼藏

62.《笺注李义山诗集》，清同治朱墨
蓝三色套印评批本（二），瓜饭楼藏

63.苏州甪直陆蒙斗鸭池　　钱俊摄

64.苏州甪直陆龟蒙墓　　钱俊摄

65.《花间集》，后蜀赵崇祚辑，宋
绍兴十八年刻本，国家图书馆藏

66.《花间集》，后蜀赵崇祚辑，
宋刻递修本，国家图书馆藏

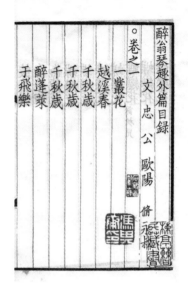

67.欧阳修《欧阳文忠公集》，宋庆元
二年刻本，国家图书馆藏

68.《醉翁琴趣外篇》，影宋吉州本，
原曹寅藏，瓜饭楼藏影本

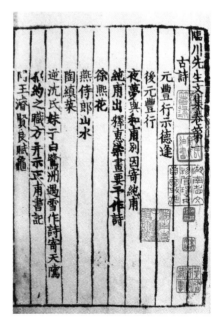

69.欧阳修《近体乐府》，影宋吉州
本，瓜饭楼藏影本

70.王安石《临川先生文集》，宋绍兴
二十一年王珏刻本，湖南图书馆藏

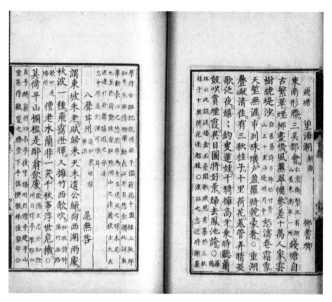

71.柳永词《增修笺注妙选草堂诗馀》，影
印涵芬楼明刊本（一），瓜饭楼藏

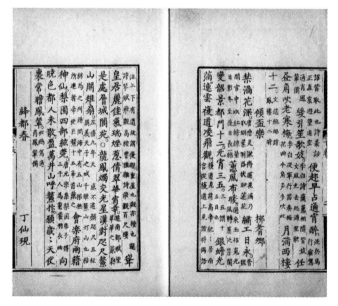

72.柳永词《增修笺注妙选草堂诗馀》，影
印涵芬楼明刊本（二），瓜饭楼藏

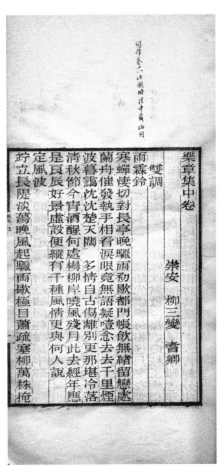

樂章集上卷

崇安　柳三變　耆卿

正宮

黃鶯兒

園林晴晝春誰主暖律潛催幽谷暄和黃鸝翩翩乍遷
芳樹觀露溼縷金衣葉映如簧語曉來枝上蠻聲似把
芳心深意低訴無據乍出暖煙來又趁遊蜂去恣狂
蹤跡兩兩相呼終朝霧吟風舞當上苑柳穠時別館花
深處此際海燕偏饒都把韶光與
玉女搖仙佩
玉女搖仙佩別珠宮未返神仙行綴取次梳妝尋常言

樂章集中卷

崇安　柳三變　耆卿

雙調

雨霖鈴

寒蟬淒切對長亭晚驟雨初歇都門帳飲無緒留戀處
蘭舟催發執手相看淚眼竟無語凝噎念去去千里煙
波暮靄沈沈楚天闊　多情自古傷離別更那堪冷落
清秋節今宵酒醒何處楊柳岸曉風殘月此去經年應
是良辰好景虛設便縱有千種風情更與何人說
定風波
佇立長隄淡薄晚風起驟雨極目蕭疏塞柳萬株掩

73.柳永词《乐章集》,彊村丛书
本（一），瓜饭楼藏

74.柳永词《乐章集》,彊村丛书
本（二），瓜饭楼藏

75.施顾注《东坡先生诗》，宋嘉泰
六年淮东仓司本，景定三年郑羽
补刻本，上海图书馆藏

76.苏轼《东坡集》，宋刻
本，国家图书馆藏

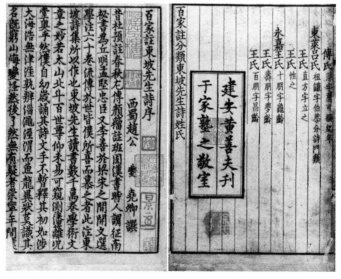

77.苏轼《王状元集百家注分类东坡先生诗》，宋
建安黄善夫刻本，国家图书馆藏

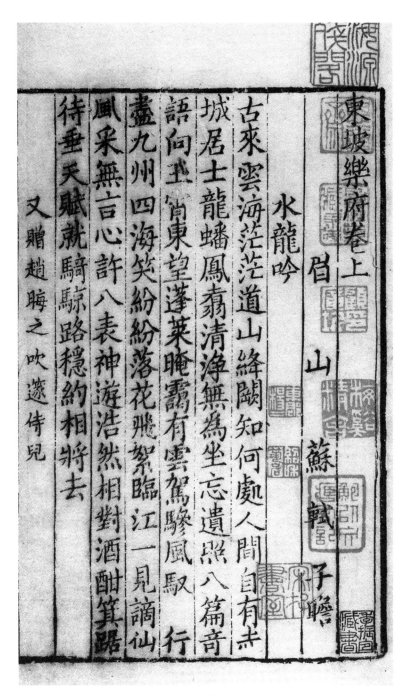

東坡樂府卷上

眉山　蘇軾　子瞻

水龍吟

古來雲海茫茫道山絳闕知何處人間自有赤城居士龍蟠鳳翥清淨無為坐忘遺照八篇奇語向玉宵東望蓬萊暗靄有雲駕驂鸞馭風馭行

盡九州四海笑紛紛落花飛絮臨江一見謫仙風采無言心許八表神遊浩然相對酒酣箕踞待垂天賦就騎鯨路穩約相將去

又贈趙晦之吹遼侍兒

78.苏轼《东坡乐府》，元延祐七年刻本，国家图书馆藏

79.海南岛中和镇苏轼桄榔庵遗址　　冯其庸摄

80.河南省平顶山市郏县苏轼墓墓道　　冯其庸摄

81.苏轼墓　　冯其庸摄

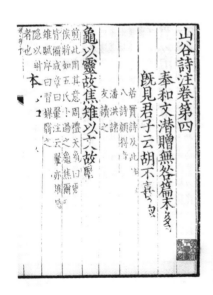

82.黄庭坚《山谷诗注》，宋绍定
五年黄埒刻本，国家图书馆藏

83.黄庭坚，《山谷黄先生大全诗
注》，元刻本，国家图书馆藏

84.秦观《淮海先生闲居集》，宋刻本，国家图书馆藏

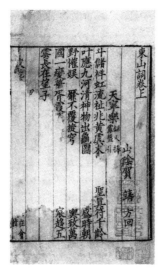

85.贺铸《东山词》，宋刻本，国家图书馆藏

86.周邦彦《详注周美成词片玉集》宋刻本，国家图书馆藏

87.宋徽宗政和六年，周邦彦撰田子茂墓志铭
（局部，原大114×76厘米），拓本承张颔先生惠赠

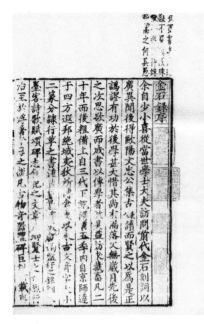

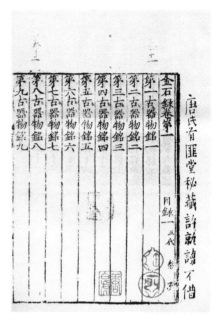

88. 赵明诚《金石录》，宋淳熙龙舒郡
斋刻本（一），国家图书馆藏

89. 赵明诚《金石录》，宋淳熙龙舒
郡斋刻本（二），国家图书馆藏

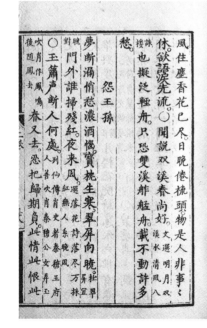

90. 李清照词《增修笺注妙选草堂诗馀》，涵芬楼影印明刻本，瓜饭楼藏

91.章丘李清照故居旁的漱玉泉　　牛国栋摄

92.章丘李清照故居　　牛国栋摄

93.张元幹《芦川词》，宋刻本，
国家图书馆藏

94.范成大故里，石湖　　钱俊摄

95.范成大书寿栎堂　　钱俊摄

96.陆游《放翁先生剑南诗稿》，宋
嘉泰吉州刻本，国家图书馆藏

97.陆游《渭南文集》，明本

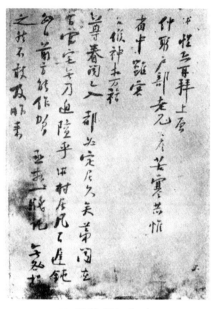

98.陆游手迹（一）　　　　　99.陆游手迹（二）

100.辛弃疾出生地，山东济南历城区遥墙镇四风闸镇，至今仍是原地名　　叶兆信摄

101.辛弃疾故居　　牛国栋摄

102.位于济南大明湖畔的辛稼轩纪念祠　　牛国栋摄

43

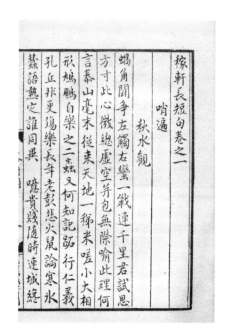

稼軒長短句卷之一
哨遍
秋水觀
蝸角鬭爭左觸右蠻一戰連千里君試思
方寸此心微總虛空芥包無際愉此理何
言泰山毫末從來天地一稊米嗟小大相
形鳩鵬自樂之二蟲又何知記跖行仁義
孔丘非更殤樂長年老彭悲火鼠論寒冰
藝語熟之誰同異 嗟貴賤隨時逐城纍

103.辛弃疾《稼轩长短句》，元大德三年广信书院本（一），瓜饭楼藏影印本

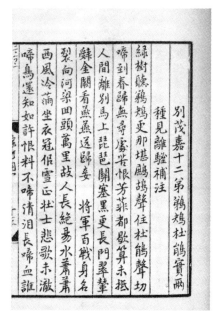

別茂嘉十二弟鵜鴂杜鵑實兩
種見離騷補注
綠樹聽鵜鴂更那堪鷓鴣聲住杜鵑聲切
啼到春歸無尋處苦恨芳菲都歇算未抵
人間離別馬上琵琶關塞黑更長門翠輦
辭金闕看燕燕送歸妾將軍百戰身名
裂向河梁回頭萬里故人長絕易水蕭蕭
西風冷滿坐衣冠似雪正壯士悲歌未徹
啼鳥還知如許恨料不啼清淚長啼血誰

104.辛弃疾《稼轩长短句》，元大德三年广信书院本（二），瓜饭楼藏影印本

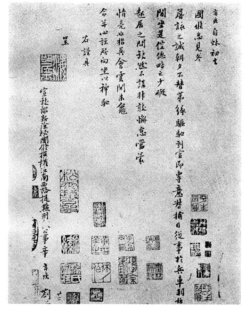

105.辛弃疾手迹

44

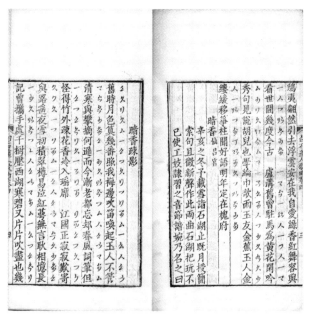

106.姜夔《姜白石集》，清乾隆知不足斋
重雕本（一），瓜饭楼藏

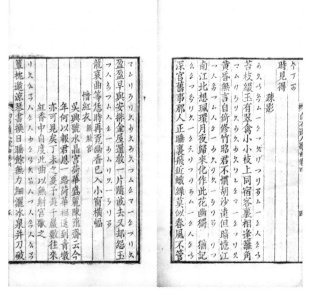

107.姜夔《姜白石集》，清乾隆知不足斋
重雕本（二），瓜饭楼藏

108.山西忻州元好问墓　　范越伟摄

109.元好问墓碑　　范越伟摄

110.《中国文学史稿》油印本封面，1956年印

111.《中国文学史稿》油印本第四章首页

112.《中国文学史稿》油印本李商隐章开头部分

113.《中国文学史稿》油印本第六章首页

中国文学教学辅导资料之一

关于柳永的问题
（論北宋前期两种不同的詞風及其斗争）

[前記]　关于柳永的詞的问题，正是目前学术界争論的问题，我们在上学期教課中，也講到了这个问题，虽然已经将我们的看法概括的講述了，但限于課堂教学的时间，不可能深入闡發，故在寒假內抽空整理成这篇文章（初稿），供給同志们課外参攷和研究。本文的苐一部分本拟修改，苐三部多結尾也还有一些意見要談，但限于时间，没有能再作进一步的修改。本文对柳永与晏、欧詞的論述、評价，也还是一个粗浅的意見，以后还准备进一步的研究，請同志们批評。这份材料，請勿外傳。

其庸附記

三月四日

北宋前期的詞壇上，同时發展着两种風格截然不同的詞，它们各代表着两种不同的刽作傾向和美学观点，这两种不同風格的詞的代人物，一方是晏氏父子即晏殊晏幾道和欧陽修，另一方便是写出"風殘月"的名句，有井水处都唱他的詞的柳永。一提起这两方面的名字，就会使人产生一种鮮明对照的印象，因为一方面的晏殊、欧陽都是宰相，都是朝廷的名臣，都是文壇詞壇的領袖，而另一方面的永都不过是一个小小的屯田員外郎而已，这不是鮮明的对照么？但更有趣的是他们各自毕生努力于"詞"的刽作的結果，恰恰形成了种截然不同的詞風和两条截然不同的刽作道路，因此使他们的作品

— 1 —

114.《中国文学史稿》油印本"论北宋前期两种不同词风"部分

目　录

上　册

下　册

目 录

目 录

自　序

　　这部《中国文学史稿》是我在 1956 年到 1958 年写的。我是 1954 年 8 月到北京中国人民大学的，同年 9 月就开始担任大一的国文课，那时我任法律系和经济系两个系的课，教材是自编的。经过一段时间的实践，后来由教研室的同志集体作注，教材定名为《历代文选》，由中国青年出版社出版。1956 年人民大学创建新闻系，是由《人民日报》的安岗等同志来筹划的，新闻系需要开中国古典文学的课程，决定由我去担任这门课。这门课分两个部分，一部分讲文学作品，大体按文学史的顺序讲各种文学作品，作品都是由我选定的，教研室的同志都很忙，没有时间作新注，采用的是各家的现成注释，只作教材油印发给学生，誊印工作是学校誊印社做的。课程的另一部分就是讲文学史，也是由我担任。当时一周二次，每次三小时，一次讲文学史，一次讲作品选，所以当时的课程很重。最困难的是文学史没有教材，当时只有原先郑振铎的《插图本中国文学史》和刘大杰的《中国文学发展史》，还有就是李长之的《中国文学史略稿》，这几种书都很简略，不适宜作教材。东北杨公骥有《中国文学》，论析较详，但只写到战国，战国以下就没有了。当时实在无法，只好由我自己来写，

1

这就是这部《中国文学史稿》的由来。那时不叫《中国文学史》，叫《中国文学讲义》。

当时最大的困难是没有时间。解放初期，政治运动很多，还有政治学习，那时政治压倒一切，白天基本上是开会或集体学习，还包括晚上。当然也有不开会的日子，那是少数日子。总支书记和支部书记主管政治学习，抓得很紧，但他们都不上课，没有课程负担，抓住了大家学习开会，就是完成了他们的任务，尽管任课的教师心里很着急，那也雷打不动。我那时课程很重，但也不敢怠慢。因此只好每天开夜车，我到一天的会议结束后，也就是晚上9点或10点后，就开始备课，一般每天都到深夜2点，有时还到3点，主要是写这部文学史讲稿和准备作品的讲解。这中间，1957年是整风反右运动，1958年是"大跃进"运动，政治气氛愈来愈"左"，会议也就更多。后来又有了"厚今薄古"的口号，古典文学的教学时间被削减，我写的文学史讲义已嫌繁，到1958年4月或5月，我已写完了《宋元话本》这一章。我的课是从先秦一直讲下来的，边写边讲，写完《宋元话本》，也就是开始要写元明清了。我是边写边印边发给学生的，现存《宋元话本》一章的油印讲义，印刷日期是1958年6月2日。印在讲义最后的一篇文章是我写的《论北宋前期的两种不同词风》，这是附录，文末的时间是1958年2月22日，那么我写完《宋元话本》并将稿件交誉印社，估计最晚也得在1958年的4月或5月，因为誉印社还有一段刻印的时间。

现在油印出来的这部稿子，大约有六七十万字。我自己保存了两份，因为是在两年多的时间里在政治运动的夹缝中天天开夜车写出来的，所以我很珍惜它。但一场"文化大革命"，我被关押，家里三次被抄，抄家时家里只有我两个女儿在，她们都是小孩，只见家里的书籍和其他东西已狼藉满地，也看到被拿走了一批书和一些东西，但不知是什么书和什么东西，只知道是人民大学语文系的红卫兵干的。经过三次抄家，这部油印讲义就荡然无存了，原稿更是无影无踪了。还有我研究《三国演义》的一部分稿子也没有了。特别是郭沫若先生写给我的一批信，共约十多封，也一概被抄走了。几年前，天津的一位朋友帮我找回来四封，我真是意想不到，非常感谢。至于这部讲稿，我虽心疼，但几十年来，我一直以为无法找到了。

今年上半年，我忽然想到当时听课的同学是否还能有这部稿子，他们都是省级干部。于是我打了一个电话给安徽省政协的秘书长余乃蕴同志，一问到这部稿子，他说：我把老师的讲稿都像宝贝一样保存着呢，但几次搬家，是否有缺失，要看了再说。我又托他打一个电话给湖北省委宣传部的周维敷同志，结果周维敷同志很快来电话说：他把这部稿子合装成两大册，一页也没有丢，像文物一样保护着呢！他说立即就寄来，结果没有几天，两部稿子都寄来了。余乃蕴同志的也是一页也没有丢，我真是喜出望外，真是感激他们！

元代至明清，我记得也写过一部分，但还没有付印，所以就再也不可能存在了，现在我也没有精力再写了。我讲清代时，当时课程钟点已削减得几乎没有多少时间了，学生一再向上面提要求，要恢复古典文学的钟点，但大势所趋，已不可能了。所以我讲《红楼梦》时，因各系的学生都要听，是在张自忠路一号的大礼堂里讲的，讲完这一课，整个课程也就结束了。

这两部油印讲稿寄回来后，又有了新的困难，我的眼睛要看这样的讲义已很吃力了，尽管他们两位对这部讲义确实保存得很好，可说是完好如初，但毕竟已经历半个多世纪了，纸色也发黄了。多亏任晓辉学弟热心帮助，他自告奋勇帮我去打印，并加校对。所以我现在看到的除了两部五十年前的油印稿外，还有一部打印得整齐清楚的打印稿，已分订成三册。

　　我现在在这部打印稿上，又作了一些校补，重点是最后一册，因为后来讲课时间越来越少，明显地比前两册要减了一些章节，为了使前后大体一致，故又补了少数几节。就全稿来说，还是五十年前的原样。

　　我对文学史的讲解，重点是讲作家和作品，我觉得对作家特别是对作品理解透了，那么再从理论上去认识它就较为容易了。其实单纯的理论是空的，必须有作品去充实它，空洞地记一些理论毫无用处。所以我是着重从历史背景的角度和作品思想内容、艺术特色的角度来讲的。讲完了这些作品，再从史的角度理一遍，这样对文学的发展脉络就清楚了。我写这部稿子时还只是一个三十刚出头的青年，现在再看到这部稿子时，却已经是八十又七的老人了。回想往事，如同隔世。这部书稿，毕竟是少年初作，其间谬误必定不少，敬请读者和专家教正。所以要存此草稿，也是为一场浩劫留一点梦痕，因为这是一份劫后的剩稿，我失去它已有五十多年了。

冯其庸　八十又七自序

2009.12.24

第一编 周代文学

绪　论

文学史的开始，原来并不是有名的诗人或诗集，而是劳动人民的口头创作，也就是神话传说和歌谣。

在原始社会，生产力很低，科学不发达，自然灾害很多，"古代劳动者们渴望减轻自己的劳动，增加生产率，防御四脚和两脚的敌人，以及用语言的力量、'魔术'和'咒语'的手段控制自发的害人的自然现象"。① 这种对自然的斗争，对自然社会的美丽的幻想，以及对社会生活的要求的艺术概括，就是神话传说。古代劳动者们在一起共同劳动，他们为了能共同协作、减少疲劳，发出一种有节奏的声音，便产生了原始的有韵律的歌声。后来人类生活渐渐丰富，知识渐渐进步，便有了诗歌。

由于诗歌能够用来直接表达感情，有词句声音之美，流传最广，感人最深。因此在任何一国的文学史中，诗歌总是占最重要的地位，任何一个民族的文学，造诣最高的也往往是诗歌。

我们中国最古的诗歌，相传有唐尧时的《击壤歌》，虞舜时的《卿

---

① 高尔基：《苏联的文学》第5页，新华书店版。

云歌》。① 但这些作品经近人研究，觉得不十分可靠。殷商时代的文学，《古诗源》里虽然曾记录了一些，后人也认为有许多是伪造的。近几十年来，考古工作者从地下发掘中，曾获得了许多的甲骨文，就研究的结果来看，一般还比较简陋。《易经》（卦爻辞）一般都说是从甲骨文发展而来，但它的著作时代又尚无定论。我国最可靠的最早的诗歌总集，现在被人公认的，只有一部《诗经》。《诗经》的时代，目下虽然也还有些争论，但它里边收集的大部分是周代的作品，这是没有人能够否认的。所以我们讲《中国文学》就从周代文学讲起。

周代文学这一编所要讲的，是从公元前 12 世纪到公元前 3 世纪大约八九百年间的文学。

这八九百年间，从公元前 12 世纪（约前 1122 年）武王伐纣胜利、周朝立国之初，一直到公元前 8 世纪（前 770 年）周平王东迁洛阳，历史学家称它为西周。平王东迁以后，历史学家就称其为东周。东周的前一段，从公元前 770 年平王东迁到公元前 403 年韩、赵、魏三家分晋，叫做"春秋"；此后至公元前 221 年秦灭六国，叫做"战国"。

中国文学在这一历史时期，曾产生了许多优秀的杰出的作品，现在还比较完整地保存下来的，在韵文方面，有一部《诗经》和一部《楚辞》；在散文方面，有历史散文《左传》、《国语》、《战国策》，有诸子散文《论语》、《墨子》、《孟子》和《庄子》等书。由于这一段历史较长，社会变化较多，这些优秀的作品都是在这一历史时期中不同的情况之下产生的，因此关于产生这些文学作品的社会基础，我们准备在分章讲述时结合具体作品产生的具体情况来讲，这里就不作总的叙述。

---

① 《击壤歌》见《论衡》，相传为唐尧时一个老人所作。其辞曰："日出而作，日入而息，凿井而饮，耕田而食，帝力于我何有哉！"我们知道，中国农业在商代还很幼稚，唐尧时有"凿井而饮，耕田而食"的事是值得怀疑的。《卿云歌》见《尚书·大传》，相传为虞舜与八伯唱和之作。其辞曰："卿云烂兮，糺缦缦兮。日月光华，旦复旦兮。"这种诗体跟后来的"离骚体"无大两样，在虞、舜的时代是否就有像后来的"离骚体"的歌曲，也的确是一个问题。

第一章 中国最早的诗歌总集——《诗经》

第一节 《诗经》产生的时代

《诗经》这部书积累三百零五个诗篇，编订成一部总集，大约在公元前6世纪时。因为《左传》所记吴国季札到鲁国观乐时，鲁国为季札所歌各国风诗的次第和今本《诗经》是相同的。且"诗三百"一语不只一次出于孔子之口，见于《论语》书中。可见在孔子时代，《诗经》里的篇数和今本也是差不多的。季札观乐的事在公元前544年，正当孔子幼年。讲文学史，假定在那时候已经有了和今本大致相同的《诗经》通行本，是可信的。至于"诗经"这个名称，是因为到汉朝以后儒家把这部书尊为经典，把它放到"六经"里面去才加上一个"经"字，叫"诗经"。在孔子时代，还只是叫"诗"或"诗三百"。我们现在仍叫"诗经"，不过是依照习惯，沿用旧称，为了称说方便罢了。《诗经》里所保存的诗，它所包括的时代，除极少部分能够确定外，其余大多是很渺茫的。虽然从来说诗的人，对于各诗也每有年代规定，特别如传世的毛诗序说，但那些说法差不多全不可靠。《诗经》中有年代可考的作品，最早的如《豳风》中的《破斧》，明说"周公东征"（公元前 1115 年），可证明是周初的作品。《鲁颂》的《閟宫》，有"周公之孙，庄公之子"的句子，可知作于鲁僖公或僖公以后，即春秋中期，大约是公元前 659 年。其他如《鄘风》中的《载驰》，相传是许穆夫人所作。公元前 660 年，狄人攻打卫国，灭了卫国，并且杀了许穆夫人的父亲，她写了这首诗来表示她的愤懑。① 这些能确定年代的作品虽只是一小部分，但我们从这里可以推定，现存的《诗经》是西周初年至春秋中期的诗歌的总集，约跨公元前 12 世纪至公元前 6 世纪的五六百年的时间，这大概是不致十分错误的。

《诗经》所反映的这个时期，主要是属于奴隶社会时期，这一时期社会情况有很多变化，我们只能作一些简略的叙述。

公元前 12 世纪，西周开始建国。周人把殷覆灭以后，把殷族的遗民大批地化为奴隶，替周人从事生产。周人对待这些种族奴隶是比较自由的，让他们耕种着原有的土地，向他们征取地租、征取力役，很有点类似农奴。其实这只是统治农业奴隶的一种更省事而有效的办法。周代的一切生产资料都为王室所有，所谓"普天之下，莫非王土"，一切农业土地和农业劳动力都是王者所有，王者虽把土地和劳动力分赐给诸侯和臣下，但也只让他们有享有权而无私有权。

周代实行井田制度，但并不是如孟子所说的"八家共井"——以中央的百亩作为公家的田，周围的八个百亩作为给予八家老百姓的田。那些方田不是给予老百姓的，而是给予诸侯和百官的。诸侯和百官得到

---

① 许穆夫人是卫公子顽的女儿，戴公的妹妹。公元前 660 年，狄人攻打卫国，灭了卫国，并且杀了许穆夫人的父亲。后来，卫国的遗民由于得到宋国的帮助，在卫国的故都漕（今河南淇县东北）这个地方安顿下来，并且立了新君戴公。戴公的妹妹许穆公夫人从许国到漕吊唁，并计划为卫国向大国求援。许人不支持她的这些行动，一直在抱怨她、反对她。她因此写了《载驰》这首诗来表示她的愤懑。狄人攻卫发生于公元前 660 年，因此《载驰》一诗应作于公元前 588、589 年左右。

田地，再分配给奴隶耕种，以榨取他们的血汗。故周的井田制是有两层用意的：一则对诸侯和百官来说是作为俸禄的等级单位；二则对直接耕种者来说是作为考察勤惰的计算单位。有了一定的亩积，两方面都有了一定的标准。

井田耕作时的规模是很大的，动辄就是两千人（"千耦其耘"）或两万人（"十千维耦"）同时耕作。那些耕作者在农忙时聚居在一个集中的地点，一出一入都有人监管着。《汉书·食货志》里有一段史料：

> 殷周之盛，……民，年二十受田，六十归田。七十以上，上所养也。十岁以下，上所长也。十一以上。上所强（勉强）也。
>
> 春，令民毕出在野，冬则毕入于邑。……
>
> 春将出民，里胥平旦坐于右塾，邻长坐于左塾，毕出然后归。夕亦如之。……
>
> 冬，民既入，妇人同巷相从夜绩。女工一月得四十五日。必相从者，所以省费燎火，同巧拙而合习俗也。

依据这种情形，可以明白地看出，殷、周两代的农夫，即所谓"众人"或"庶人"，事实上只是一些耕种奴隶。连妇人的工作时间一天都是十八小时，男人的工作时间也就可以想见。男人在农忙时从事耕种，在农闲时有各种力役。《诗经》的《七月》就很扼要地叙述了农夫一年到头的生活情形。农夫的生活一年四季、一天到晚忙得不可开交，这还只是平时的生活，一有了战争，还要被迫去打仗。

《诗经》产生的这个时代，商业也已经有了一些，证据是当时已经有货币流通，但恐怕还是小商业居多。就像《卫风·氓》里所说的"抱布贸丝"一类的人。在这个时代后期，都市也渐渐地有了一定程度的发展，如《郑风·出其东门》中说：东门之外，"有女如云"，显然，那就是士女众多的商业区。而且从诗人想到自己的妻子是"缟衣綦巾"的对照看，那些士女一定打扮得十分漂亮。

社会上贫富不均已十分显著，阶级对立已很清楚，这从《魏风》的《硕鼠》、《伐檀》，《豳风》的《七月》等作品中都可以看得出来。由于各个地区经济发展的不平衡，有些地域也有以畜牧或打猎维持生活的，《诗经》里也有一些作品是反映这方面生活的。

在西周建国之初，主要的问题是镇压殷的"顽民"。殷纣王的儿子武庚虽然投降受封，但最终联合东方旧的属国叛周，这就是周公东征的原因。《豳风》的《东山》相传就是参加东征的士兵在归途上所作的。

公元前 9 世纪到公元前 8 世纪期间的周厉王是一个暴君，他对人民的压迫和剥削很厉害，因此在周厉王三十七年（前 842 年）发生了奴隶大暴动，厉王逃走在外。奴隶暴动被镇压下去后，厉王的儿子宣王（前 827 年）即位，继续统治。因此他做了些缓和阶级矛盾的工作，并抵抗外来的侵略，所以在《诗经》的《小雅》里有歌颂宣王德政的诗篇。但随后的周幽王（前 781 年）又是一个暴君，弄得民不聊生，连一部分贵族也不满意他，因此就产生了《诗经》里像《大雅》、《小雅》中的一部分政治讽刺诗。

西周最大的敌人是西方的戎狄。自周武王建国以来，连年都有战争。宣王时，戎狄入侵更加频繁。宣王子幽王宠爱褒姒，想杀太子宜臼，立褒姒的儿子伯服做太子。宜臼的母亲是申侯的女儿，申侯勾结戎狄攻周，杀幽王于骊山下，西周灭亡。继幽王而立的是平王（即宜臼），他靠诸侯的援助，迁都洛阳。这是公元前 770 年的事，是东周的开始，也是广义的春秋时代的开始。这是一个变动很大的时期，由于铁制农业工具的使用，生产力提高了。由于贵族百官可以在公田以外利用奴隶开垦的私田，可以不向王室交纳租税，因此私田的数量不断增大。诸侯为了兼并土地，渐渐开始了兼并战争，形成了争霸的局面。后来的战国时代，就是这个时代的延续，而且进一步激化。

这就是《诗经》产生时代的基本情况。《诗经》的绝大部分作品反映了这个时代的社会生活。了解这个时代的历史，对我们学习《诗经》是有帮助的。

《诗经》的历史背景以周民族为主，《诗经》里所收集的诗歌，虽然有十五国风，但所包括的地域，不出陕西、山西、河南、河北、山东及湖北北部，基本上是黄河流域，这也就是当时周室所及的地带。

第二节　《诗经》的基本内容及其现实主义精神

《诗经》里所包括的作品总数是三百零五篇，分风、雅、颂三个部分。风、雅、颂是从音乐得名的。"风"是各地方的乐调，"国风"就是各国土乐的意思。古人说"秦风"、"魏风"、"郑风"，如同今人说"陕西调"、"山西调"、"河南调"，风的意思就是声调。这一部分作品大多是民间歌谣，其中包括周南、召南、邶、鄘、卫、王、郑、齐、魏、唐、秦、陈、桧、曹、豳等十五国风，共一百六十篇。雅是王畿之乐。雅就是正的意思，周人所认为的正声叫做雅乐，正如周人的官话叫做雅言。雅乐又分《大雅》、《小雅》两个部分。"大"、"小"之别向来没有圆满可信的解释。一般的讲法认为，《小雅》是宴会时用的乐曲，《大雅》是朝会时用的乐曲。《小雅》七十四篇，《大雅》三十一篇，共一百零五篇。颂是宗庙祭祀时所用的乐歌。近人王国维《说周颂》道："颂之声较风雅为缓"，因为颂诗多无韵，不分章，篇制短小，而根据《仪礼》知道奏一首颂的时间是很长的，这些都可以用声缓来解释。声缓可能是颂乐的一个特点。清人阮元《释颂》，说"颂"字就是"容"

字，容字就是"样子"，颂乐是连歌带舞的，舞就有种种样子，因为有这一特点，所以叫做颂。这一说近人采取的比较多，但是颂中虽有舞曲，其是否全部为舞曲尚无从证明。所以阮说只是可供参考的一种假说。颂诗里包括《周颂》三十一篇，《鲁颂》四篇，《商颂》五篇，共四十篇。把风、雅、颂三部分诗合起来，全书一共三百零五篇，举其整数，所以我们也常说"诗三百篇"。

综上所说，风、雅、颂是音乐上的分类。"诗三百"本来都是乐歌。《墨子·公孟篇》道："儒者颂诗三百，弦诗三百，歌诗三百，舞诗三百。"《史记·孔子世家》道："三百五篇，孔子皆弦歌之。"《诗经》和音乐关系密切，是无可怀疑的。

风诗在数量上占了全部《诗经》的一半以上，可以说是当时的人民大众——主要是农民大众的生活、思想、感情的总汇。毫无疑义，它在《诗经》中的价值是最高的。

《小雅》里也有一些反映人民大众的生活和具有相当正义感的作品，其中有描写被压迫者给统治阶级服役苦况的（如《何草不黄》），有揭露统治政权腐朽本质的（如《正月》）。这些作品，我们应该把它们和小雅中其他歌颂统治阶级的作品分别看待。

《小雅》、《大雅》和三颂，其中虽然有许多是服务于统治阶级的作品，可是它们中也包孕着不少反映社会现实的东西，最明显的，就是古代农业社会的面貌往往借着这些诗篇，很概括、集中地表现了出来。如《小雅》的《甫田》、《大田》，《大雅》的《生民》、《绵》，《周颂》的《载芟》、《良耜》等，对当时的生产制度、方法和过程，都有相当详细的记述；《小雅》的《无羊》，为我们考察古代畜牧的情况，也提供了很好的材料。据我们的看法，雅、颂里有关劳动过程的部分，基本上还是劳动人民或接近劳动人民的作者创造出来的，因为，只有劳动人民或接近劳动人民的作者，在长期的生活实践中，经过了精细的体验、深刻的观察，才能够产生那样真实地反映劳动生产的创作。当然，统治阶级为了自身的利益，有时也有可能会编出一些赞美农事、畜牧的诗篇来，所以我们对雅、颂中有关劳动生产以及其他能反映社会现实的诗篇，也还是可以有选择地批判地吸收的。

《诗经》的内容是丰富的，当我们一打开《诗经》，几乎触及到古代社会的全面。世界上是很少有像《诗经》这样完全而生动地提供给我们以古代人类生活的状貌的那样的作品的。

下面我们举些具体的作品来讲一讲。为了讲述方便起见，我们把《诗经》中的作品，大致按照内容分为四类。

（一）反映农业畜牧生产的诗篇

《诗经》时代的社会生产，主要的已经是农业生产，因此表现在《诗经》里，主要也就是农业生产的状貌和劳动人民在生产斗争和生活斗争中的愿望与要求。

关于农业生产的诗篇，如《周颂》的《良耜》：

> 畟畟良耜，俶载南亩。播厥百谷，实函斯活。
> 或来瞻女，载筐及筥。其饟伊黍，其笠伊纠。其镈斯赵，以薅荼蓼。
> 荼蓼朽止，黍稷茂止。获之挃挃，积之栗栗。其崇如墉，其比如栉，以开百室。
> 百室盈止，妇子宁止。杀时犉牡，有捄其角。以似以续，续古之人。

这首诗，自开始的"畟畟良耜"到临末了的"有捄其角"，是没有一句离开描写农业生产活动的：从犁田写到播种，写到除草，写到收获，写到积粟，写到酬神，把整个劳动过程和心愿都很细致而生动地刻画出来了。诗里充满了劳动的活力，表露了人们对于丰收的愿望。这个作品虽然没有像"风"诗里的许多民间歌辞的反复咏叹、摇曳生姿，也没有在农业生产以外塑造出许多形象来作比况或衬托，但它所反映出来的农业生产的本身，已具有丰富多彩的场面，很能够给人以深刻的印象。这首诗的形式是经过编诗的人整理过的，当然不一定是民间歌辞的原样，但不管怎样，它能够保持农民大众的思想实质和具体的生活内容，总还是在艺术上具有一定的成就的。

反映农业生产的诗篇在《诗经》里还有很多，如《大田》、《丰年》、《载芟》等都是，我们不一一去讲了。

关于反映畜牧生产的诗篇，如《小雅》的《无羊》：

谁谓尔无羊？三百维群。谁谓尔无牛？九十其犉。尔羊来思，其角濈濈；尔牛来思，其耳湿湿。

或降于阿，或饮于池，或寝或讹。尔牧来思，何蓑何笠，或负其糇。三十维物，尔牲则具。

尔牧来思，以薪以蒸，以雌以雄。尔羊来思，矜矜兢兢，不骞不崩。麾之以肱，毕来既升。

牧人乃梦：众维鱼矣，旐维旟矣。

大人占之：众维鱼矣，实维丰年；旐维旟矣，室家溱溱。

这诗里，对牛羊的蕃聚、和乐、行动、偃息、饮食以及一切生活情态，都精雕细刻地表现出来，给牧人以种种安慰，使其安心畜牧下去；牧人的心情既很舒适，不觉就形于梦寐，梦的结果更把幸福扩大了，不但畜牧得到很好的成绩，农事也很顺利，家庭也很和美。从赞美牛羊一直叙述到牧人做的好梦，过好年，还娶媳妇、生孩子，以这样的安排来构成整个主题思想的发展过程是很恰当的。即以细节的描写来说，如"尔羊来思，其角濈濈。尔牛来思，其耳湿湿。或降于阿，或饮于池，或寝或讹"，"尔羊来思，矜矜兢兢，不骞不崩"，这些形态的描写和性格、习惯的刻画，没有积累相当长期的畜牧经验的人，也体会不出来。这可能是编诗者以古代流传下来的牧歌作他的"蓝本"，其后又加以必要的增饰而成的。这支牧歌的创作思想和表现方法，具有很大的说服力量和感染力量。这是《诗经》里描写畜牧生产的一个最典型的例子。

反映其他生产情形的诗篇在《诗经》里也是很多的，例如反映打猎的猎歌（如《齐风·还》），反映建筑的诗歌（如《大雅·绵》）等等。

（二）反抗压迫剥削的诗篇

关于反映人民反抗压迫剥削的诗篇，在《诗经》里面相当多，因为具体情况比较复杂，从而也有各式各样的写法，这里只举几个突出的例子。

先讲《诗经》中斗争性最强烈的诗篇之一——《魏风》的《伐檀》：

坎坎伐檀兮，置之河之干兮，河水清且涟猗。不稼不穑，胡取禾三百廛兮？

不狩不猎，胡瞻尔庭有悬貆兮？彼君子兮，不素餐兮！

坎坎伐辐兮，置之河之侧兮，河水清且直猗。不稼不穑，胡取禾三百亿兮？

不狩不猎，胡瞻尔庭有悬特兮？彼君子兮，不素食兮！

坎坎伐轮兮，置之河之漘兮，河水清且沦猗。不稼不穑，胡取禾三百囷兮？

不狩不猎，胡瞻尔庭有悬鹑兮？彼君子兮，不素飧兮！

这首诗共分三节，每节都从刻画奴隶劳动的情况和劳动的环境开始，在劳动的进行中，大家怒吼着向奴隶主质问："你们不耕种，怎么有那么多的农作物？你们不打猎，怎么有那么多的野兽？"他们怒骂奴隶主："那些个大人先生们啊！可不是白白吃闲饭！"他们反复质问、怒骂、嘲笑，使主题更加鲜明，充分地表现了被剥削者的阶级仇恨。诗人在这个作品里抓住重要的侧面来写，把奴隶辛勤劳动所获得的财富，变为不劳动的奴隶主所有这一不公平的特征写出来，这样对比的描写，突出地刻画出了奴隶主不劳而获的罪行，同时也很突出地刻画出了奴隶们英勇斗争的形象。我们读了这首诗，好像看到这样一个场面：一大群奴隶，一面劳动，一面歌唱，一和一唱地在诉苦，非常富于反抗性、鼓动性。这是充分具有人民性的现实主义的杰作。

用锋利深刻的笔触向剥削阶级作强烈斗争的，《魏风》里的《硕鼠》也是很好的例子：

> 硕鼠硕鼠，无食我黍！三岁贯女，莫我肯顾。逝将去女，适彼乐土。乐土乐土，爰得我所。
>
> 硕鼠硕鼠，无食我麦！三岁贯女，莫我肯德。逝将去女，适彼乐国。乐国乐国，爰得我直。
>
> 硕鼠硕鼠，无食我苗！三岁贯女，莫我肯劳。逝将去女，适彼乐郊。乐郊乐郊，谁之永号。

论斗争性的强烈，这首诗和《伐檀》不分上下，但这首诗的构思却比较复杂而完整。它对于问题怎样发生、真相怎样、为什么会这样、将要怎样处理这问题，都明确而扼要地提了出来。尤其值得注意的是，它运用了巧妙而富有讽刺性的比喻。劳动人民由于生活体验的真切和深入，是最善于运用比喻的。他们往往把日常所接触到的事物来比喻人，或明喻，或隐喻……我们在《诗经》里随处可以看到。这诗就是借硕鼠来比喻剥削者。劳动人民为什么用硕鼠来比喻剥削者呢？旧说把硕鼠解作"贪而畏人"，我认为是相当正确的。"贪"是剥削阶级的本质，而"畏人"正是剥削阶级要加强他们剥削时所运用的种种欺骗手段。这正和大耗子食人家的黍、麦、苗而又怕人家觉察一样。劳动人民用硕鼠来比喻剥削者是很有意义而且是很适合的。诗里所谓"乐土"、"乐国"、"乐郊"，是劳动人民所理想的像"桃花源"一样的地方，这是劳动人民所渴望着的一种没有剥削的理想社会。

并不正面表现强烈的斗争，只是反映劳动人民被压迫剥削的悲惨生活，从而显示出统治阶级和被统治阶级之间存在着不可调和的矛盾的作品，在《诗经》里也不少，写得比较全面的是《豳风》的《七月》：

七月流火，九月授衣。一之日觱发，二之日栗烈。无衣无褐，何以卒岁！三之日于耜，四之日举趾。同我妇子，馌彼南亩，田畯至喜。

七月流火，九月授衣。春日载阳，有鸣仓庚。女执懿筐，遵彼微行，爰求柔桑。春日迟迟，采蘩祁祁。女心伤悲，殆及公子同归。

七月流火，八月萑苇。蚕月条桑，取彼斧斨。以伐远扬，猗彼女桑。七月鸣䴗，八月载绩。载玄载黄，我朱孔阳，为公子裳。

四月秀葽，五月鸣蜩。八月其获，十月陨萚。一之日于貉，取彼狐狸，为公子裘。二之日其同，载缵武功。言私其豵，献豜于公。

五月斯螽动股，六月莎鸡振羽。七月在野，八月在宇，九月在户，十月蟋蟀，入我床下。穹窒熏鼠，塞向墐户。嗟我妇子，曰为改岁，入此室处。

六月食郁及薁，七月亨葵及菽。八月剥枣，十月获稻。为此春酒，以介眉寿。七月食瓜，八月断壶，九月叔苴，采茶薪樗，食我农夫。

九月筑场圃，十月纳禾稼。黍稷重穋，禾麻菽麦。嗟我农夫，我稼既同，上入执宫功。昼尔于茅，宵尔索绹，亟其乘屋，其始播百谷。

二之日凿冰冲冲，三之日纳于凌阴。四之日其蚤，献羔祭韭。九月肃霜，十月涤场，朋酒斯飨。曰杀羔羊，跻彼公堂，称彼兕觥，"万寿无疆"！

这个作品共分八章。第一章从秋寒写到春耕开始。天气渐寒，奴隶们因没有寒衣而担忧过不得年来，自己的老婆和孩子还要给监视自己种地的人送饭。第二章写妇女蚕桑。奴隶主的孩子可以随便侮辱妇女。第三章写布帛衣料的制作。最好的料子给奴隶主的孩子做衣裳。第四章写猎取野兽，大野兽要献出去，小野兽才给自己。第五章写一年将尽，为自己收拾屋子过冬。第六章写采藏果蔬和酿酒，这都是为奴隶主做的，为自己采藏的食物是瓜瓠麻子、苦菜之类。第七章写收成完毕后为奴隶主修缮房子。第八章写凿冰的劳动和一年一次的年终宴饮，为奴隶主祝寿。全诗以月令为纲，从头到尾贯串了奴隶和奴隶主不同生活的对照，这样的写法更加深了我们的印象：奴隶主对奴隶的压迫和剥削是多方面的，是经常的、残酷的。

这个作品可能是豳国奴隶的节令歌（如后代的二十四节令歌），所以篇幅特别长。它可能是豳国奴隶们的集体创作，是他们用来叙述自己在一年中劳动过程与生活情况的，也可能作于秋天，所以由"七月流火，九月授衣"开始，并且重复两三次。这个作品的内容是丰富的，有奴隶全年劳动的生产过程，有奴隶的衣食住等生活情况，有奴隶主的优越生活的片段，有豳国的历法、气候、星宿、农作物甚至虫类和鸟兽，它比较全面地反映了当时的社会。尤其是这个作品包含着许多生活现象，使我们通过这些，可以看到当时的奴隶一年四季是怎样生活的。奴隶们在奴隶主的压迫下，不仅要为他们耕种田地，还要为他们养蚕、纺绩、染绘、打猎、酿酒、修理宫殿、凿冰、祭神、上寿等等，日日夜夜，几乎没有喘息的时候。而奴隶们自己呢，"无衣无褐"，吃苦菜，烧恶木，住破烂的房子，必要时就填填地洞、熏熏耗子、塞窗孔、糊门缝，来防御寒气，来度过新年。像这样全面而忠实地反映当时在统治阶级剥削下的劳动人民的艰苦生活，在表面上虽没有表示要向敌对阶级作坚决的斗争，而骨子里却蕴蓄着仇恨的情绪，渗透在种种的悲惨生活中，向广大人民申诉着。通过这一作品，我们可以清楚地看到当时阶级社会的实质：一方面是劳动人民如何悲惨地在高度的剥削压迫下生活着；一方面是统治阶级如何用尽他们残酷的剥削压迫的手段。这一诗篇，它使读者对劳动人民产生深切的同情，激起对横暴的统治者无限的愤怒。因此，像这类仅仅反映劳动人民被压迫剥削的悲惨生活而没有正面描写反抗斗争的作品，其积极意义还是相当大的。

此外，如《王风》的《君子于役》，写被统治者迫使劳役而荒废农事、顾不了家的情形；《卫风》的《氓》，写当时女性遭受到的种种歧视和凌辱的情形等等，所包含的内容虽不像《七月》那么全面，却都是从当时各种不同的具体情况出发，从某一方面反映了劳动人民各式各样的生活、思想、感情和愿望，表现出他们的勇敢、勤劳、真诚、善良以及热爱乡土、争取自由的道德品质。这些诗篇写来朴素而新鲜，生动而明确，极富有感染性，都是具有浓厚的人民性和现实主义精神的作品。

《诗经》里有许多作品反映了劳动人民在种种重压下的生活情况，

自然，有一些作品里面也不免在某种程度上夹杂着悲哀的情绪，但这是真实的。我们不能因为高尔基有过"民谣是与悲观主义完全绝缘的"这一说法，而强调这就等于劳动人民悲观主义的表现，因而否定了这些真正存在的事实。我们更不能因为这类作品包含有这样的因素，就认为它们不能发生好的作用，从而否定它们另一方面的价值。法捷耶夫在他所写的《文学课程中的思想政治教育》一文中，提到研究涅克拉索夫时曾这么说过："忽略有悲哀性质的作品，即使为了教育的目的，也是不能准许的，尤其在研究过去的文学时，由于那时的人生本身，这些文学必然有忧郁的情调。"（见阿尔纳乌托夫编：《苏联学生的思想政治教育》）我们研究《诗经》中劳动人民的作品，也应该有这种认识。

（三）反映战争的诗篇

在人剥削人、人奴役人的社会里，战争对于统治者不过是满足贪欲的寻常手段，对于人民却是最大的灾害。因此，除了抵御外来民族侵略、挽救国家危亡的战争，人民总是不会和统治者的态度一致的。《诗经》里有关战争的诗篇，十之八九是反映战争带给人民的痛苦和人民对于战争的憎恨的。

这里我们举《豳风》的《东山》来讲一讲：

> 我徂东山，慆慆不归。我来自东，零雨其濛。我东曰归，我心西悲。制彼裳衣，勿士行枚。蜎蜎者蠋，烝在桑野。敦彼独宿，亦在车下。
>
> 我徂东山，慆慆不归。我来自东，零雨其濛。果臝之实，亦施于宇。伊威在室，蠨蛸在户。町畽鹿场，熠耀宵行。不可畏也，伊可怀也！
>
> 我徂东山，慆慆不归。我来自东，零雨其濛。鹳鸣于垤，

妇叹于室。洒扫穹窒，我征聿至。有敦瓜苦，烝在栗薪。自我
不见，于今三年。

　　我徂东山，慆慆不归。我来自东，零雨其濛。仓庚于飞，
　　熠耀其羽。之子于归，皇驳其马。亲结其缡，九、十其仪。其
　　新孔嘉，其旧如之何？

　　这个作品相传是周公东征奄国时的作品。管叔、蔡叔（周武王弟）
与武庚（殷纣子，殷灭，封在奄）率领着淮河流域的夷人叛变，周公旦
奉成王命令兴师东伐，"诛管叔，杀武庚"，把蔡叔流放在郭凌。这次叛
乱经过三年才得到平定。本篇就是描写从军东征的农民役满还乡，当他
在还乡路上迈开第一步的时候，就兴奋地想象到家后换上平民服装，不
再参加那人民所不需要的战争。作品通过对回乡途中痛苦生活和复杂心
情的描写，表达了士兵们对于长期兵役的厌倦和悲愤，指出兵役使自己
的家园荒芜，兵役使夫妻长久不能团聚，过着孤独、悲痛、惶惶不安的
生活。

　　这个作品在表现方法上是很成功的：诗人以各种各样的民间事物构
成具体的比喻或陪衬，使诗的内容充实活现；而且，诗人把回忆和目前
境遇结合起来，作为四章诗的开端，以加深对兵役痛苦生活的表现，然
后每章的后一部分围绕着"我"分别作集中的形容描写，而这些描写是
和人物心理的变化一致的。如第一章写"我"的车下独宿和其时的心
情；第二章则由对家园的推测，写出家园的荒凉的惨状；第三章写夫妻
的相思相望；第四章写三年前新婚的回忆。从描写的集中程度和层次上
可以看到作品相当严密的组织。同时，在情调上，作品显示出作者的含
蓄、深挚和坦率，而且有的地方展示出作者思想的深沉和微密。这些都
使得这首抒情诗较为完整而生动。

　　《诗经》里描写战争的作品是不少的。比如国风里最早的诗《豳

风·破斧》便是参加"周公东征"的兵士所作。诗中写到士兵们久战归来、武器残破的狼狈情况，也写到有幸生还和痛定思痛的心情，可并不曾有一字半句歌颂周公这位"圣人"的武功。又如《小雅·何草不黄》，相传是周幽王时的诗，当时征伐不息，征夫怨恨统治者将人不当人，驱使他们奔走四方。"哀我征夫，独为匪民"（可怜我远征人，难道我就不算人），"匪兕匪虎，率彼旷野"（不是野牛也不是虎，旷野里东西奔走），说得够沉痛的了。再如《小雅·采薇》，这个作品大约也是西周的诗，写戍边士兵久历艰苦，在还乡的路上又饱受饥寒，末章八句，痛定思痛，最为感人，是几千年来传诵的名句：

> 昔我往矣，杨柳依依。今我来思，雨雪霏霏。行道迟迟，载渴载饥。我心伤悲，莫知我哀！

译文：想起我离家的时光，杨柳啊轻轻飘荡。如今我走向家乡，大雪纷纷扬扬。慢腾腾一路走来，饥和渴煎肚煎肠。我的心多么凄惨，谁知道我的忧伤！

诗人因归途的景物回忆起来时的风光，无限感触都因这一回忆勾引起来。真情实景和动人的音节构成强烈的感染力量。"昔我"四句被晋人谢玄目为三百篇中最好的诗。从曹植以下，许多诗人一再模仿，这不是偶然的。

统治阶级的内战和侵略战争为人民所憎恨是当然的。但是一旦遇到正义的战争，人民便会踊跃奔赴，一点也不踌躇。《秦风》的《无衣》就表现了这一种精神：

> 岂曰无衣？与子同袍。王于兴师，修我戈矛，与子同仇。
> 岂曰无衣？与子同泽。王于兴师，修我矛戟，与子偕作。

岂曰无衣？与子同裳。王于兴师，修我甲兵，与子偕行。

周幽王末年（前771年），由于统治集团内讧，幽王岳父申侯勾结西戎攻陷宗周，幽王死，周地大部沦陷。这时秦地人民便纷纷奋起，有力地抗击了西戎。《无衣》相传便是这一时期秦人的战歌。

《无衣》使用了民歌所习用的叠唱样式，从而使所表现的思想感情集中并逐渐深化。

诗三章，每章首二句皆以豪迈的口吻、自问自答的方式发出英雄的召唤，这就使得每章诗一开始就充满慷慨激昂的气氛。

"岂曰无衣？与子同袍"、"岂曰无衣？与子同泽"、"岂曰无衣？与子同裳"等诗句，一方面反映了广大人民处在"无衣无褐，何以卒岁"的贫苦境遇之中，但也正由于此，在另一方面表现了在大敌当前时对琐事不屑一顾的气概，同时表现了战士们的乐观性格，表现了战士们慷慨互助的精神。诗中所表现的生活上的互助精神是与战争中的团结精神相联系的：之所以能够"与子同袍"，是因为"与子同仇"；之所以能够"与子同仇"，是因为"与子同袍"。对敌人的仇恨和对战友的热爱是互为因果的。

这首诗艺术地反映了秦地人民的爱国主义精神和行为。当统治者勾引敌人入侵时，人民之间能够忘我无私地互相援助，从而表现了对战友深厚的爱。在阶级剥削的社会里，虽然人民缺衣少食，但是困难并不足以削弱人民对祖国的责任感，所以当国家受到外来民族侵犯时，人民便没有犹豫，没有迟疑，紧紧联合起来，前呼后应地乐观地投入战斗。

《无衣》对当时人民的思想情感有着感人的反映，在艺术上具有典范意义。

(四) 反映恋爱生活的诗篇

在《诗经》的民歌中,为数最多的是有关恋爱和婚姻的诗歌。国风中,恋歌几乎占了绝大多数的篇幅。朱熹《诗集传序》道:"凡诗之所谓风者,多出于里巷歌谣之作,所谓男女相与咏歌,各言其情者也。"男女言情之作确实是风诗的主要内容之一。这些诗产生于不同的地域,时代也不完全相同,其中所反映的风俗不可能一致,不过大致可以看出《诗经》时代劳动人民男女之间的恋爱生活是比较自由的。这些诗大多数是当事者率真大胆的表白,感情大都是诚挚、热烈、朴素、健康的。虽然同属爱情的题材,内容却很少重复,凡属恋爱生活里所有的忧喜得失、离合悲欢,都在这些诗里得到了表现。

最为坦率、绝无顾虑的作品,如《郑风》的《萚兮》:

> 萚兮萚兮,风其吹女。叔兮伯兮,倡予和女!
> 萚兮萚兮,风其漂女。叔兮伯兮,倡予要女!

再如《褰裳》:

> 子惠思我,褰裳涉溱。子不我思,岂无他人?狂童之狂也且!
> 子惠思我,褰裳涉洧。子不我思,岂无他士?狂童之狂也且!

这个作品把男女互相爱慕,逗趣的口吻、神情,活生生地描摹了出来,一点思想顾虑也没有。这种天真、大胆、当面表示热爱的歌唱和动作,据说在广东的潮州梅县一带山区里和兄弟民族的地区中经常还可以听到和看到。像《萚兮》那一类歌辞产生的情况,可能是在男子和女子距离较远的时候高声唱出，互相逗趣，渐行渐近，直至当面斗个输赢。像《褰裳》那一类歌辞产生的情况，比《萚兮》更近了一步，是在认识之后再会的时候唱出的，面对面述说衷情，不必高声，但有更多表情和动作。这些歌辞的内容，是由歌唱的人结合当时的具体条件灵活掌握的。有时预定只有某些歌辞，到唱得口熟时，可以创造出许多当时料想不到的歌辞出来，所以每支歌辞看来虽然很简单，却富有创造性。

还有更具体地描写男女互相戏谑的情况的，如《郑风》的《溱洧》：

> 溱与洧，方涣涣兮。士与女，方秉蕳兮。女曰："观乎?"士曰："既且。""且往观乎! 洧之外，洵訏且乐!"维士与女，伊其相谑，赠之以勺药。
>
> 溱与洧，浏其清矣。士与女，殷其盈矣。女曰："观乎?"士曰："既且。""且往观乎! 洧之外，洵訏且乐!"维士与女，伊其将谑，赠之以勺药。

这首诗写三月上巳之辰，郑国溱洧两河春水涣涣，男女在岸边欢乐聚会的盛况。节日的气氛是很浓厚的。青年男女的相互戏谑，对话、动作，都概括地描述了出来，形象生动，情节曲折，充分显示出青年男女的爱情，包含着相当浓厚的戏剧性的意味，使人读了以后，好像看过一幕恋爱的喜剧场面一样。全诗属旁观者语气，不是诗中人物自作。

这些作品的描写是很大胆的，但都为后来封建社会所不容，因之都被目为"淫乱之作"。

《诗经》里也有描写不合理的婚姻制度桎梏着青年男女的爱情的，如《郑风》的《将仲子》：

> 将仲子兮，无踰我里，无折我树杞。岂敢爱之？畏我父
> 母。仲可怀也，父母之言亦可畏也！
>
> 将仲子兮，无踰我墙，无折我树桑。岂敢爱之？畏我诸
> 兄。仲可怀也，诸兄之言亦可畏也！
>
> 将仲子兮，无踰我园，无折我树檀。岂敢爱之？畏人之多
> 言。仲可怀也，人之多言亦可畏也！

这首诗写一个恋爱中的女子对她心爱的人的一种沉痛的谢绝。她爱仲子，但是她请仲子不要再来，因为她受父母的管束、诸兄的干涉、众人的非议，她不敢再爱他。诗中特别是"仲可怀也，父母之言亦可畏也"这几句，含着无限的悲愤和沉痛，表现出一种无可奈何的情绪。从这里，我们可以看出封建婚姻制度是怎样桎梏着男女的爱情的。《孟子》里有一段话："不待父母之命，媒妁之言，钻穴隙相窥，踰墙相从，则父母国人皆贱之。"在当时那种所谓"父母国人皆贱之"的社会环境里，不知牺牲了多少男女的爱情，将仲子不过是千百万中的一个例子而已。《将仲子》通过描写一对青年男女怎样在不合理的婚姻制度制约之下牺牲了他们的爱情，暴露了旧的婚姻制度的罪恶，这是一篇富有人民性和现实主义精神的作品。

爱好自由的人们，在旧势力的统治下，还是不断地进行斗争。《诗经》里反抗不合理的婚姻制度而全不为险恶的环境所吓倒的，《鄘风》的《柏舟》，是一个很好的作品：

> 泛彼柏舟，在彼中河；髧彼两髦，实维我仪。之死矢靡
> 它！母也天只，不谅人只！
>
> 泛彼柏舟，在彼河侧；髧彼两髦，实维我特。之死矢靡
> 慝！母也天只，不谅人只！

这首诗的内容，后来维护封建秩序的人们都说成这样：一个贵族妇人死了丈夫，母亲要迫她改嫁，她发誓要为丈夫守节（毛传说是"共姜自誓也"）。因此，要褒奖寡妇时，就送给她什么"节比柏舟"一类所谓"光荣"的匾额。把这样极其强烈地反抗不合理的婚姻制度的诗歌有意曲解了，反而利用为维护封建婚姻制度的典范，这是《诗经》儒家化了以后士大夫们的歪曲。其实，这诗分明说一位青年是她最中意的配偶人物，有情节，有形貌，极其具体，毫无掩饰，怎么可以说成是她的丈夫死了呢？她母亲不同意她和那位青年成配偶，使她很痛苦，她誓死坚持自己的主张，这意思也很明显可以看出来，又从哪儿看出她母亲迫嫁的痕迹？只因诗中表现出这位女子的态度太坚强了，"之死矢靡它"，"之死矢靡慝"，才使得那些封建士大夫们在惊叹之余不得不把它扭转方向，搭上什么"共姜自誓"的事情来加以曲解。有没有"共姜自誓"这个历史事实，那是另一回事。为了争取婚姻自由，情愿用生命相搏，讲强烈的斗争性，怕没有比这更高的了。

《诗经》里这样一些表现男女爱情的诗歌，它们的思想、感情和愿望都是相当健康的。由于它们具有相当健康的思想、感情和愿望，又用单纯、朴素、生动、活泼的艺术形式表现出来，所以能成为人民所爱好的作品，在民间文学里不断地被继承和发展。

除了上面我们所讲的这四类诗以外，《诗经》里自然也还有其他别类的诗，如反映历史事件的诗，贺新婚、贺生子、贺新居的诗等等，这里面也有些诗是很好的，我们就不去讲它们了。

以上所说，就是《诗经》基本内容的各个方面。这些诗篇，构成了上古社会的比较全面的画面。从这里面，我们可以看到当时的人是怎样生活、怎样斗争的，他们具有怎样的思想、感情和愿望；我们可以看到劳动人民是如何艰苦地在从事生产、创造财富的；我们可以看到劳动人民在统治阶级的剥削压迫下过着如何悲惨的生活，以及他们愤怒的情绪和斗争的精神；我们可以看到劳动人民勤俭、善良的道德品质以及聪明、灵巧的创造智慧；我们可以看到当时青年男女互相爱恋的健康爱情和打破封建枷锁的坚强意志；我们可以看到当时被压迫的人民是如何渴望着一个和平自由的社会出现，让自己过上美好幸福的生活。这一切都给我国文学的现实主义优良传统打下了良好的基础。

自然，由于《诗经》时代的劳动人民是在当时统治阶级的剥削压迫下过活的，不但他们的物质财富和精神财富都被统治阶级所剥夺，而且还要遭受统治阶级的思想毒素的灌注和麻醉，因而在一部分诗歌里，也不免有听天由命或顺从妥协等消极思想的出现。我们在说明它在怎样的情势之下产生出来的真实情况之后，是应该适当地加以批判的。

第三节　《诗经》的艺术性

《诗经》在艺术上的成就，它的特点和优点，只有我们进一步去学习和钻研了作品，才能体会得到，这里只能简明地谈一谈。

在上面分析《诗经》的内容时，我们已经提到过这一部诗歌总集几乎全面地反映了古代社会生活的面貌。它表现了古代劳动人民的痛苦和反抗，同时也暴露了奴隶主可恨可耻的生活。当我们读这些作品时，仿佛接触到了那些形形色色的人物，让我们为之同情，为之憎恶。非常叫我惊讶的是：《诗经》基本上是简单的四言体，但是那时的诗人——主要是民间诗人——已经能够充分驾驭这样的形式了，他们克服了其简单、呆板的限制，表现了现实生活的内容。这说明当时的诗人已具有高度的运用语言文字的技巧和能力。《诗经》的艺术性，我们把它归结几点来说：

第一，《诗经》的艺术技巧表现在它非常善于运用形象对比的表现手法，揭露客观事物的矛盾。《诗经》里充满了描写矛盾斗争的作品，前面所举的作品，如《伐檀》、《硕鼠》、《七月》，已经足够说明这一点。这种形象对比的表现手法的运用，可使主题思想在事件的互相对比中更加鲜明突出地显示出来，是表现矛盾和斗争的一个有力的方式。

下面我们不妨再举两个例子来看看。

《小雅·正月》里的一段：

> 彼有旨酒，又有嘉肴。洽比其邻，昏姻孔云；念我独兮，忧心愍愍！佌佌彼有屋，蓁蓁方谷。民今之无禄，天夭是椓。哿矣富人；哀此惸独！

《小雅·北山》：

> 或燕燕居息；或尽瘁事国。或息偃在床；或不已于行。或不知叫号；或惨惨劬劳。或栖迟偃仰；或王事鞅掌。或湛乐饮酒；或惨惨畏咎。或出入风议；或靡事不为。

把两种相反的情况很扼要地用对比的方式清清楚楚地写出来，使这些矛盾现象在两相对比之下特别鲜明突出，给人以更加深刻的印象。这种表现手法，一直到现在还是人民大众所乐于使用的。西北民歌《牧羊》里有这么一段：

> 赴财主家把羊放；
>
> 财主食米我食糠。
>
> 财主睡在热炕上；
>
> 五儿睡在草蓬旁！
>
> （见擎夫、寒荔编《西北民歌集》）

又如阳泉裕公煤矿工人刘彦昌的《铲把头》也有这么一段：

> 工人吃的是稀糊糊；
>
> 把头吃的是肉白面。
>
> 他们穿的是洋布和绸衫；
>
> 工人穿的是千弥百补露着肩。
>
> 工人每天没吃穿，
>
> 一年四季受饥寒；
>
> 把头成天找粉脸，
>
> 吸料面还抽大烟。

（见《说说唱唱》第六期）

当然，这两个作品，和上面所举的《正月》和《北山》中的例子是有时代差别的。不过《正月》和《北山》里所描写的统治阶级丑恶的一面，却和《放羊》里所描写的"财主"、《铲把头》里所描写的"把头"，还是古今如出一辙的。这就值得我们注意。

第二，《诗经》里有许多作品善于选择客观事物的重要侧面或者特征的地方突出描写。例如在《召南·野有死麕》中选择了"舒而脱脱兮！无感我帨兮！无使尨也吠！"的对话，生动地描写出当时像在《将仲子》中"畏我父母"、"畏我诸兄"、"畏人之多言"的情景。其他像写一对青年男女的恋爱，就着力写女子赠的彤管（《静女》），形容一个心目中的男孩子，就只写他的两鬓（《鄘风·柏舟》），这些都是选择了最突出的一个侧面去描写的。也正由于《诗经》中大多数作品能够有选择地、有重点地去描写客观事物，所以我们在《诗经》中很少见到那种现象罗列的毛病。

　　第三，《诗经》里有许多作品已经能够刻画人物和运用活泼生动的对话。刻画人物，如《邶风·终风》中形容一个粗暴的男子是"终风且暴，顾我则笑，谑浪笑敖，中心是悼"；如《卫风·硕人》中描写一个美人是"手如柔荑，肤如凝脂，领如蝤蛴，齿如瓠犀，螓首蛾眉，巧笑倩兮，美目盼兮"；像《召南·行露》中描写一个倔强的女性是"谁谓鼠无牙，何以穿我墉？谁谓女无家，何以速我讼？虽速我讼，亦不女从"；像《齐风·猗嗟》中描写一个英武的男孩是"猗嗟昌兮，颀而长兮。抑（懿）若（而）扬兮，美目扬兮。巧趋跄兮，射则臧兮"。诗人所描写的这些人物，虽然有的还显得比较简单，但是有的却也使我们感到栩栩如生。

　　运用活泼生动的对话的，如《郑风·溱洧》中的"女曰：'观乎？'士曰：'既且。''且往观乎？洧之外，洵訏且乐'"；如《卫风·氓》中的"匪我愆期，子无良媒。将子无怒，秋以为期"。古代的诗人，能在那样简单的句式中运用对话，这的确是件不简单的事！

　　第四，《诗经》能够运用日常生活惯见的事物形象来作精确巧妙的比喻。前面在讲到《硕鼠》一诗的时候已经提到过这一点了。这种表现手法在《诗经》里普遍可以看到。如《邶风·柏舟》里的"我心匪鉴，不可以茹"一句，把"鉴"的照形比作最能容纳事物的东西，而将不可容忍比作"匪鉴"；"我心匪石，不可转也！我心匪席，不可卷也！"石可转，席可卷，而她的心却是不可转又不可卷。又如比喻危惧的心境，《小雅·小旻》用"如临深渊，如履薄冰"。心理的状态难知，而石和席的形象可见；"临深渊"、"履薄冰"的心情都可理解，用可见的形象和容易理解的事实，来说明难知的心理状态，使人通过具体的形象和事实可以明显地见到人物的心理状态，这是文学的一种特殊的作用。"以其所知喻其所不知而使人知之"（惠施语），在一般的说辞上也具有头等重要的意义。《诗经》之所以具有说明力量和感染力量，运用这种表现手法，是起着相当大的作用的。

第五，《诗经》节奏和音韵的配合，自然合拍，婉转和谐。节奏和音韵是诗歌语言的特征。《诗经》是否完全可以入乐，我们不敢断言，但大部分可以入乐是可以肯定的。《诗经》的节奏和音韵十分讲究，一般说来，迭调最多。有一篇里面几章的调子完全相同的，如《硕鼠》。有前一部分迭，后一部分不迭的，如《何草不黄》。有前一部分不迭，后一部分迭的，如《北山》。这一类的语言组合，好听而且易于记忆。其次是迭句。如《江有汜》的"不我以，不我以"、"不我与，不我与"、"不我过，不我过"，《中谷有蓷》的"慨其叹矣！慨其叹矣"、"条其啸矣！条其啸矣"、"啜其泣矣！啜其泣矣"之类。再其次是迭调而兼有迭句语气的。如《叔于田》和《出其东门》，从全诗来看，各章是迭调；从每一章来看，中间有用迭句的语气。这样的语言组合，既使音节能够合拍、匀称，又使作者的思想感情更曲折有力地表达出来，这样使得这诗更加美妙动人。

至于《诗经》的用韵，是很自由的。虽然绝大多数是在双句的句尾用韵，但韵位并不拘限，句中间也可以用韵，如"日居，月诸"，如"有壬，有林"之类。句首句尾也可以同时用韵，如"泛彼柏舟，在彼中河；髧彼两髦，实维我仪"之类。也有简直不用韵的，如周颂的"维天之命"、"昊天有成命"之类。由于可以自由用韵，甚至可以不用韵，所以能够更正确而灵活地运用丰富生动的艺术语言，使得和所要表现的思想内容相适应，而不受到什么限制和束缚。

第六，《诗经》艺术语言的丰富性和多样性。劳动人民丰富的生活，是活语言的源泉，而《诗经》里面的作品又多数是民间的集体的产物，因此，《诗经》遂成为丰美多姿、有血有肉的艺术语言的总汇。我们读《诗经》，很少见到它里面有苍白无力的形象，很少见到它里面有软弱无力、杂凑堆砌的词句，作者所运用的语言是十分广泛而精确的。

《诗经》里有只用一个字就可以把当时的具体形象完全表达出来的，如《周南·芣苢》："薄言采之"，"薄言有之"，"薄言掇之"，"薄言捋之"，"薄言袺之"，"薄言襭之"，全诗三章只更换六个字，而劳动妇女采集芣苢的全部劳动过程就都明确生动地表现出来了。这是何等精炼的语言！又如一样是写光，写烛光用"晰晰"（"庭燎晰晰"），写星光用"煌煌"（"明星煌煌"），写日光用"杲杲"（"杲杲出日"），写电光用"烨烨"（"烨烨震电"）；一样是写声，写虫声用"喓喓"（"喓喓草虫"），写雁声用"雝雝"（"雝雝鸣雁"），写鸡声用"胶胶"（"鸡鸣胶胶"），写鹿声用"呦呦"（"呦呦鹿鸣"），写大车迟重之声用"啍啍"（"大车啍啍"），写小车轻快之声用"邻邻"（"有车邻邻"），写砍木之声用"坎坎"（"坎坎伐檀兮"），写小儿哭声用"喤喤"（"其泣喤喤"），这些语言也都是用得十分精确的。《诗经》语言的形象性和生动性，其例子是举不胜举的。语言的运用和生活实践是分不开的。只有深入到生活中去不断地体会、观察，才能真正辨认各种语言的具体特质，才能掌握各式各样的词汇的特有功能，才有足够的条件来选择这种和那种语言或词汇，并很恰当地运用它。

末了，我们顺便再讲讲关于旧有的所谓"赋"、"比"、"兴"的说法。历来都说诗有六义："风"、"雅"、"颂"、"赋"、"比"、"兴"。"风"、"雅"、"颂"，那是就诗的分类而说的。前面我们已经讲过。"赋"、"比"、"兴"，这是就诗的写作方法而说的。"赋"就是直接陈述，就如朱熹在《诗集传》里所说的"敷陈其事而直言之者也"。我们前面讲过的如《魏风》的《伐檀》、《豳风》的《七月》和《东山》、《郑风》的《褰裳》和《溱洧》、《鄘风》的《柏舟》以及《小雅·无羊》、《周颂·良耜》，作品一开始就都是用的"直陈其事"的写法。"比"就是比喻的意思，即朱熹所说的"以彼物比此物也"。如《魏风》的《硕鼠》的写法就是如此。"兴"则用在一首诗的发端，借可以引起

31

联想的事物来引起作者要表现的意思，就是朱熹所说的"先言他物以引起所咏之辞也"。我们讲过的《郑风·蒡兮》，就是用的这种写法。"比"的写法前面我们已经讲过，"赋"的写法一般也容易理解，这里我们就不多讲。关于"兴"，历来有各种不同的讲法，有的把它完全和"比"混为一谈，有的把它和"赋"也不加分别，其实这些都是因为实际上没有弄懂"兴"所具有的写作方法上的特点。"兴"是由联系出发的，它有时可以仅有感觉上的联系或者韵上的联系，在意思上竟和主题思想无大关系。例如《周南·关雎》的"关关雎鸠，在河之洲"，和诗里所说的求爱，就不见得有什么联系，可能就仅是感觉上或音韵上的联系。这种表现方法，在现在的民间歌谣里还保存着，例如："阳山头上竹叶青，新做媳妇像观音。阳山头上小花篮，新做媳妇许多难。"① 新做媳妇的好，不在于阳山头上竹叶的发青，而新做媳妇的难，也不在于阳山头上有了一只小花篮。它们之所以会得这样成为无意义的联合，只因"青"与"音"是同韵，"篮"与"难"是同韵。若开头就唱"新做媳妇像观音"，觉得太突兀，站不住，不如先唱了一句"阳山头上竹叶青"，于是得陪衬，有了起势了。"关关雎鸠"的兴起淑女与君子，也是如此。作这诗的人原只要说"窈窕淑女，君子好逑"，但嫌太单调了，太率直了，所以先说一句"关关雎鸠，在河之洲"，它的重要的意义，只在于起兴，在于"洲"与"逑"的协韵。另外，以草木鸟兽昆虫以及天象地理等现象来引起感情的抒发，这样的写法，也的确可以使人有一种亲切具体的感觉，人们从现实生活中有所感触，就因物起兴，咏唱起来，这是很自然的。其实这也是民歌所具有的一个特点。

《诗经》的艺术性，我们就其主要的谈了以上几点，本来，一部完美的文学作品的形成，不仅表现在思想内容上，同时也显示在它的艺术

---

① 见《歌谣周刊》九十四号。

形式上。《诗经》中的绝大部分作品，在思想内容上和艺术形式上都具有相当高的成就，因此，它能成为我国文学史上的一部伟大的杰作。

第四节　《诗经》的文学影响

《诗经》本身的价值，我们在上面已经作过具体的分析和说明了，现在就它在文学上的影响概括地谈一谈：

一、《诗经》是三千年来中国文学史上现实主义传统的起点，是中国文学优秀传统的开端，自楚辞、两汉乐府以下具有人民性、社会性的优秀作品，在反映现实、批判现实的精神实质上都和它有一脉相承的血缘关系。

二、《诗经》里面最突出的表现手法——比兴的手法对后世的影响是最大的。《诗经》里的比喻语很多，用来也很巧妙，它往往是一种意象，联系到许多方面去运用各种不同的比法，而都能恰到好处。这样的表现手法，就给后人以许多启示，尽可能用具体的形象来比喻抽象的东西，进一步用更具体的形象来说明抽象的事理了。后来的辞赋、诗歌，用这样的表现手法的很多，虽然这是艺术技巧逐步发展的结果，但《诗经》对这种方法的运用，是一个好的开端，却是应该承认的。至于"兴"的表现手法，也是由联系出发的，但它有时可以仅是感觉上的联系或音韵上的联系，在意思上竟和主题思想无关，那就更加自由了。后来有一些词人在表现方法上也运用了这种写法。这种表现方式，在现在的民间歌谣里也还保存着。

三、由于《诗经》主要是口耳相传的民间文学，所以不只它的形式，就是它的一部分语言都还活生生地保存到现在，像"高高在上"（《周颂·敬之》），"不可救药"（《大雅·板》），"爱莫助之"（《大雅·烝民》），"一日三秋"（《王风·采葛》），"蟊贼"、"败类"（《大雅·桑柔》）等，最早就是从《诗经》中来的。现在都仍然是我们的口语。

四、《诗经》这一部思想性与艺术性高度结合的作品，它不仅保存并发展了民间歌谣的形式，提供了许多创作方法上的范例，丰富了祖国的文学语言，尤其是在文学必须结合人民的生活和创造上，具体地给后来的作家们昭示了正确的方向。后来的乐府民歌是由《诗经》一线发展下来的人民群众的诗歌创作，那精神和《诗经》当然是相通的；就是自屈原以后的许多杰出的文学作家们，如曹植、陶渊明、李白、杜甫、白居易，也都是继承和发展了从《诗经》开始的现实主义传统的。这种精神的不断继承和发扬，就构成了祖国文学中悠久的现实主义的传统。

第五节　历来关于《诗经》的研究

关于《诗经》的研究，历来都层出不穷。人们都各自以自己的观点和方法来研究《诗经》，因此一直是众说纷纭、头绪万端的。不过到了秦汉之际，经过许多经师的研究，对《诗经》也曾有过比较一致的系统见解，这就是表现在《诗大序》中的"六义"说，以及表现在《礼记·经解》中的"温柔敦厚诗教也"之说，这都是在全国趋于稳定统一时所形成的学说，它长期间占据着统治的地位。但那些"后妃之德"之类的统治阶级的歪曲，也就因此根深蒂固。西汉时，诗也分今、古文经学，今文经学派有齐、鲁、韩三家。齐诗是辕固生所传，鲁诗是申培所传，韩诗是韩婴所传。但三家诗在隋以前就灭亡了。古文经学派就是毛诗，创始人是毛亨。毛诗在西汉时未被立于学官，到东汉才盛行。今文经学派讲微言大义，事实上杂有迷信唯心论成分；古文经学派讲名物训诂，比较近于科学态度。汉末郑玄是所谓通学派，兼采今古文经学说而为《毛诗故训传》作"笺"，现在通称为"毛诗郑笺"。到了宋代，由于市民阶层的兴起，怀疑精神很盛，在《诗经》的研究上也得到了部分解放。在这方面杰出的代表是作《诗经集传》的朱熹。清代学者在少数民族统治阶级压迫之下，精神无所用，便做了些学术复原的工作。在《诗经》方面，他们把西汉三家诗说又恢复了，可举魏源的《诗古微》、王先谦的《三家诗义疏》为代表；自郑"笺"中理出毛"诗"的真面目的，可举陈奂的《毛诗义疏》为代表。五四运动以后，关于《诗经》的研究，有三种不同的主张，一是顺着朱熹的路子走，这是顾颉刚、俞平伯所代表的；一是根据金文的研究，在名物训诂上作更进一步的探求的，可以于省吾、林义光为代表；一是从唯物史观，根据社会发展，兼以最可靠的名物训诂为基础来研究《诗经》的，有郭沫若、闻一多。最后一个方面无疑是正确的、科学的。几千年来，由于封建统治阶级不断对《诗经》进行歪曲，它的真面目是不曾被人完全窥见的，只有在今天，这一部伟大的富有人民性的文学宝藏，才有可能被人们真正地认识。

不过，要去掉封建文人们给《诗经》所蒙上的一层纱幕，发掘出《诗经》所蕴有的宝藏，还需要我们付出更多的劳动。

第六节　简短的结论

《诗经》是中国最早的一部诗集，也是世界上最早的一部诗集。它包括了大约从公元前 12 世纪到公元前 6 世纪六百多年内的各地区的作品。

《诗经》所收集的作品大部分是民歌，是劳动人民的创作，除了少数歌颂统治阶级的诗歌外，绝大部分忠实地反映了当时社会的现实生活，揭露了当时社会的基本矛盾。从这里可以看到中国古代社会的真实面貌，这是一部杰出的文艺创作，也是一部具有重大价值的历史文献。

《诗经》这一部思想性与艺术性高度结合的作品，它不仅保存并发展了民间歌谣的形式，而且提供了许多创作方法上的范例，丰富了祖国的文学语言，尤其在文学必须结合人民的生活和创造上，具体地给后来的作家们昭示了正确的方向。

《诗经》是中国文学史上现实主义传统的起点，对后来文学发展影响很大。自汉以后，《诗经》被儒家尊为经典，两千多年中一直当做教科书一样地在社会上广泛流传，因此中国文学史中没有哪一个诗人可以说没有受过《诗经》的影响。由于历代统治者要利用它来作为统治人民的工具，推行所谓的"诗教"，因此对"诗"的意义就有了各色各样的歪曲和穿凿，这一方面固然给这部诗集带来了很多灾害，一直到现在还是我们研究它的困难和障碍，但我们并不能因此而对历史上对《诗经》的研究加以抹杀，相反，它仍是我们研究《诗经》的一笔重要遗产。更何况由于历代统治阶级对《诗经》的提倡，这部书也因此而得到了广泛流传的机会，后世许多作家也的确从中吸取了它的精华。因此，对后世诗歌的发展说来，《诗经》的影响不只是巨大的，而且主要也是积极的。

第二章　春秋战国时代的散文

我国散文产生的历史是很早的。就现有的材料来看，最早的散文（甲骨卜辞）和最早的诗歌（《周易》卦爻辞中的民歌）的时代大致是相同的。不过散文之取得美学价值，要略晚于诗歌。最初的散文，一般说文字是比较简古与粗糙的。到了春秋战国时代，历史家往往以形象的描写来作历史的写真，表现历史人物，思想家往往以形象或比喻来表现自己的思想，提出自己的主张，这样就使散文具备了文学的素质，产生了许多用散文写成的优秀的文学作品。

第一节　春秋战国时代散文兴起的社会环境

春秋战国在中国历史上是一个大解放的时代，在中国学术史上是一个黄金时代。不仅哲学开着光辉灿烂的花朵，就是文学也是非常发达的。

我们为了研究春秋战国时代的文学，了解这个时代的社会环境是十分必要的。

中国社会性质发展到春秋战国时代，发生了很大的变化。在西周，一切土地是属于天子所有，实行井田制。公家把土地划成方块，授予诸侯和百官，公家所授的方田一律都是公田。公田不能自由买卖，而且要给公家上一定的赋税。诸侯百官利用自己的奴隶在方田以外另外开垦私田，这种私田不但可以作为自己的私有财产，任凭自己摆布，而且完全无税。所以这样一来，诸侯和百官们便尽量榨取奴隶们的剩余劳动，使其为他们开辟方田以外的荒地。在这样发展的过程中，土地国有制遭受着削弱，诸侯和百官们逐渐豪富起来了。私田的亩积逐渐超过公田，因而私家的财富也逐渐超过公家。

同时，在这发生着量变的过程中，又加上了一个重要的因素——铁器的使用，这样一来，便更加把量变的过程促进了。

铁作为耕器而使用，出现在周室东迁前后。这一重大因素，提高了农业的生产力，逐渐促进了井田制的崩溃，因而也就招致了奴隶制的崩溃。由于私家逐渐肥于公家，下层便逐渐超过上层。下层者尽力想争取民众作为自己忠实的战斗员，故民众的身份也就逐渐改变了。春秋中叶以后，当时社会的主要生产者——"力于农稿"的庶人就已经从最下贱的奴隶地位解放出来。他们一方面虽然仍须"力于农稿"，但假如作战有了功，也可以晋升而为士了。社会的主要生产者由奴隶的身份中解放出来，这就意味着奴隶制度的崩溃。

周室自平王东迁以后，逐渐衰微了。周天子虚拥帝位，国家政权落在诸侯手中。于是各方诸侯开始强横了，你争我夺，强凌弱，众暴寡，可以"兴师不请天子"（《史记·十二诸侯年表》），随意攻伐，实行兼并。在兼并战争中，许多小国都相继灭亡。一个大国并吞小国，动不动就要并吞几十个。据记载，春秋初有一百四十八国，到春秋末年只剩了十几个大国。这些国中，以齐桓、晋文、秦穆、宋襄、楚庄为霸主，所谓"春秋五霸"。五霸有权有势，横行无忌，挟天子以令诸侯，彼此争雄，各不相让。

到了战国，这些兼并战争更为剧烈，成为七雄（齐、楚、燕、赵、韩、魏、秦）的决战了。

这就是春秋战国时代社会政治情况的大略。

至于经济方面的情况，由于铁器的使用，农户增加，手工业的分工到那时也比较精细了。农民渐渐从农村聚拢到城里来，人口多了，城市大了，商业发生了。如《战国策·齐策》说："临淄之途，车毂击，人肩摩，连衽成帷，举袂成幕，挥汗成雨。"在这种情况之下，新兴的商人自然不少。历史上有名的子贡和范蠡，都是为商致富；而鲁国穷士猗顿，做盐起家，竟"与王者埒富"；蜀卓氏铸铁买卖，财富甚至"拟于人君"（皆见《史记·货殖列传》）。后来又有些商人依恃自己的财富，竟做起大官来了，吕不韦和嫪毐便是最显明的例子。吕不韦以邯郸一个商人，结欢秦子楚，竟高居丞相之位；嫪毐也以一个富商，与秦太后欢，封长信侯，事无大小，皆决于毐。（见《战国策·秦策》及《史记·吕不韦列传》）商人竟取得政治上的权力了。

官吏可以大量地兼并和收买土地，商人也可以大量兼并和收买土地。官和商因为利害关系，彼此勾结。

人民受到经济上的重重压迫，就往往离开自己的家乡，到处流浪，即孟子所谓"老弱转乎沟壑，壮者散之四方"（见《孟子·梁惠王下》）。这个时期，社会经济虽然总的是向上发展的，但是贫富悬殊，有钱的还只是少数新的统治者。

这就是春秋战国时代经济情况的大略。

文学是社会的上层建筑之一，春秋战国时代的文学，它是反映当时社会的现实，而与政治情况和经济情况处处相关联的。即以诸子的散文来说，就有许多作品是反映了当时的现实的，它们有的反映了当时兼并战争的残酷，描写了统治者之间彼此争夺土地的野心；有的暴露了商人的暴敛无耻，夺取政权；也有的写出了人民在暴虐政治的统治之下饥寒冻馁、流离转徙的痛苦。我们现在来阅读当时的散文（无论历史散文或诸子散文），从这里边不仅可以比较全面地看到当时社会的面貌，人们的思想感情，而且其中有许多的作品由于它们的艺术成就的高超，也可以给我们一种美感的享受。

那么，为什么像春秋战国这样的社会环境下，学术上能够有很高成就，而且散文也能够得到蓬勃的发展呢？

这就是因为在当时那样的社会环境下，在某种程度上出现了民主的气氛，大家在学术问题上可以各抒己见，百家争鸣。

春秋战国时代，社会急剧地由奴隶制向封建制转化。在这一转化的过程中，有氏族贵族的走向没落，有奴隶们的争取解放，又有新兴的地主和商人的日趋上升。这就使得氏族统治大大松弛。因此，原来只是在氏族贵族和氏族成员之间有着相对的民主，这一来，范围就逐渐扩大，新兴的势力也稍有资格说话了。如"绛之富商"，他虽"无寻尺之禄"，但是因为他富有，而"能金玉其车，文错其服"，"以过于朝"而"行诸侯之贿"。（见《国语·晋语》）他们说话的力量也于此可见。

也正由于氏族统治走向崩溃，民主气氛大大增强，所以臣子在国君面前，不仅有他一定的说话自由，有时还竟至于肆无忌惮，对国君很不客气。比如《左传》，僖公三十三年有这样一段记载：晋襄公听了母亲文嬴的话，把从秦国俘获来的三帅释放了。后来，大夫先轸走来，问明秦的三帅已经被释放，就大发脾气，对襄公"不顾而唾"。《孟子》里也有一段记载：齐宣王问到孟子关于"贵戚之卿"如何，孟子毫无忌惮地答复，国君犯了过，一再不听臣子的规劝，"则易位"——把这一国君推倒下去，另换一个好的上来（见《孟子·万章下》）。在他们中间，如果不是有着民主的气氛，上述的这种情况是不可想象的。后来，到了中央集权的封建专制时代，缺乏民主气氛，就不再有这种情况，这是很明显的。

一方面由于有着一定的民主气氛，大家敢于说话。另一方面，也正由于社会的急遽变革，学术逐渐普及起来。原来，学术只为官府所有，文化官只能"父子相传，以持（奉也）王公"——教育王公大人的子弟。即使对学术本身，也只能"仅守其数，慎不敢损益"（见《荀子·荣辱篇》）——不敢稍有所增损。到了这时，氏族统治由松弛走向瓦解，因之学术也由官府走向民间——孔子是最先把学术带到民间的第一人。同时，由于孔子抱着"有教无类"的宗旨，许多人都受到教育，都有探讨学术的机会，所以学术得到蓬勃发展。

孔子所带的徒弟众多，据记载，"孔子以《诗》、《书》、《礼》、《乐》教，弟子盖三千焉，身通六艺者七十有二人"（见《史记·孔子世家》）。其后如墨子，也"徒属弥众，弟子弥丰，充满天下"（见《吕氏春秋·尊师篇》）。孟子也有"后车数十乘，从者数百人"（见《孟子·滕文公下》）。这一来，不仅学术空气更加浓厚，也出现了各种学派。

养士风气在当时已很盛行。春秋时代文化最发达的地方是齐国的稷下，自"齐桓公立稷下之宫"号召天下有名的文学游说之士，来到稷下，且数百千人，极一时之盛。他们是"不治而论议"（《史记·田敬仲完世家》）且"皆著书言治乱之事"（《史记·孟荀列传》）。这是一个研究学术的集团，称"稷下之学"（刘向《别录》）。有了"稷下之学"的养士研究风气，诸子著书立说，更为发达。为着表达学术思想的方便，取用散文的体制是很自然的。养士的风气，对于散文的发达也是有很大的影响的。到战国时代，某些较开明的统治者，如平原君、信陵君、春申君和孟尝君，他们给有学问有能力的人以优礼，所以许多有学问有能力的人都"争往归之"，如孔子的后裔孔穿和名家公孙龙都在平原君那里做过客。其后吕不韦也是如此，也争取了不少有学问的人在他那里研究学问。

在这样的具有浓厚的学术空气的时代，由于散文这一种形式比诗歌更便于表达思想、发表议论，它更具有实用的价值，因此，散文在这个时代里，更得到了蓬蓬勃勃的发展，开出了灿烂的奇葩。

第二节　春秋战国时代散文的代表作品

春秋战国时代的散文是伴随着"诸子百家"的兴起而兴起的。百家争鸣的春秋战国，曾产生了"采集诸侯国史记"的《左传》和记录游士说客言行的《战国策》；也产生了儒家学派的《论语》、《孟子》和《荀子》，墨家学派的《墨子》，法家学派的《商君书》和《韩非子》，以及道家学派的《老子》、《庄子》和《列子》。这些散文著作，有的是运用文学笔调来记述历史事实、描写历史人物的，有的是运用文学笔调来表达某种思想、阐明某种哲理政见的。自然，在这些著作中，也有许多作品没有文学意味，是并不属于文学的范畴的。

下边，我们想就历史散文和诸子散文这两个方面选一些作品来讲讲。

（一）历史散文

中国史官的设立是很早的。古书上常见的所谓"左史记言，右史记事"，就说明古代的史事记载是有专门的人去管的。《尚书》记言，《春秋》记事，这是中国最古的两部历史书。《尚书》文字简古，它记载历史，还不能把政治事件的演变和人物的活动很生动地写出来，因此，它缺少文学价值。《春秋》是我国最早的一部较系统的编年史，宋朝的王安石因为它文句简短而讥讽它为"断烂朝报"，但我们觉得它在运用文字的技巧和史事的编排上，比起《尚书》来，都是有明显的进步的。它

的文字，一般比较平浅精练，只是因为过于简练，只能算是一个历史的
大纲而已。

到了春秋末期和战国时代，随着物质条件与文学观念的发展，历史
散文，呈现着质变的进步。如《国语》、《左传》、《战国策》等书，都
是当时历史散文中最优秀的作品。《左传》与《战国策》更为后代散文
家所重视，几乎成为学习散文的教科书。我们这里，关于历史散文，重
点也就讲讲《左传》和《战国策》。

1. 《左传》

《左传》和《春秋》的关系是十分密切的，相传是鲁国史官左丘明
作了来解释鲁国的《春秋》的，所以称为《左传》，又叫《春秋左氏
传》。

关于《左传》的作者和这部书本身的真伪问题，这是学术上难于解
决的公案，我们无法在这里作较详细的叙述。《史记·十二诸侯年表》
及《汉书·艺文志》以及后来三国时何晏的《论语集解》、晋杜预的
《春秋经传集解》等书，都认为是孔子弟子左丘明解经之作。清代学者
刘逢禄的《左氏春秋考证》和近代疑古学者康有为的《新学伪经考》
等，则认为系汉代刘歆所伪造，非左丘明所作。我们不在这个问题上深
入探讨。不过，我们认为刘逢禄和康有为的论据并不充足，《史记》、
《汉书》等的说法恐怕还是可靠些。

《左传》和《春秋》的关系是十分密切的。在内容上，它对于《春
秋》的原义，举出事实加以说明，《春秋》里十分概括的重要史事，它
原原本本曲曲折折地铺叙出来。而且，它的编年的体例，也完全依照
《春秋》，只是记事从公元前722年（鲁隐公元年）到公元前467年（鲁
哀公二十七年），共二百五十五年，比《春秋》多了十一年。《左传》
和《春秋》的关系，正如东汉初年的学者桓谭所说：左氏传和春秋经，
好比衣服有表里，不可缺一。如果有经没有传，即使圣人关着门想十

年，也想不出道理来。这话是很有意思的。但是，我们认为《左传》和《春秋》虽然有密切的关系，但作者写这本书的目的，却并不纯是为解经而作的。作者是从历史学家的立场，采取《春秋》的大纲，再参考当时的其他史籍，而写成了这部伟大的作品的。因此书里边有合经的，也有不合经的，这正表明了作者并没有完全满意于《春秋》式的史书，而是富有创造性的。到了汉朝，在刘歆的手中，在史事方面，略有增减，我想这恐怕是免不了的。但这不能便说是完全出于刘歆的伪造。

《左传》是利用各国史书材料所写出来的作品，是反映春秋时代的政治活动的。作者运用了他的想象和夸张，所写的政治活动，含有集中表现的成分，韩愈在《进学解》里说"左氏浮夸"，这正是表明了《左传》所具有的一种文学的特色。

《左传》这一部历史散文，它广泛地反映了社会风习，在客观效果上对统治集团的黑暗、罪恶，是起了暴露作用的。

我们选《左传》里的第一篇《郑伯克段于鄢》来讲一讲。

初，郑武公娶于申，曰武姜，生庄公及共叔段。庄公寤生，惊姜氏，故名曰寤生，遂恶之。爱共叔段，欲立之。亟请于武公，公弗许。及庄公即位，为之请制。公曰："制，岩邑也，虢叔死焉，他邑唯命。"请京，使居之，谓之京城大叔。

祭仲曰："都城过百雉，国之害也。先王之制，大都不过参国之一；中，五之一；小，九之一。今京不度，非制也，君将不堪。"公曰："姜氏欲之，焉辟害。"对曰："姜氏何厌之有？不如早为之所，无使滋蔓，蔓，难图也。蔓草犹不可除，况君之宠弟乎！"公曰："多行不义必自毙，子姑待之。"

既而大叔命西鄙、北鄙贰于己。公子吕曰："国不堪贰，君将若之何？欲与大叔，臣请事之。若弗与，则请除之，无生民心。"公曰："无庸，将自及。"大叔又收贰以为己邑。至于廪延。子封曰："可矣！厚将得众。"公曰："不义不昵，厚将崩。"

大叔完聚，缮甲兵，具卒乘，将袭郑。夫人将启之。公闻其期，曰："可矣。"命子封帅车二百乘以伐京。京叛大叔段，段入于鄢。公伐诸鄢。五月辛丑，大叔出奔共。

书曰："郑伯克段于鄢。"段不弟，故不言弟；如二君，故曰克；称郑伯，讥失教也；谓之郑志，不言出奔，难之也。

遂置姜氏于城颍，而誓之曰："不及黄泉，无相见也！"既而悔之。颍考叔为颍谷封人，闻之，有献于公。公赐之食，食舍肉。公问之，对曰："小人有母，皆尝小人之食矣。未尝君之羹，请以遗之。"公曰："尔有母遗，繄我独无！"颍考叔曰："敢问何谓也？"公语之故，且告之悔。对曰："君何患焉！若阙地及泉，隧而相见，其谁曰不然？"公从之。公入而赋："大隧之中，其乐也融融！"姜出而赋："大隧之外，其乐也泄泄！"遂为母子如初。

君子曰："颍考叔，纯孝也，爱其母，施及庄公。诗曰：'孝子不匮，永锡尔类。'其是之谓乎？"

这个作品，作者通过对郑伯家庭内讧这一具体故事的描写，反映了统治集团内部的矛盾和斗争。

在这个作品里，作者一开始即描写郑伯与共叔段对于王位的争夺，继而描写郑伯与共叔段对于领土的争夺，终于诉诸战争，战争的结果，郑伯胜利而共叔段失败，连自己的母亲也卷入斗争的漩涡之中。母亲姜氏一向是袒护共叔段的，郑伯以共叔段的失败而断绝了母子关系，又以颍考叔的调解而恢复了母子关系。在这里，有几个场面：姜氏劝武公立共叔段；姜氏为共叔段一再请封；共叔段一再扩充领土；郑伯的家臣祭仲等一再劝告郑伯讨伐共叔段；郑伯出兵讨伐共叔段，这个场面可说是已经到达了高潮，也是说明了郑伯兄弟母子间的矛盾斗争已经达到了最高潮了。

在这里，作者刻画了几个人物的形象。

郑庄公，这是个阴险、虚伪、玩弄权术、伪善伪孝的典型。他这种性格，可以说是他所属的这个社会集团的本质特性。我们知道，统治集团内部的矛盾也是很尖锐的，而这种尖锐的矛盾，只有通过互相排除异己达到解决。父母子女的骨肉手足之情不能消除或缓和这个矛盾，反过来，这个矛盾倒把骨肉手足之情消除得干干净净。因此，互相暗算、互相杀戮是必然的事。人的性格变成极端阴险、虚伪、冷酷也是必然的事；而这，也正是剥削阶级自私残酷的本质现象。郑庄公的性格具备了统治集团的本质特性——也就是具备了这一集团的人物共性的。

《左传》的作者写庄公这个典型人物，是集中地在他阴险、玩弄权术、陷人于危的性格方面来刻画的。这种性格，作者是通过祭仲、公子吕等人物多次劝谏而烘托出来的。就如他对姜氏和祭仲等人所说的话："他邑唯命。""姜氏欲之，焉辟害？""多行不义必自毙，子姑待之。""无庸，将自及。""不义不暱，厚将崩。"而终至于突然发出命令曰"可矣！"这一切，不正是说明庄公胸有预谋，诱害共叔段吗？庄公的那种玩弄权术的手段、阴险狠毒的性格，字里行间都活现出来了。

及至克段，取得胜利，自己的政权稳固了，姜氏对自己没有危害了，于是又"尔有母遗，繄我独无"地表示悔悟，而述"母子如初"，这样正表现了庄公伪善伪孝的虚伪性格。

至于姜氏和共叔段这两个人物，他们也具有剥削阶级所具有的自私残酷的这一特性。虽然作者对他们的刻画比较简单，然而就这比较简单的刻画中，我们也已经可以看出他们也具有典型的意义。

姜氏的性格是有偏爱的。作者通过她请立共叔段、一再请封共叔段、参与共叔段叛变的预谋等许多具体事实，表现了这个人物溺爱偏私的性格。

共叔段的性格是贪欲无厌的。他一直在姜氏的袒护下进行着阴谋篡夺王位的勾当。作者通过他既得广大的封域——京，还要命"西鄙、北鄙贰于己"，以及后来积极准备袭郑的许多具体事实而表现了出来。

这些人物性格，作者是放在家庭和当时的社会制度环境下来描写的。作者写人物时，无论对话、动作，都表现了人物的性格发展，而情节的发展和人物性格的发展又是一致的。

就作品的结构来说，组织是严密的。作者安排共叔段的叛变行为是有计划的，一次比一次露骨。祭仲、公子吕的谏词，有层次，有差别，一个比一个分量加重，更体现了作品组织结构的严密性。末了，又插上了颍考叔以君食遗母的小故事，更增加了这篇文字的复杂性和人情味。

读过《郑伯克段于鄢》，我们认为这个作品，无论在人物形象的描写上，还是在故事情节的安排上，说它是一个短篇小说是可以当之无愧的。但是过去就曾经有人否认过这一点。说"它仍是历史记载，而不能称是文学作品"。历来讲文学史的，也有许多人不把它看作是文学作品，我想这是不符合实际的。当然，《左传》里边并不是所有作品都像《郑伯克段于鄢》一样的，的确里边有一些是不能算作文学作品的，这应该具体作品具体对待，不应该一概而论。

我们认为《左传》的作者是一个富有社会生活经验的人，而且他的生活经验对他的写作是起了很大的作用的。就如郑庄公这个形象，作者所以能把他写得那么深刻生动，我们认为只有作者把自己在生活中所体验到的这样一种性格，集中地、突出地表现在郑庄公这个人物的身上，才是有可能的。如果作者自己没有丰富的生活体验，单只有一本历史材料，要写出像郑庄公这样栩栩如生的人物形象来，显然是不可能的。

《左传》的内容是丰富多彩的。春秋二百几十年中间列国的内政外交，兴废存亡，乃至于会盟征伐，作者都用了他生动的笔触，作了比较详细的描写。它既是一部重要的历史著作，也是一部珍贵的文学巨著。

《左传》在历史散文上的地位，可以说是上承《尚书》、《春秋》，而下启《战国策》、《史记》的重要的桥梁，它是战国时代无可否认的最优秀的历史散文作品，后来有许多文学家都从这里吸取了滋养。《左传》以后，最好的历史书当然要推司马迁的《史记》。《史记》独有其体裁，独有其面目，而它的整理旧史，用意与《左传》是相同的。事实上，《史记》中也有不少作品是取材于《左传》的。班固的《汉书》，虽然是断代史，它的《古今人表》一篇，也是从《左传》中取材的。

附带我们讲讲《国语》。

《国语》的作者，众说不一。班固认为：孔子作《春秋》，而左丘明依《春秋》的本事（大纲）广泛搜集材料，作成《左传》，余下的材料编成《国语》。司马迁也说是左丘明所作。近代有些人说《国语》不是一人一时之作，而是出于春秋时代各国史官的手笔，但并无科学的依据。

《国语》主要反映了春秋时代的政治活动，因为它所记的事与《春秋》有关，所以从汉时就有人称它为《春秋外传》。（王充称《左传》为《春秋内传》。）

《国语》和《左传》在体制上不同，《左传》是编年的，而《国语》是分国的。

在内容方面，《国语》记言多于记事。一般说来，它的文学价值不如《左传》。比如，《左传》的结构比较严整，运用语言生动、巧妙，而且细腻，而《国语》则比较呆板、枯燥。当然，它里边也有一些作品是很好的，也有一些作品在描写人物方面是比较生动的。我们说它不如《左传》，只是就总的比较而言。因为时间所限，我们就不讲《国语》

的具体作品了。

2.《战国策》

在春秋战国时代的历史散文中,《左传》以外,最值得我们注意的,便是那表现纵横捭阖之术的《战国策》。

《战国策》原来的书名很多,初名《国策》,又名《国事》、《短长》、《事语》、《长书》、《修书》,名称既不统一,卷帙也错乱无序,后来经过西汉的学者刘向的整理,才定名叫《战国策》。这部书现存三十三卷,记载了东周、西周、秦、齐、楚、燕、赵、韩、魏、宋、卫及中山等国的事情。

《战国策》的作者究竟是谁,现在没有定论。清代学者牟庭在《雪泥书屋杂志》的文章中说是汉代初年的蒯通所作(蒯通名彻,因避武帝讳而改通,是西汉时的一个游说之士,曾劝过韩信起来叛汉)。近人罗根泽也有这种说法,但是他们都并没有确凿的证据,很难确信。我们认为《战国策》可能是战国时代各国史臣的笔录,或策士自己所记的言行,它可能是为秦汉间的学者汇编而成的。刘向在《战国策序》里,说这书是战国时游士辅所用之主,为之策谋。这话恐怕是有道理的。

《战国策》是一部记载战国策士的纵横辩论的书。在春秋时代,本来就有许多"行人"的辞令是很讲究的,到了战国时代,由于社会的发展变化,纵横游说辩论的风气也有了进一步的发展。

战国时代,社会经济发展,新兴地主抬头,旧有的贵族与新兴地主的斗争日益剧烈。当时力量最强大的秦国,不断向外扩张。引起了秦国与其他齐、楚、燕、赵、韩、魏等大国的矛盾。六国之间也互有矛盾,互相攻伐。秦国最强,山东的六国都害怕它。策士苏秦创合纵说,主张把从北方的燕到南方的楚都联合起来,结成一条直线,共同反对西方的秦国。秦国用张仪的连横说来破坏合纵,他主张联合山东任何一国,结成一条横线,攻击其他各国。当时双方的胜败,就决定于合纵、连横力量的消长。在这种局面下，春秋时代的所谓"信义"，也就不得不变成"权谋谲诈"，辞令从容的"行人"，也就不得不变成利口剧舌的"说客"了。策士奔走游说，议论风生，归根结底只是合纵和连横的两种主张；七雄争霸，此战彼和，变化无常，也不过是合纵与连横两派的活动而已。

《战国策》所记载的一切，攻守和战之计，纵横捭阖之术，勾心斗角之事，言利言兵，斗智斗辩，尽是这个时代政治斗争的反映。通过它，我们可以看到战国时代的政治动态，可以看到战国时代的社会面貌。

《战国策》描写战国时代的政治活动，也刻画了不少凭"三寸不烂之舌"能够说得"天花乱坠"的策士的形象。在各国国策里，写纵横家苏秦的地方很多，而以《苏秦以连横说秦》一文最为生动，我们就选这个作品来讲一讲。

> 苏秦始将连横说秦惠王，曰："大王之国，西有巴、蜀、汉中之利，北有胡貉代马之用，南有巫山、黔中之限，东有肴函之固。田肥美，民殷富，战车万乘，奋击百万，沃野千里，蓄积饶多，地势形便，此所谓天府，天下之雄国也。以大王之贤，士民之众，车骑之用，兵法之教，可以并诸侯，吞天下，称帝而治。愿大王少留意，臣请奏其效！"秦王曰："寡人闻之：毛羽不丰满者，不可以高飞；文章不成者，不可以诛罚；道德不厚者，不可以使民；政教不顺者，不可以烦大臣。今先生俨然不远千里而庭教之，愿以异日。"
> 苏秦曰："臣固疑大王之不能用也。昔者神农伐补遂，黄帝伐涿鹿而禽蚩尤，尧伐驩兜，舜伐三苗，禹伐共工，汤伐有夏，文王伐崇，武王伐纣，齐桓任战而伯天下。由此观之，恶

有不战者乎？古者使车毂击驰，言语相结，天下为一。约从连横，兵革不藏。文士并饬，诸侯乱惑，万端俱起，不可胜理。科条既备，民多伪态，书策稠浊，百姓不足，上下相愁，民无所聊。明言章理，兵甲愈起，辩言伟服，战攻不息，繁称文辞，天下不治，舌敝耳聋，不见成功，行义约信，天下不亲。於是乃废文任武，厚养死士，缀甲厉兵，效胜于战场。夫徒处而致利，安坐而广地，虽古五帝、三王、五伯，明主贤君，常欲坐而致之，其势不能，故以战续之。宽则两军相攻，迫则杖戟相撞，然后可建大功。是故兵胜于外，义强于内，威立于上，民服于下。今欲并天下，凌万乘，诎敌国，制海内，子元元，臣诸侯，非兵不可。今之嗣主，忽于至道，皆惛于教，乱于治，迷于言，惑于语，沉于辩，溺于辞，以此论之，王固不能行也。"

说秦王书十上，而说不行。黑貂之裘敝，黄金百斤尽，资用乏绝，去秦而归。羸縢履蹻，负书担橐，形容枯槁，面目黧黑，状有愧色。归至家，妻不下纴，嫂不为炊，父母不与言。苏秦喟然叹曰："妻不以我为夫，嫂不以我为叔，父母不以我为子，是皆秦之罪也。"乃夜发书，陈箧数十，得太公《阴符》之谋，伏而诵之，简练以为揣摩。读书欲睡，引锥自刺其股，血流至足，曰："安有说人主不能出其金玉锦绣，取卿相之尊者乎？"期年揣摩成，曰："此真可以说当世之君矣。"

于是乃摩燕乌集阙，见说赵王于华屋之下，抵掌而谈。赵王大说，封为武安君，受相印。革车百乘，锦绣千纯，白璧百双，黄金万镒，以随其后。约从散横，以抑强秦。故苏秦相于赵，而关不通。

当此之时，天下之大，万民之众，王侯之威，谋臣之权，皆欲决于苏秦之策。不费斗粮，未烦一兵，未战一士，未绝一弦，未折一矢，诸侯相亲，贤于兄弟。夫贤人在而天下服，一人用而天下从。故曰："式于政，不式于勇；式于廊庙之内，不式于四境之外。"当秦之隆，黄金万镒为用，转毂连骑，炫煌于道，山东之国，从风而服，使赵大重。

　　且夫苏秦，特穷巷掘门、桑户棬枢之士耳。伏轼撙衔，横历天下；庭说诸侯之王，杜左右之口，天下莫之伉。将说楚王，路过洛阳。父母闻之，清宫除道，张乐设饮，郊迎三十里；妻侧目而视，倾耳而听；嫂蛇行匍伏，四拜自跪而谢。苏秦曰："嫂！何前倨而后卑也？"嫂曰："以季子位尊而多金。"苏秦曰："嗟乎！贫穷则父母不子，富贵则亲戚畏惧，人生世上，势位富厚，盖可以忽乎哉！"

读完这个作品，我们眼前仿佛就出现了一个能够把事情说得"天花乱坠"的策士的形象。苏秦的荣辱尊卑，是随着他的到处游说、政见是否被采纳为转移的。苏秦这个人物的性格，言利言兵也总是和当时的环境紧相结合的。

　　这个作品主要是分成两个部分来写的。前半篇，主要写苏秦说秦王，当时秦和六国的对立局面已经形成，苏秦自己在政治上还没有地位，到处游说，以期能有一官半职。作者描写他游说秦惠王的一段是十分生动的，表现了苏秦的能说会道，是一个十分机灵的人物。苏秦为了要秦惠王接受他的以攻占为主的连横政策，用尽了各种办法来说服秦惠王。他分析秦国的地势如何优越，国力如何富强，顺便还拍拍秦惠王的马屁，说他如何贤能，认为他只要以连横的政策进行攻战，就可以吞并天下，"称帝而治"。因为秦惠王不接受他的意见，接着他便又以古代的许多历史事例来加强其连横攻战的理由，反反复复，不但正面说，而且还用反激。但是，无奈秦惠王总不听他的话，不能录用，这使得苏秦实在狼狈极了，没有办法，他只好离秦而归。到了家，他遭受了父母妻嫂的白眼冷淡。

后半篇，主要写苏秦经过发愤读书之后，游说六国，劝六国用他的合纵政策，联合抗秦，六国采用了他的主张，拜他为六国共同的宰相。从此他飞黄腾达，"位尊多金"。这时，不仅人家对他刮目相看，就是自己的父母妻嫂，也完全改变了对他的态度。描写苏秦的得志，淋漓尽致。

全文由秦不用苏秦写到六国重用苏秦，由苏秦的不得志写到苏秦的得志，这其中的变化，作者都作了细致的描写，塑造了一个鲜明的策士的形象。通过这个形象的活动，我们不但对战国时代各国的政治斗争有了了解，而且也洞悉了当时封建社会里的人情世态。

作者在这个作品里，把苏秦的困顿和苏秦之通显作对比的描写，这样给读者的印象是最为深刻的。末了"苏秦曰：'嗟乎！贫穷则父母不子，富贵则亲戚畏惧，人生世上，势位富厚，盖可以忽乎哉！'"这几句话，意义也是深刻的，可以说是封建社会里人与人的关系的概括。

《战国策》运用文字的技巧是相当成功的，它最长于论事，有很强的说服力。无论是个人的陈述，或者是双方的辩论，它都能将道理发挥得很透彻。不是长篇大论，耸人听闻，便是三言两语，能解决问题。从表达上来看，它可以说已臻于明白流畅的程度。它的逻辑性是很强的，无论估计情况，分析利害，都能"持之有故，言之有理"，使人读来感到痛快。

《战国策》里有一些作品，往往喜欢穿插一些寓言故事，有许多地方，由于穿插恰当，不但省了许多笔墨，而且更加强了文字的生动性和说服力，比如我们大家所熟悉的《狐假虎威》、《鹬蚌相争》、《画蛇添足》等寓言，就都是从《战国策》来的。这些我们就不详细去讲了。

以上我们把历史散文中具有文学价值的重要著作《左传》和《战国策》讲了讲，对这两部著作有了一个粗略的认识，其实这时具有文学价值的作品还有不少，如《山海经》、《穆天子传》等等，它们不但保存了不少古代的史料，而且也有许多生动的神话和传说，这里暂时从略。

（二）诸子散文

一般来讲，散文在春秋中叶以前，主要还只是记事，文学的味道是很少的。到春秋中叶以后，记事文的规模日趋堂皇，结构也逐渐复杂，而且富有了文学的味道。诸子的散文，也是在春秋中叶以后才得到迅速发展的，这种情况和当时时代的变化、形势的变化是有着密切的关系的，第一节中我们已经说过。春秋战国这个时期具有文学价值的诸子散文是不少的，不仅产量多，而且形式也变化多端，这里我们想有重点地选几个来讲讲。

1.《论语》

《论语》是孔子学生的笔记。虽是一部哲学书，但其中有很多富于文艺性的散文。

《论语》可以代表儒家的开山祖师孔子的思想。为了讲《论语》，我们先主要根据《论语》来简略地讲讲孔子。

孔子名丘，字仲尼，鲁国人。生于公元前551年（周灵王二十一年），卒于公元前479年（周敬王四十一年）。他的祖先是宋国的贵族。宋国的贵族们曾经屡次发生内部的斗争，孔子的祖先便是在这种斗争中被排斥而迁徙到鲁国的。孔子的父亲叔梁纥曾做过鲁国乡邑的地方官吏，但是到孔子少年的时候，他的家境已经很贫寒。他做过管理仓库的"委吏"，也做过看管牛羊的"乘田"（《孟子·万章》）。后来为鲁国的"司空"及"司寇"。去官后，周游列国，"斥乎齐，逐乎宋、卫，困于陈、蔡之间"（《史记·孔子世家》），复回鲁地。晚年因政治上不得志，便删诗书，订礼乐，授徒讲学，"弟子盖三千"，"身通六艺者七十有二人"。卒时年七十三岁。

孔子是开创中国历史上私人讲学的第一个人物。在孔子以前，学问知识是贵族们的独占品。孔子把他从各方面得来的知识传授给一般的百姓。他主张"有教无类"（《论语·卫灵公》），"因材施教"（《论语·为政》），因此后来便出现了许多非贵族的知识分子。

从孔子学生们的笔记《论语》这一部书来看，孔子所教给他的学生的东西，已经在旧的贵族文化的遗产上添加了一些新的内容了。这就是他最最强调的一个"仁"字。什么是"仁"？按照孟子的解释，"仁者，人也"。《论语》里边载，樊迟有一次请教孔子，问他什么叫"仁"。孔子回答说：就是"爱人"（《颜渊》篇）。

孔子的一切学说、政见，都是从"仁"这个基本的思想出发的。《论语》上就有一百零五个"仁"字，论"仁"的就有五十八章，他对这"仁"字如此注重，也可以想见一斑。《吕氏春秋·不二篇》叙述各家宗旨，就很明显而扼要地说"孔子贵仁"，这是完全恰当的。

讲到具体为"仁"的方法，孔子就不得不搬出一个"礼"字来了。孔子认为要实现"仁"，必须从家庭开始，《论语·学而篇》说："孝弟也者，其为仁之本与？"孝、弟，就是"仁"在家庭中的实践。由此再扩大到社会，去爱一切人。他主张要"博施济众"（《雍也》），"己所不欲，勿施于人"（《颜渊》），"己欲立而立人，己欲达而达人"。颜渊有一次也问孔子什么叫"仁"。孔子回答说："克己复礼为仁。"颜渊又追问他详细内容，他说："非礼勿视，非礼勿听。非礼勿言，非礼勿动。"（《颜渊》）这就是说，视、听、言、动都不能超越"礼"的范围。孔子把"仁"与"礼"完全连起来了，因此他主张亲亲、尊尊、长长，男女有别，又把这些作为"礼"的根本。他依照这些制定了许多礼文，以此来区别人与人之间的复杂关系，要求人们各守本分，不得逾越。自然，这些在当时封建统治的社会里，对于维护统治阶级的秩序，对于统治阶级是有利的。但是，我们认为，孔子提倡爱人的"仁"，并把它作为自己思想的核心，就当时说，他已经能看到庶民阶层，强调"人"的价值，至少是目中有"人"，在提高人的地位上是有一定的进步意义的。

孔子在政治上主张"礼治"，其实这也是"仁"在政治方面的体现。我们从《论语》中也可以看到。他主张"节用而爱人，使民以时"。他说"不患寡而患不均，不患贫而患不安"，"财聚则民散，财散则民聚"。他反对横征暴敛，认为"苛政猛于虎"。他的弟子冉求做季氏宰，替季氏聚敛，他气愤得很，说冉求"非吾徒也，小子鸣鼓而攻之可也"！这里表现了孔子的爱民精神。比如他还主张轻刑罚、薄税赋、举贤才、重教化，这些都可说是孔子学说的进步方面。这些观点的形成，我想恐怕和他少年贫贱，接近下层社会，见过民间疾苦是有关系的。

今天来看待孔子，我们觉得他的学说中有许多应该肯定的东西，但是也有许多的确是应该批判的东西。简言之，比如他一贯拥护身份制度，鄙视劳动生产。举一个具体的事实来说吧，他的学生樊迟，有一次去和他讲想学种田、种菜的事，孔子拒绝谈论，等樊迟走去以后，他却骂樊迟"小人"，口口声声地说："上好礼，则民莫敢不敬；上好义，则民莫敢不服；上好信，则民莫敢不用情。"他认为只要这样，小百姓自然就会从远方聚来替他种田种菜，用不着自己去动手，他分明是自居于民之"上"，是站在封建贵族的立场上讲话的。

我们知道孔子所要求的典型人格是所谓"君子"，他所传的道用他自己的话说也是所谓"君子之道"。"君子"这个名称，在春秋以前，本来只是指贵族而言。"君子"就是贵族，"小人"就是小百姓。《左传》上说，"君子勤礼，小人尽力"。"君子"和"小人"，显然是指两

种社会身份而说的，而这种身份制度，孔子是始终拥护的。他所说的
"上好礼"，不就是所谓"君子勤礼"吗？至于"学稼"、"学圃"显然
都是些"尽力"的事，当然只有"小人"才去做的。

应该承认，孔子对于中国文化的发展作出了巨大贡献。他提出了中
国封建道德的基本原则，从而为汉代以后的封建社会思想上层建筑奠定
了基础。他的讲学活动为战国时代百家争鸣的风气开辟了道路。我们认
为，在批评孔子的时候，应该与他所处的历史时代联系起来，对他在历
史上的伟大功绩，也应该作历史的肯定。

上面我们主要根据《论语》讲了讲孔子的生平和思想，其实，这样
讲也就是讲了《论语》的基本思想内容。孔子是一个有很高的文学修养
的人物。下边我们想选《先进篇》中的《子路、曾皙、冉有、公西华
侍坐》一章来讲讲。

    子路、曾皙、冉有、公西华侍坐。子曰："以吾一日长乎
尔，毋吾以也。居则曰：'不吾知也。'如或知尔，则何
以哉？"

    子路率尔而对曰："千乘之国，摄乎大国之间，加之以师
旅，因之以饥馑；由也为之，比及三年，可使有勇，且知
方也。"

    夫子哂之。

    "求，尔何如？"

    对曰："方六七十，如五六十，求也为之，比及三年，可
使足民。如其礼乐，以俟君子。"

    "赤，尔何如？"

    对曰："非曰能之，愿学焉。宗庙之事，如会同，端章甫，
愿为小相焉。"

"点，尔何如？"

鼓瑟希，铿尔，舍瑟而作，对曰："异乎三子者之撰。"

子曰："何伤乎？亦各言其志也！"

曰："莫春者，春服既成，冠者五六人，童子六七人，浴乎沂，风乎舞雩，咏而归。"

夫子喟然叹曰："吾与点也！"

三子者出，曾皙后。曾皙曰："夫三子者之言何如？"

子曰："亦各言其志也已矣！"

曰："夫子何哂由也？"

曰："为国以礼，其言不让，是故哂之。唯求则非邦也与？安见方六七十，如五六十而非邦也者？唯赤则非邦也与？宗庙、会同，非诸侯而何？赤也为之小，孰能为之大？"

这段文字，给我们勾画了一幅孔子师生"言志图"，表现了孔子学生子路、曾皙等几个人的性格和各人不同的政治怀抱。孔子坐在那里，他的学生子路、曾皙、冉有、公西华陪他坐在一起商谈，曾皙还在旁边弹着琴，先是孔子温和地对他们说："你们平时总是说没有人知道你们，万一有人知道你们而要重用你们的时候，你们有什么办法呢？"孔子在说这句话以前，因为唯恐学生们在自己面前说话拘束，不能畅言其志，他是先做了一番诱导的。子路本来是一个性情坦率的人，所以在听了孔子的开导以后，便第一个"率尔而对"，这个"率尔"二字和他的第一个说话，已把他的性格勾画出来了，他"对"些什么呢？他毫不隐瞒地把自己的政治怀抱吐露了出来。由于子路说话太率真，竟引起了孔子的讪笑。

孔子这一笑对下边其他学生的答话是有影响的。孔子问冉有之志怎样，冉有很谦虚地说了一番，问到公西华，公西华接受孔子讪笑子路的教训，说话更谦虚了。最后轮到曾皙说了，这时曾皙正在鼓瑟，不得已舍瑟而起，经孔子一再催促才发言，大得孔子的称赞。子路言志后的"夫子哂之"，真可以说是在全文中起了推波助澜的转折作用。在冉有、公西华言志之后，孔子默不表示意见。在曾皙言志之后，则大加称赞。从言志的态度上说：子路是自告奋勇说的，措辞夸大；冉有、公西华经孔子催促后才肯说，措辞谦虚；曾皙经再度催促之后才肯说，措辞更洒洒落落。再从言志的内容上说：子路表示既可以组织人民外抗强敌，内拯饥馑，还可以提高人们的道德水平；冉有表示只能使人民足衣足食，可不能使人们受礼乐的熏陶；公西华表示愿做个在祭祀或国君"会同"时赞礼的小官；曾皙则表示不急于求仕，愿意过那潇洒自由的普通的文人生活。各个不同的人物性格，都活跃在纸上，真可以说它已具有了小说结构的初步规模。

从《论语》这一部记录孔子的言行的书中，我们可以看出，孔子无论在讲学或接待时都是十分讲究辞藻的。书中记载孔子的话往往富有形象性而耐人寻味。比如他说的"苗而不秀者，有矣夫。秀而不实者，有矣夫"（《子罕》），"岁寒然后知松柏之后凋"（《子罕》），都是简练含蓄，意义深刻，非常富于暗示性和感染力。

《论语》的文句大多是三言两语，各自独立，不相连贯，这和当时的物质条件恐怕也是有关系的。但是，就像那样简单的文字，已能够表达出丰富的思想感情，例如"子在川上曰：逝者如斯夫，不舍昼夜！"（《子罕》）这是多么简练含蓄！

《论语》是我国用对话体写的最早的一部书，也是写得十分成功的一部书，它里边记载着孔子很多的格言。如，"学而时习之"，"学而不思则罔，思而不学则殆"（《学而》），"知之为知之，不知为不知"（《为政》），就是最好的格言。孔子学说中的许多精华，我们是应该审慎地加以继承和发扬的。

2. 《墨子》

比孔子稍晚一点，中国又出现了一位杰出的思想家墨子。墨子姓墨，名翟，鲁国（今山东南部）人，一说宋国（今河南东部）人，也有说是鲁国人住在宋国的。他具体的生卒年代不详细，据一般的推测，都说他大概生在孔子死的前后，死在孟子生的前后。对墨子的出身有很多不同的说法：有的说他原来是一个奴隶，而且认为他的"墨翟"这个名字和他的出身经历颇有关系；有的认为他是木匠出身，做过手艺工人，而且据说手艺很巧。无论这些说法是否靠得住，但有一点可以肯定：墨子是很能了解劳动，特别是体力劳动的意义的。他自己就说过："赖其力者生，不赖其力者不生。"他认为人跟其他动物不同，其他动物用其身上的羽毛为衣服，用其脚上的蹄爪为鞋靴，用自然的水草为饮料，所以它们中间的雄的也不必耕种，雌的也不必纺织，衣食都不成问题。人是不同的。用力劳动，才能生存，不用力劳动，就不能生存。他又说过，如果一个人到别人的园子里偷别人的桃李，这种"亏人自利"的行为是不道德的；如果抢夺别人的牛马，那就更是不道德了。为什么是不道德的呢？因为抢夺别人东西的人，没有参加别人所有的劳动而得到了别人劳动的果实（"不与其劳获其实"）。这些，都可以说明他对劳动是有认识的，而且他以此作为道德的标准。就墨子的思想来看，也的确不像是一个剥削阶级的人所能够有的。

下边我们就说说他的主要思想。

春秋中叶以后及战国初期，由于生产力的发展，土地利润增加，国与国之间不断发生争夺土地的战争，国家内部也不断发生变乱。墨子生在这个时代，并在这个时代里活动。

据墨子对当时社会的考察和研究，他认为当时各国迫切的问题有五个：第一是政治昏乱；第二是各国之间从事战争掠夺；第三是经济贫困；第四是统治者生活奢侈，消费太大；第五是人们的习俗不正当。墨子针对这些提出了自己的一套主张。

首先，他认为氏族独占政权是国家政治昏乱的主要原因。他认为国王的亲属生来就是富人贵人是没有道理的。这些人无才无德，必然使富者愈富，贫者愈贫。因此他主张推举贤能的人来办事。他主张"庶民"只要有才能就可以给他做官食禄，让他们管理国家大事。在两千四百多年前贵族独占政权的时候，墨子能提出这样的主张是很了不起的。

其次，墨子主张"兼爱"。墨子所生的那个时代，战争频繁，民不聊生，国家和人民的损失都很大。墨子认为战争的损失这样大，而国王还要进行战争，这是因为他们只爱自己的国家而不爱别人的国家，因而做出损人利己的事情。他认为一个国王如果把别人的国看成和自己的国一样，就不会去攻打别人的国了。像爱自己的一切一样爱别人的一切，这就是墨子"兼爱"的学说。

第三，墨子主张"非攻"，反对侵略战争。他算了一笔细账，证明侵略战争不但对被侵略者有害，对于侵略者也并没有什么好处。他认为国君要百姓为了侵略战争而牺牲是不义的，他的罪恶是很大的。墨子经常用这个道理，向当时的国君劝说，希望他们不要攻伐别国。墨子虽然反对侵略战争，但他不是一个无条件反对战争的人。他反对侵略，对于反抗侵略的守御战争他是拥护的。他和他的学生们都是防御战的专家。在我们现有的《墨子》这部书里，就有十几篇是讲守城战术的。

从上面三点可以看出墨子是有积极为人民的思想的。此外，他提倡节用，反对白白花费金钱又妨害生产的风俗习惯（像人死了用很多的钱发丧、长期守孝等等）；他提倡劳动，主张发展生产；他不相信命运，认为那都是骗人的话。这些都是具有进步意义的。

自然，墨子思想中也有落后的成分，也有矛盾的甚至反动的成分。例如当时已经"疑惑鬼神有与无之别"，这本是进步思想。但他却认为这也是"天下乱"的原因，主张"明鬼"（《明鬼》下）。他讲非命，讲节葬，但又讲明鬼，这是他的矛盾。有盗贼，有战争，这本是阶级社会私有制发展的必然结果，但他用唯心论解释，认为是"皆起不相爱"（《兼爱》上），这是他的落后处。至于他想维持从家长一直到天子的统治秩序，甚而主张广设"耳目"，要使"举天下之人皆恐惧惕慄，不敢为淫暴"（《尚同》上）；又常说富者要"高墙深宫"来防盗（《尚贤》上），甚至说"杀盗非杀人"（《小取》），在这里虽然部分思想上反映了当时要求统一的历史趋势，但就他所提出的方法，却是逆历史而动的思想。

墨子的学说，在当时社会流行很广。他创立了一个带有宗教色彩的政治性团体——墨家学派。墨家这个组织的领袖称为"巨子"（类似教主，一说"巨"即大，"巨子"犹儒家的"硕儒"），巨子对于这个组织有绝对的领导权，组织的成员对他有绝对服从的义务。统治阶级的严罚厚赏，都不能阻止墨者对巨子的听从。墨子教弟子着短衣草鞋以勤恳工作，以自愿吃苦为高尚，如果不能刻苦，就不配称为墨者。据有的资料说，墨子门下多勇士，弟子三百人（一说一百八十人），都能"赴火蹈刃，死不旋踵"（《淮南子》）。他们主张分财互助，有余财的人应该扶助贫乏的人。弟子做官得禄，要把一部分的收入拿出来供给团体作费用。凡是墨家的成员，都要实行教义，严守家法。墨子的弟子胜绰，被推荐到齐国做官，因为他在齐国跟从主人作战很勇敢，墨子责备他违背"非攻"的精神，就教他辞官回来了。还有一个巨子名叫腹䵍，他在秦国的时候，他的儿子杀了人。秦国的国王看他的面子，要赦他儿子的罪。腹䵍却说，墨家的法律，杀人的人犯死罪，如果秦王不行国法，他就要按墨家的法，治他的儿子的罪。秦王没有办法，就只得治腹䵍的儿子以应得之罪。[①] 从这两个故事里，也的确可以看出墨家的特点。

----

① 胜绰、腹䵍事，均见孙诒让《墨子间诂》：《后语·墨学传授考》。商务印书馆 1936 年版 453 页及 459 页。

在墨子的时代，虽然"百家争鸣"还没有大规模地展开，但是也可以说是已经开始了。墨子的主张和孔子的主张，就有许多地方是针锋相对的，比如孔子的儒家学说以亲亲为主的"仁"，墨家"无差等"的"兼爱"就是和他反对的；儒家主张厚葬久丧，墨家便"以薄为其道"；儒家"立命"，墨家"非命"等等。他们各有一套，相互对立，而且都是"持之有故，言之成理"的。

墨子的思想体系里，虽然也有宗教的唯心主义成分，但他的科学的唯物主义精神却是主要的。墨子学派，是我国古代最有科学精神的一个学派，在中国哲学史里，占有光辉的一页。秦汉以后，因为汉朝为了统一思想，定孔子学派的思想为正统思想，其余的各家都被压抑了。由战国时代的"百家争鸣"变成"一家独尊"，墨家的思想也压抑了，《墨子》也没有人学习了，直到近百年来，才逐渐重新为人所注意。

《墨子》这部书里的文字，有墨子自己执笔写的，也有他的学生记录的。本来这是一部说理论辩的书，但里边有许多文字写得很形象，有一些是近乎文艺性的散文。

孔子的时代，还是中国哲学思想发展的初期，还没有到百家争鸣彼此辩论的时代，因此在他的文字里，大多是说明文的形式，而不是论辩文的形式。后来思想的宣传与斗争蓬勃地发展起来，任何一派的思想家要发表文字，非带着斗争的论辩的形式不可了。因为思想的发展，文字也跟着发展起来，散文就带着长篇大论的姿态、讽喻犀利的辞句而出现了。真正辩论的散文，是由墨子开始的。在中国散文的发展史上，墨子有着重要的地位。

现在举《公输盘》这一篇讲讲。

公输盘为楚造云梯之械，成，将以攻宋。子墨子闻之，起于齐，行十日十夜而至于郢，见公输盘。公输盘曰："夫子何命焉为?"子墨子曰:"北方有侮臣,愿藉子杀之。"公输盘不悦。子墨子曰:"请献千金。"公输盘曰:"吾义固不杀人。"子墨子起,再拜曰:"请说之。吾从北方,闻子为梯,将以攻宋。宋何罪之有? 荆国有余于地,而不足于民。杀所不足,而争所有余,不可谓智;宋无罪而攻之,不可谓仁。知而不争,不可谓忠。争而不得,不可谓强。义不杀少而杀众,不可谓知类。"公输盘服。子墨子曰:"然,胡不已乎?"公输盘曰:"不可,吾既已言之王矣。"子墨子曰:"胡不见我于王?"公输盘曰:"诺。"

子墨子见王,曰:"今有人于此,舍其文轩,邻有敝舆,而欲窃之;舍其锦绣,邻有短褐,而欲窃之;舍其梁肉,邻有穅糟,而欲窃之。此为何若人?"王曰:"必为有窃疾矣。"子墨子曰:"荆之地,方五千里,宋之地,方五百里,此犹文轩之与敝舆也;荆有云梦,犀兕麋鹿满之,江汉之鱼鳖鼋鼍为天下富,宋所谓无雉兔狐狸者也,此犹梁肉之与穅糟也;荆有长松、文梓、楩、楠、豫章,宋无长木,此犹锦绣之与短褐也。臣以王之攻宋也,为与此同类,臣见大王之必伤义而不得。"王曰:"善哉! 虽然,公输盘为我为云梯,必取宋。"

于是见公输盘,子墨子解带为城,以牒为械,公输盘九设攻城之机变,子墨子九距之。公输盘之攻械尽,子墨子之守圉有余。公输盘诎,而曰:"吾知所以距子矣,吾不言。"子墨子亦曰:"吾知子之所以距我,吾不言。"楚王问其故,子墨子曰:"公输子之意,不过欲杀臣。杀臣,宋莫能守,乃可攻也。然臣之弟子禽滑厘等三百人,已持臣守圉之器在宋城上而待楚寇矣。虽杀臣,不能绝也。"楚王曰:"善哉! 吾请无攻宋矣。"

> 子墨子归，过宋，天雨，庇其闾中，守闾者不内也。故
> 曰："治于神者，众人不知其功，争于明者，众人知之。"

《公输盘》这个作品，我们读过以后，仿佛就突现出了墨翟这一位英勇的国际和平战士的形象。这个形象，作者不是从人物外貌的刻画显示出来的，而是通过人物的活动、言谈刻画出来的。

作品开始写墨子听到楚国造云梯攻宋的消息，不辞辛劳，赶到楚国去见公输盘的情形。接着写墨子用种种道理去说服公输盘和楚王。他运用了十分生动形象的语言，发挥了高度的说服力。但是，好战的楚王，野心勃勃，又有公输盘做他的帮凶，却不听墨子的劝阻，他们认为自己有武器，实力雄厚，因此坚决要战。下面接着就再写公输盘与墨子进行战争的演习，公输盘九次进攻而九次被墨子所击退。最后，写得更紧张了，公输盘无可奈何，企图杀害墨子。墨子早就看透了他的诡计，就明说出自己所凭借的力量：以禽滑厘为首的一群训练有素的学生三百人，早已持械等候在城上了。这样自然使楚王不敢轻举妄动，公输盘虽极端阴险，也束手无策了。

在这里，我们看到了一场壮烈、紧张的争辩的场面，这种气氛在一般的说理文章中是不可能有的，尤其是为了反对侵略而奔走的墨子的形象，他机智、勇敢、善辩，他忠于自己的理想。要在说理的文章里看到这些，更是不可多得的。

关于这个作品的写作方法，有一些地方是很值得我们注意的。

春秋战国时代有许多的散文都善于打比方，《公输盘》这个作品里也用比方，用得都确切，但这点还不算突出，突出的是他打比方的方法。他通过比方，又结合了以矛攻盾的写法。墨子从理论上驳斥公输盘和楚惠王，他先是好像在跟他们讲一件实有的事情，把对方的注意力吸引在那件事情上，使对方说出对那件事的意见，也就是诱对方说出自己

要他说的话，使对方完全失去反驳自己主张的力量。照理讲，要说服敌对方面的人，主要在建立自己的主张和驳斥对方的主张。墨子不这样做，既不要对方直接说出他的主张来加以驳斥，也不直接说出自己的主张来和对方辩论，却用比方来引发对方说出自己要他说的话。公输盘说出"吾义固不杀人"的话，正是墨子所要说的，正是他所要用来建立自己理论的根据，也是他所要用来驳斥敌对方面的理论的根据，公输盘说出了这句话，等于否定了自己帮助楚国攻打宋国这一行动的理论根据，也等于承认了墨子反对侵略的理论，以攻打无罪的宋国为不义。墨子这样说，不需要跟对方辩论，就可以收到驳斥对方、建立自己理论的效果。从这里也可以看到他为什么对公输盘说"请献千金"。他先请公输盘去杀人，那样说的目的，就是要让公输盘说出"吾义固不杀人"的话。可是公输盘没有说，只是不高兴。公输盘既不说那句话，墨子的目的还没有达到。所以要再逼一句，逼得更厉害，说"请献千金"。这句话，意味着要用金钱来收买公输盘，替他去干杀人的事。这就激怒公输盘说出了"吾义固不杀人"。墨子之所以要使公输盘不高兴，要激怒公输盘，无非要逼出这句话来。再看他对楚王说的话，主要是要让楚王说出"此必有窃疾者矣"，所以他说了一个比方就问"此为何若人"。楚王很快就说出他要楚王说的话，他就可根据这句话来说服楚王，不用像对公输盘那样用激怒的方法了。这样的驳斥、结果使公输盘和楚王都完全陷入了自相矛盾和理屈词穷的地步。

《公输盘》这个作品之所以能具有一种不可抗拒的说服力，这和他所具有的严密的逻辑性是分不开的。这里不多谈逻辑，只就他运用的推论说说。

推论有从一个判断推出新的判断来的，有从两个判断推出新的判断来的。原来的判断叫"前提"，推出来的新判断叫"结论"。在这个作品里，墨子不单纯是推论，实际是在辩论里运用推论。不过如前面所说的，他把驳斥对方论点、建立自己前提的步骤都省去了。主要是让对方说出推论的前提来，用作推论的根据。由于是辩论，要说服的是敌对方面的人，站在不同的立场上——他要和平，对方要侵略；他站在宋国的立场上，对方站在楚国的立场上——所以主要是用对方的话来作推论的前提。此外，也根据双方公认的事实或真理来推论。从前提推出来的结论，都合乎前提是结论的充足理由这一规律，即对方承认了前提就必须承认结论。

先看墨子用作推论的前提，有三种：一是对方说出来的话，这点上面已说过；二是双方公认的事实，像楚国是人不足而地有余；三是双方公认的真理，像"仁不杀无罪"。用这种前提来推出结论，如：一，根据"吾义固不杀人"，推出杀人是不义；二，根据楚国是人不足而地有余，推出楚国杀人争地是杀不足而争有余；三，根据仁不攻无罪，推出攻无罪是不仁。这是根据一个前提推出结论，这样的推论都是有充足理由的，都是正确的。用这样推得的结论作大前提，再用当前的事实作小前提，可从两个判断中推出新判断来，那就符合逻辑上的三段论式。墨子说的"宋无罪而攻之，不可谓仁"，要是照三段论式排列起来，即：

攻无罪是不仁——大前提

攻宋是攻无罪——小前提

故攻宋是不仁——结论

这里要注意三点：一，两个前提都要正确。这里大前提已经证明，小前提是事实，都正确。二，只许有三个名词（名词是指判断中用"是"连起来的两部分）。这里的是"攻无罪"、"不仁"、"攻宋"，正是三个。三，两个前提里要有一个名词相同，小前提和结论里要有另一个名词相同。这里两个前提里有一个名词"攻无罪"相同，小前提和结论里有另一名词"攻宋"相同。像这样推出来的结论是正确的。墨子这部书中有许多作品都是可以按照这样的论式来排列的，这里不一一列举。

由于以上的这些写作方法的运用，因而，这就加强了作品的说服力与感染作用，使得本文反侵略的主题，能够表达得更为明确，更为突出。

《墨子》这部书里边的确有许多很好的作品，其中有许多见解我们今天看来还是很宝贵的。比如他在他的学说中，曾提出一种讲学立论的方法，认为凡出言谈，必先"立仪"，所谓"立仪"，就是说要有一种准则和要旨。准则和要旨确定后，他认为还必须有一种层次分明的论理方法，即所谓"三法"。这个"三法"就是："考之者"（求证于古事）；"原之者"（求证于现实）；"用之者"（求证于实际的应用）。这里，虽然墨子所讲的是一种讲学立论的方法，实际上也是作论辩文的方法。他的《非命》、《明鬼》就是用这种方法来写的。古代哲学的方法论中，墨子最为完密，后来有很多大学问家、大哲学家都是受到他的影响的。

3. 《孟子》

孔子创儒家学说，墨子反对儒家，创墨家学说。杨朱生在墨子后，针对"兼爱"，创"为我"学说，反对墨家。孟子说杨朱："拔一毛以利天下，不为也。"杨朱就是这样一个极端自私自利的提倡者。孟子时，杨墨两家的学说满天下，学士们不是从杨就是从墨。儒家礼乐学说被墨家破坏了，墨家的学说又被杨朱破坏了。继承传统文化的儒家学派，自然要起来坚决反抗，代表人物就是孟子。

孟子名轲，鲁国邹人。曾经在孔子的孙子子思那里学习，他的学说可以说是孔子的嫡传。孟子与齐宣王、梁惠王同时，曾带着车子数十乘，跟着学生数百人，游说齐魏等国，虽然他的学说被国王们看作"迂阔而疏于事情"（不合时宜），但在当时思想界中却产生了很大的影响。孟子晚年回家"退而与万章之徒，序诗书，述仲尼之意，作《孟子》七篇"（《史记》），又给后世思想界极大的影响。孟子确是孔子以后最大的一个儒家大师。

孟子反对当时各种非儒家学说，主要是"辟杨、墨"。他痛斥杨朱、墨翟，说"杨氏为我，是无君也；墨氏兼爱，是无父也。无父无君，是禽兽也"（《滕文公下》）。

孟子所以大力"辟杨、墨"，目的在于摧毁他们的学说，使他们在当时的国君面前和群众中间失掉信任，从而使得儒家思想能够"一家独鸣"。

孟子曾和许行的农家学说做过一次有名的辩论。许行主张君民同耕，不耕不得食，布和帛长短同，麻和丝轻重同，五谷数量同，鞋子大小同，那末价钱都一样，即使幼童上市，不会受骗。这种虚伪的平均主义思想的学说，孟子予以非常明快的驳斥，是有重大意义的。孟子说：货物不同，价值也不同，大鞋和小鞋同价，谁还制造大鞋呢？照许行的做法，天下再没有好质量的货物了，怎么治国家！孟子一生辩论，影响最大的在于"辟杨、墨"，但有较多进步意义的却在辟许行。

孟子的政治思想，基本上是劝国王行仁政以达到全中国统一的目的。仁政首先是实行井田制度，给农民"五亩之宅"、"百亩之田"（《梁惠王上》）。他对滕文公谈施行井田的办法是划地主的土地为井田（所谓"正经界"），分配给农民去种，使农民"死徙无出乡"，"公事毕（种公田），然后敢治私事（种私田）"。

在当时地主兼并、农民失地少地的时候，给农民土地当然是好的。但是在当时那种争夺土地十分激烈的情况下，要实行这种办法是不可能的。所以孟子的这种仁政学说，被国王们看作不合时宜，无法采用。

孟子的"仁政"学说，也含有不少独持的积极思想，如宣扬以民为本的王道主义，要当时的梁惠王、齐宣王热爱人民，"与民同乐"，他认为只有"保民而王"，才是天下无敌的。他痛斥民贼，说汤放桀、武王伐纣是诛独夫不是弑君。他重民轻君，说"民为贵，社稷（国）次之，君为轻"。得民心的人得做天子，天子失民心，就是独夫，人人得而诛之。孟子主张君权要有一定的限制，说国君用人或杀人，不要单听左右亲近人的话，也不要单听大夫们的话，要国人都说这个人好或国人都说这个人可杀，经过国君考察后，才决定用或杀。（意引《梁惠王下》）当时诸侯兼并，"争地以战，杀人盈野；争城以战，杀人盈城"，孟子认为这是最不仁的行为，他认为"此所谓率土地而食人肉，罪不容于死，故善战者服上刑"（《离娄上》）。他说："天下恶乎定？……定于一……不嗜杀人者能一之。"（《梁惠王上》）这就是说，只有行"仁政"天下才能统一，天下才能太平。从以上这些例子来看，孟子的"仁政"学说中，是含有不少积极的思想的。孟子的这些思想，是根据当时的社会现实，把孔子的礼治思想向前发展了一大步，而成了封建时代最可宝贵的一种政治理论。

孟子是性善论者，这和他的"仁政"思想是紧相联系着的。这种性善论有许多是应该批判的，比如孟子把口、耳、目、心所喜欢的东西人人相同，来证明合于统治阶级利益的道理法制也一定为一切人所喜欢。事实恰恰相反，统治阶级的道理法制，根本在于维护剥削，而被统治阶级，根本在于反对剥削。统治阶级的道理法制，怎能说是为一切人心所喜欢呢？孟子性善论是从统治阶级看本阶级的性是善的，所以本阶级的道理法制也是善的。以此为标准，被统治的人当他对统治阶级的道理法制表示顺从的时候，性也是善的，表示反对的时候，像墨子要求一些政治上的权利，那就是性恶的禽兽。孟子曾说过："劳心者治人，劳力者治于人；治于人者食人，治人者食于人。"他把贵族富有者奴役剥削劳动者当做合理的现象。显然，这些都是应该批判的。

《孟子》这部著作，现在保存下来的有七篇。有的人疑心《孟子》是后人的伪作；有的人以为《孟子》是他的学生记述他的言行的；也有的人认为是他自己的手笔，我们认为后一种说法恐怕还是可靠的。因为从这部书看，它已经表现了鲜明的统一的个性，已经能看出是作者有意作文章，虽然也是对话体，但它和《论语》不同，已经是长篇巨著的比较高级的形式了。

孟子的作品笔锋锐利，富有雄辩的气概，又因为带有感情，也富有煽动性，能发生宣传鼓动的作用。他认为好的人，像尧、舜、伊尹、柳下惠、孔子，尤其是孔子，他尽了渲染的能事；他认为不好的人，像杨朱、墨翟、陈仲子，他也用尽了恶骂和挖苦。

孟子的文章比过去其他人的著作更富于文学味道，他常运用艺术形象的文字，来烘托出他那鲜明的理想政治，争取国君来实践。他也善于运用浅显的比喻来说明道理，说话幽默而且生动。《孟子》里有一些章节，简直可以说写得像一个短篇小说，比如关于"齐人"的故事，就是这样，我们就举它来讲一讲。

> 齐人有一妻一妾而处室者，其良人出，则必餍酒肉而后反。其妻问所与饮食者，则尽富贵也。其妻告其妾曰："良人出，则必餍酒肉而后反，问其与饮食者，尽富贵也，而未尝有显者来，吾将瞷良人之所之也。"
>
> 蚤起，施从良人之所之，遍国中无与立谈者。卒之东郭墦间，之祭者乞其余，不足，又顾而之他：此其为餍足之道也。
>
> 其妻归告其妾，曰："良人者，所仰望而终身也，今若此！"与其妾讪其良人，而相泣于中庭，而良人未之知也，施施从外来，骄其妻妾。
>
> 由君子观之，则人之所以求富贵利达者，其妻妾不羞也而不相泣者，几希矣！

这个作品，作者借用齐人的故事来讥笑旧社会一些求富贵利达的人，用意是十分明显的。在旧时代的上层社会里，人与人的关系几乎完全是虚伪的，官僚场中更是丑态百出，见上级就胁肩谄笑，见下属就趾高气扬，彼此互相欺骗，即使亲属之间也没有例外。社会上只羡慕某人有地位、有金钱，却并不追究这些东西的来源。谁有了金钱、地位，谁脸上就添了光彩，到处可向人炫耀。当时只要揭破他们的面具，总会看见许多卑鄙无耻的事情。孟子在"齐人"的故事里，对这种现象是做了大胆的暴露的。他塑造了齐人这个卑鄙无耻的形象，齐人每日赴东郭墦间乞求祭余，回家来向妻妾进行欺骗，说"每日与我饮食的，尽是富贵之人"。初则引起他的妻妾的怀疑，后来终于被他的妻妾发觉了秘密。妻妾正在对泣、责骂；而齐人得意洋洋地从外面回来继续向妻妾进行欺骗，真是活现了齐人的丑态。这种丑态，是封建社会中常见的现象。孟子创造这个形象，讽刺了那些靠欺骗以为生的人们，讽刺了那些以剥削为生的"富贵利达"的人们。它的教育意义是很大的。

这个作品，在描写上是很成功的。作者用很精练的文字，写出了一个极其生动的故事。作者描写齐人乞求祭余、骗其妻妾，占了全篇分量十之八九。齐人的可耻，就在每次回家向着妻妾装腔作势的欺骗行为上。等到他丢脸的事情已被侦查出来，家里发出一片哭骂的声音时，他还得意忘形、照常准备进行欺骗。这种丑态刻画得逼真活现，是本篇描写最成功的地方。末尾用一个长句点出正面的意思，又极其含蓄，余味无穷。回看前文所述的故事，只是借作比方，却加强了讥笑的力量。这样的写法，值得我们注意。

孟子的语言是很富于形象化的。他能够以艺术的语言，生动地形象地阐明自己的思想学说。他在和人家进行辩论时，往往能通过一个浅近的比喻来陈述事理，辩说是非，以加强自己的说服力，而使对方接受。比如他在《梁惠王上》这一篇里，以"五十步笑百步"的道理，来说明梁惠王行仁政的不够；以"梃刃"杀人的道理，来说明"暴政"杀人的凶暴。又如在《告子上》一篇里，他以鱼和熊掌的取舍来比喻舍生取义的道理。这类例子很多，真是不胜枚举。

《孟子》里也有许多很有趣的故事，大家所熟悉的"揠苗助长"的故事，原来就是孟子在《公孙丑》篇里用来阐明养气的道理的，今天我们读了还是觉得那么生动有意义。

此外，如孟子文章的严整、幽默，也都是他的特点。他的文章讲究气势，对后代的散文影响很大，尤其是唐宋八大家中的韩愈、苏洵、苏轼和清代的桐城派，都是受了他很深的影响的。

4.《庄子》

庄子，名周，宋国蒙（河南商丘县东北）人。《史记》说他与梁惠王、齐宣王同时，也就是与孟子同时。

庄子虽和孟子同时，但彼此似乎不曾见过面，孟子的言论中也不曾提到过他。

庄子的出身不很清楚。据推测，庄子可能出生于没落的贵族。他和当时一般没落贵族不同的地方，就是他是一个博学能文的学者。在一个比较短的时期内，他做过蒙这个地方的"漆园吏"（管理漆树的小官吏），这个职位他没有干多久，便和战国时代其他的思想家一样，开始讲学著书。他非常看不起当时那些为了个人名誉地位到处奔走找官做的读书人，希望过自由的生活。

庄子在哲学的根本问题上，有不少的创见。庄子观察了自然界事物的变化，他提出：一切事物没有停止不变的时候，而且这种变化不是什么神的意志，而是事物自己在变的。他继承了老子思想中的辩证法因素，这是我们对他的哲学要加以肯定的。古时科学不发达，人们对于自然界的变化和发展一直存有疑问。为什么有生，为什么有死？为什么有人富贵，有人贫贱、受压迫？为什么有春夏秋冬的分别？因为这一系列的问题得不到解答，宗教迷信思想就活跃起来。庄子在当时的时代里，提出了要从自然界本身中去寻求对以上问题的解答，他这种思想客观上是起了反宗教迷信的作用的，对于宗教迷信所宣扬的上帝安排一切的谬说，实际是一个很好的驳斥。

但是在这个问题上，庄子思想中也有应该批判的地方，这就是他把辩证法引向了消极的方向。他认为，既然有新生的东西，就会随着新生的东西产生新的麻烦，如果没有新东西的产生，这新的麻烦也不会产生。所以庄子看到事物在飞跃的变化矛盾中，他无能为力，又不能制止，于是就感到有些悲观、消极，甚至发出了无可奈何的慨叹。他认为："吾生也有涯，而知也无涯，以有涯随无涯，殆已。"他认为"物不胜天"。这些思想是应该加以批判的。

事物的矛盾对立是客观存在的。庄子也看到了这个事实。但他不敢正视矛盾，迎接矛盾，解决矛盾。他认为既然有永远克服不尽的矛盾，最好是：少做事，少行动，少出主意，少变革，这样就可以少遇到新的麻烦。这种消极退守的人生态度，就是过去旧社会里经常可以遇到的"多一事不如少一事"的人生态度。从这里出发，庄子在处世接物上，就变成了玩世不恭的态度。中国历史上有不少不敢面对现实、不敢对不合理的社会进行正面斗争的思想家，他们往往是采取了庄子思想中这些消极因素。

庄子认为世界上的万物万事都在变化着，发展着，没有一刻暂停的时候。庄子认为自然界的任何变化发展，人都不能有所改变。由于自然界的变化，才使得万物有变化。所以庄子主张要以自然为老师，要歌颂自然。他认为自然界本身是伟大的造物者，它是永恒的，无限的，是第一性的存在。在这样的意义下，庄子可以说是一个唯物主义者。

承认客观世界的独立存在，并服从它的规律，这是庄子思想中正确的地方。但庄子却完全做了"自然"的俘虏，他认为，最好的政治也是破坏了人生的自然状态，算不得幸福；他认为，一切社会政治、文化、礼教，都是限制人性的自然发展的，人性中本没有这些。这种看法是不对的。

庄子处在战国时代，那时在学术思想上是百家争鸣的时代，每一家每一派都有他们的主张，都用他们的主张向不同的学派展开斗争。庄子对待这个问题也是消极的。他主张"齐物"。所谓"齐物"就是根本无所谓真理，一切都是相对的。对这人是对的，对别人也许是错的。所以无所谓对的错的，"此亦一是非，彼亦一是非"，庄子这种认为世界上没有绝对真理的看法显然是不对的。

庄子是中国古代一个非常聪明的哲学家，同时也是一个杰出的文学家，他的散文有着不可磨灭的伟大的地方。

庄子的作品，据《汉书·艺文志》载，原有五十二篇，但现在所传下来的，只三十三篇，即内篇七，外篇十五，杂篇十一。这些作品里边有一些是后人伪作的，但说法很不一致，现在比较肯定是伪作品的，大概有《让王》、《说剑》、《盗跖》、《渔父》等四篇。

庄子的散文，在先秦诸子中是最活泼最富有想象力的。他运用语言文字的本领是公认的。文字到了他的手里，颠来倒去，离奇曲折，创造了一种特有的文风。他的散文，不注重逻辑上的议论，而着重在给人以感性的直觉，所以他也是最善于运用寓言的形式。他把自己认为正确的道理说给别人听的时候，往往总是编一个故事，让听的人从故事里去体会他的道理。历来人们对于庄子的散文，欣赏它的丰富生动，一个主要的原因，也正是因为他能善于运用寓言，能给人以一种强烈的感染，具有一种艺术的魅力的缘故。《史记》说，庄子"著书十余万言，大抵率寓言也"，以"寓言"两个字来概括庄子的作品，恐怕是合适的，因为他有许多作品往往是意在于此而寄言于彼的。他自己也在《天下篇》里说过，他是喜托寓言以广其意的（原句："以寓言为广"）。所以他所说的人或人物事迹，不一定是真有其人其事，只不过以之来达到他对现实问题的批判或讥讽，或藉以表明他自己的看法，如此而已。

我们选庄子《养生主篇》中的《庖丁解牛》一节，来讲讲他的具体作品，看看他的文章。

吾生也有涯，而知也无涯；以有涯随无涯，殆已！已而为知者，殆而已矣。为善无近名，为恶无近刑；缘督以为经。可以保身，可以全生，可以养亲，可以尽年。

庖丁为文惠君解牛，手之所触，肩之所倚，足之所履，膝之所踦，砉然响然，奏刀騞然，莫不中音：合于《桑林》之舞，乃中《经首》之会。

文惠君曰："嘻，善哉！技盖至此乎？"

庖丁释刀对曰："臣之所好者，道也；进乎技矣。始臣之解牛之时，所见无非全牛者；三年之后，未尝见全牛也。方今之时，臣以神遇而不以目视，官知止而神欲行。依乎天理，批大郤，导大窾，因其固然；技经肯綮之未尝，而况大軱乎！良庖岁更刀，割也；族庖月更刀，折也。今臣之刀十九年矣，所解数千牛矣，而刀刃若新发于硎。彼节者有间，而刀刃者无厚；以无厚入有间，恢恢乎其于游刃必有余地矣。是以十九年，而刀刃若新发于硎。虽然，每至于族，吾见其难为，怵然为戒，视为止，行为迟，动刀甚微，謋然已解，如土委地。提刀而立，为之四顾，为之踌躇满志，善刀而藏之。"

文惠君曰："善哉！吾闻庖丁之言，得养生焉。"

这一段文字，庄子把庖丁为文惠君解牛时的动作姿态，写得非常细腻、生动，手怎样动，肩怎样使劲，膝怎样伸缩，皮骨声，刀响声，凑成一片，而且是很有节奏的，因而博得文惠君的赞叹。庖丁解释他解牛的技术，不但是技术之高而且是识理之深。他择用很薄的利刃，而入于有空间的骨节，自然不会损害刀，用力小而收效快。这写解牛的技术正是到了妙境。庄子运用这个寓言，目的在于阐明他的养生的哲理，这种哲理主张养生之道应当顺其自然，行无所事，就像解牛，要"依乎天理"，"因其固然"，才"可以保身，可以全生"。这种哲学思想似乎是消极的，然而当我们读了《庖丁解牛》这一故事以后，我们领悟到客观事物都有其规律性，要是我们找到了这个规律性，进而运用这个规律性，那末就可以费力少而收效大，所以，这一思想又是客观的、唯物的、讲科学规律的，所以又是我们所应该肯定的。

庄子的散文在中国文学史上的地位是很高的，郭沫若先生在《关于〈接受文学遗产〉》一文里对于庄子的评价，我们认为是很恰当的。他说："庄子固然是中国有数的哲学家，但也是中国有数的文艺家，他那思想的超脱精致，文辞的清拔恣肆，实在是古今无两。他的书中有无数的寓言和故事，那文学价值是超过他的哲学价值的。中国自秦以来的主要的文学家，差不多没有不受庄子的影响，就是鲁迅也是深受庄子影响的一个人，除他自己曾经表白之外，我们在他的行文和思想上都可以发现出不少的证据。"（见《今昔蒲剑》）鲁迅先生也曾经说过，庄子的文章，"晚周诸子，莫能先也"。这些评价，都说明庄子在中国文学史上的地位是很高的。①

对于庄子，我们今天对他的研究还很不够，过去，人们往往从庄子那里吸取逃避现实的消极的东西，以作为自己精神的寄托和安慰，今天，我觉得我们应该在分析批判庄子的消极思想的基础上，来学习和继承他这一宗巨大的文学财富，学习他的优美的艺术。

---

① 关于鲁迅所受庄子的影响，郭沫若先生有一篇《庄子与鲁迅》的专文，收在《今昔蒲剑》里，可以参看。

第三节　简短的结论

春秋战国在中国学术史上是一个黄金时代。由于生产力的发展，社会性质由奴隶制度向封建制度转化，在这一转化的过程中，民主的气氛大大增强，百家争鸣，这推动了学术文化的发展，散文在这时产生了许多具有艺术价值的作品，奠定了中国散文的基础。

历史散文和诸子散文，在春秋战国时代都有很高的成就。《左传》、《战国策》继《尚书》、《春秋》之后在文体和文字表达上有惊人的发展。它们能把历史事件的演变和人物的活动很生动地描写出来。司马迁就是在这个基础上把历史散文发展到高峰，才产生了有高度思想性与艺术性的《史记》。春秋战国时代有许多杰出的思想家，其中有许多也就是很出色的散文家，他们的散文，各有特点：《论语》简练含蓄，《墨子》风格朴实，《孟子》笔锋锐利，《庄子》富于想象。它们的说服力、感染力都很强，可以称得上是中国散文光辉的典范。

春秋战国时代的散文，从《论语》到《庄子》约两百多年时间中，从简单的对话体发展到长篇的对话体，从三言两语发展到有组织有系统的长篇创作，从记录写实的作品发展到富有想象的作品，从无标题发展到有标题，散文的这一发展过程，是与当时的物质文化、精神文化的发展相一致的。

第三章　伟大诗人屈原和楚辞

楚辞是在《诗经》之后，约公元前 4 世纪，在中国南部的楚国出现的一种新的文体。它是由一种民间音乐发展而成的。这种新的文体，到屈原时才完全奠定。自从屈原奠定了这种文体以后，模仿着写的人渐渐增多，其中最有名的是宋玉。到了汉朝，刘向把屈原、宋玉以及他们的模仿者写的作品，合编成为一本书，叫《楚辞》，东汉的王逸又给作了注释，叫《楚辞章句》，是历来最流行的一种注释本。所以楚辞这个名词包括两种意义：一种是以屈原为主要代表的战国时代在楚国出现的一种新兴的文体，一种是包括屈原等一些作者所写的作品的一部古代诗歌总集的书名。但无论就哪种意义讲，楚辞最主要的作者就是屈原；这不只因为他奠定了楚辞这一文体，他的作品最有价值，而且在《楚辞》这部书中也是他的作品最多，所以我们讲楚辞的作者重点也是讲屈原。

第一节　楚辞的文学特质及其产生的历史条件

作为一种文学形式来考察，《楚辞》最突出的一点就是它有独特的地域性。宋代学者黄伯思在《翼骚序》中很精当地指出了这一点："屈宋诸骚，皆书楚语、作楚声、纪楚地、名楚物、故可谓之'楚辞'。若些、只、羌、谇、蹇、纷、佗傺者，楚语也。顿挫、悲壮，或韵、或否者，楚声也。湘、沅、江、澧、修门、夏首者，楚地也。兰、茝、荃、药、蕙、若、芷、蘅者，楚物也。他皆率若此。故以楚名之。"但我们要加以说明的，就是在这些特征中间，构成"楚辞"特质的最基本的东西，乃是楚地人民的方音，以及基于这种方音而构成的乐调——楚声。《史记·项羽本纪》载汉高祖命令他的部队展开宣传攻势，四面楚歌，以动摇被包围的项羽部队的军心。《留侯世家》也载汉高祖对戚夫人说："为我楚舞，吾为若（你）楚歌。"可见楚声是特异的。在《楚辞》中，诗人们都自称他们的作品为"诵"，如《九章·抽思》："道思作颂（诵）。"《九辩》："自压按（即'案'字）而学诵。"诵就是打起调子来念。《隋书·经籍志》论《楚辞》也提到："隋时有释道骞者善读之，能为楚声，音韵清切。至今（指唐朝）传'楚辞'者，皆祖骞公之音。"从这些史料看来，楚声对于"楚辞"关系的重要——赋予它以语言与音乐的美是无可怀疑的。而早在西汉初年汉武帝时代，"楚辞"已经成为一种专门的知识，并且有了这样一个专门的名词，也可以从这里获得解释。

这种独特的地域性的形成，是和民族性分不开的。楚，虽然最初也是华族，但因僻处南方，多少年来久已蛮化，对于当时以周朝为代表的中原华族来说，可以说是一个独立的民族。《诗经》中一再提到"蠢而蛮荆"（《小雅·采芑》）、"荆舒是惩"（《鲁颂·闷宫》）。甚至楚国的国王自己也说："我蛮夷也，不与中国之号谥。"（《史记·楚世家》）这些都是显明的证据。楚人居住在江淮流域，土壤肥沃，物产丰饶，春秋时代生产力已经相当发达。《左传·昭公十二年》载楚灵王的话说："昔我先王熊绎辟在荆山，筚路蓝缕（褴褛），以处草莽，跋涉山林。"

正是他最初艰苦奋斗的实录。又《僖公二十三年》晋公子重耳对楚成王说："子女玉帛，则君有之，羽毛齿革，则君地生焉，其波及晋国者，君之余也。"这虽然是在说客气话，但也可以看出蛮民族的物质文明在几百年后已经大大地进步了。而《楚辞》就是在这种物质基础上产生的文学作品。

就当时的情况来说，《楚辞》乃是以楚国的民族形式来表现的。这就是说：它无论在语言、声调、地理环境、素材使用等方面，都和楚国无法分开。它有着浓厚的民族色彩。

但这样说，并不意味着《楚辞》就是一种完全自发的、孤立的、与其他文化绝缘的产物。民族形式，如我们的理解："是一个历史的、变动的范畴。它是随着社会生活中所发生的变化，以及更从而在民族的文化与文学的内容中所发生的变化而改变的。"（顾尔希坦《论苏联文学中的民族形式问题》）在《楚辞》以前，南方本来已经有了一些诗歌，而且它们在艺术上也已具有一定的水平。例如《说苑·善说篇》所载的《越人歌》：

今夕何夕兮？搴舟中流；今日何日兮？得与王子同舟。蒙羞被好兮，不訾诟耻。心几烦而不绝兮，得知王子！山有木兮木有枝，心说君兮君不知！

这是中国最古的一首译诗。相传楚康王的弟弟子皙泛舟河中，划桨的越人用越语三十一个字唱了一个歌，因为子皙听不懂，请人用楚语译了这个歌，就成为这么一首美丽的情诗。

又如《新序·节士篇》所载的《徐人歌》：

延陵季子兮不忘故，脱千金之剑兮带丘墓。

虽说只有短短的两句，却是一首极好的民歌。延陵季子北游时，路过徐国，徐君很爱慕他身上带的那一把宝剑，季子看出徐君的心思，准备南返时再送给他，谁知他回来时，徐君已死于楚，于是季子把那剑挂在死者墓地的树上而走了。这一首小诗，便是徐人受季子情义的感动而发出的真情流露的歌谣。

再如《论语·微子》所载的《接舆歌》、《孟子·离娄上》所载的《孺子歌》，也是一些比较好的诗歌。从这几首短短的民歌里，我们可以约略地看出《楚辞》以前的南方文学的情况。这些南方的古代诗歌的传统形式，后来《楚辞》的形式，是和它有一脉相承的关系的。

自然，《楚辞》作为一种社会意识形态，它虽然和过去的文学无论在内容上或形式上都有着它自己的继承关系，文学本身有着它自己的发展的规律，但是，丰富了南方的古代诗歌的传统的形式，使它逐渐形成像后来的这种《楚辞》的形式，却是和楚国当时的历史现实分不开的。

首先，楚国的文化与殷商文化的关系是密切的。商被周灭亡以后，它的文化就分为两支发展，一支在周人手下在北方发展，一支在楚人手下在南方发展。商人是迷信鬼神的民族，巫风极盛。除掉天帝祖宗不算，他们把风、云、虹、霓、河、岳也都视为神灵。这种思想，里边有一部分被注重实际的周人所抛弃了，但是，在南方丰饶、美丽的楚人所居的环境中，却找到了它的温床。《楚辞》具有浪漫主义的情调，许多篇中都有人神交通的描写，这和由商人巫风影响的社会生活是有密切的联系的。王逸《九歌章句序》说："昔楚国南郢之邑，沅湘之间，其俗信鬼而好祠，其祠必作歌乐鼓舞以乐诸神。"这正是当时创作的现实的依据之一。《楚辞》中有灵氛扮演角色，有神话作为素材，而屈原本人也始终崇拜着殷商的先贤彭咸，正清楚地说明了《楚辞》某些特色的形成，是由于它早期受了商代文化的影响。

西周是楚人努力经营南方的时期，到了春秋时代，它的努力就向北方发展，成为当时大国之一和霸主之一。江汉一带周人子孙所建立的国家，差不多都被楚所兼并了。所以《左传·僖公二十八年》载晋大夫栾贞子劝晋文公和楚国作战，重要的理由就是："汉阳诸姬，楚实尽之。"可见楚国就是在与华族斗争的过程中成长起来的。楚人和中原诸国的斗争过程，也就是楚文化摄取中原文化的过程，由于当时的政治、军事各方面接触的频繁，会盟聘礼也就更其必要。这样就使中原各国先进的文物制度为楚人所大量吸收。这种楚民族和中原民族的融合过程，如以《左传》所载春秋时代楚人学习《诗经》这一事实为例加以考察，是非常清楚的。本来，楚人兼并了南国，"二南"的诗首先就成为楚国民歌的一部分，也就成为《楚辞》的一个重要来源。而中原各国说话引诗，盟会赋诗，这种风气和方式，也为楚国君臣所熟悉和采用，就更看出了《诗经》中的作品在楚人政治生活和文化生活中的重要性。据统计，单是《左传》所载楚国君臣引诗、赋诗就不下十次。这可以看出，在春秋后期，《诗经》已经流传到南方来了。这种流传，最初可能完全是基于当时实际的需要——为了丰富外交辞令，完成外交仪节，但《诗经》毕竟是诗，既经流传，它必然地要在文艺的园地里播下种子，《楚辞》中如《九章》、《橘颂》、《天问》和《诗经》在形式上的若干联系，以及屈原作品的人民性的传统，是应当部分地在《诗经》中求得解答的。

中原文化对于楚国的影响自然不完全是在文艺方面，哲学思想也是一样。我们知道，在春秋时代以"五霸"之一的地位而屹立着的楚国，进入战国时代，又以"七雄"之一的地位而屹立着。这时候，倡始于孔子的儒家已经成为一个极其重要的学派了。而以孔子嫡派真传自居的孟子，却赞美过楚国的儒者陈良。他说："陈良，楚产也，悦周公、仲尼之道，北学于中国。北方之学者，未能或之先也。"（《孟子·滕文公上》）这又说明了楚文化接受中原文化影响的另一个重要方面。至于道家思想，则本来发源于南方的。因此，《楚辞》既有那种受着儒家思想影响的作品——如《离骚》，又有那种受着道家思想影响的作品——如《远游》、《卜居》、《渔父》。

如上所述，《楚辞》这种文学的形成，乃是有它历史的传统和社会的基础的，它是战国时代楚民族所特有的文化的历史经验的总和，它带着这个民族过去和当时整个文化发展的痕迹。

《楚辞》的发生发展为当时的历史社会条件所决定。然而如我们前面所说，《楚辞》无论作为一部诗集，或者一种文学样式，它又永远是和屈原这个伟大的名字分不开的。离开了屈原这个人和他的作品，我们几乎就很难想象《楚辞》的具体内容和它的意义。屈原，他继承了我们祖先优秀的文学传统，发挥了自己独特的天才，奠定了《楚辞》这一种可以扩大诗歌表现力的新的艺术形式。他运用《楚辞》这种新形式写下了许多篇美丽动人的诗歌，一直到现在，我们读了这些作品都还感到一种强烈的艺术感染的力量。两千多年来，他的作品一直为人们所传诵，他的热爱祖国、热爱人民的精神也一直鼓舞着前进中的人民，产生了极其深远的影响。

第二节　屈原的生平

据郭沫若先生的考证，屈原生于公元前 340 年（楚宣王三十年）正月初七日，死于公元前 278 年（顷襄王二十一年）五月初五日，享年六十二岁（见《屈原研究》）。

屈原，名平，原，是他的字，秭归（今湖北秭归县）人。是楚国国王的同姓贵族（楚王姓熊，屈原的始祖屈瑕是楚武王熊通的儿子，他有一块封地在屈，屈本是地名，后来被作了这一支王族的分支的姓氏，所以便有了屈姓)。他的祖上曾做过官,他初期的生活,过的是一般贵族的豪华生活,在政治上也有很高的地位。楚怀王(熊槐)叫他做"左徒"(王室的秘书长),这个官地位很高,仅次于"令尹"(宰相)。这时屈原大约是二十五岁左右。他的学问很好,知识很丰富,对于政治形势的变迁,知道得明白,又善于外交辞令。因此楚怀王很信任他。他"入则与王图议国事,以出号令;出则接遇宾客,应对诸侯"。(《史记·屈原列传》)屈原感楚怀王的知遇之感,抱着无限忠诚的心情,幻想着祖国远大的政治前途。当时战国七雄,争城掠地,互相侵伐,中华大地长年处于战争的漩涡中。北方以齐、秦为最强,南方以楚国为最大。楚国的疆域,用现在的地名来说,曾经西边到达湖南沅陵县西和四川巫山县,东边到达江苏、浙江,南边到达湖南道县南,北边直到河南新郑县西南和陕西洵阳县。他们由于早已使用铁制的生产工具,生产力得到了解放和提高,社会经济比较发达,而且他们又最先用铁铸兵器,制造的铁矛铁剑,非常锋利。那时候,中国逐渐趋向统一,楚国是很有资格来统一全国的。所以当屈原走上政治舞台,正是楚国强大,大有可为的时候;他高瞻远瞩,自有一番抱负。他想引导楚王改善内政,任用贤能,效法古代圣王的"王道"政治。屈原在他的长篇抒情诗《离骚》里就曾经明白地说出了他的理想的政治是尧舜禹汤文武那样的政治,这虽然是儒家一派的政治思想,但处在当时兵荒马乱的战争年代里,这种思想是符合于爱好和平的人民的愿望的。

战国七雄的形势,在当时显然分为两个阵营:一个是僻处西北的侵略者秦国;另一个是被侵略的齐、楚、燕、赵、韩、魏等六国。在这种局面之下,除了秦国以外的各国政治家也有两派:一派是主张投降秦国,拥护秦国做霸主的"连横派";另一派是主张大家团结起来,反抗秦国侵略的"合纵派"。楚国内部也有反秦和亲秦两派对立起来。屈原是属于反秦派的,他是坚决主张和齐、魏联合共同抵制秦国的。但是,怀王最宠爱的妃子郑袖和他的小儿子子兰，以及和屈原同在怀王周围的上官大夫靳尚，都是亲秦派的人物。楚怀王虽然信任屈原，可是经不起秦国的威逼利诱，经不起郑袖、子兰和上官大夫的挑拨，渐渐跟屈原疏远了。有一次，连横派领袖张仪奉了秦王的命令，带了一份重礼，到楚国来想离间楚、齐的联合。屈原看到张仪的阴谋诡计，劝怀王不要相信他，但贪财好利的怀王，不但不听他的话，反而用张仪为相，决定联秦。从此，屈原便不安于位，闷闷不乐，所以他做"左徒"，前后不过两三年。

怀王轻信张仪，说和齐绝交以后，秦国愿送给他商於之地六百里；及至楚国和齐绝交，张仪回到秦国，便翻过脸来，不认这笔账。怀王大怒，公元前312年，便起兵攻打秦国，结果打了一个大败仗，士兵死了八万，丢失了汉中之地。怀王不肯罢休，后来又征调全国大军，再去攻秦，战于蓝田，正在两军相持，不分胜败的时候，韩、魏两国知道楚国内部空虚，便也派兵攻楚，趁火打劫，结果楚国又打了一个大败仗。这两个败仗，大大削弱了楚国的力量。从此以后，楚国腹背受敌，一蹶不振了。

屈原卸任"左徒"以后，他还做着三闾大夫的官职。这是一个闲职。在这时期，屈原开始了诗的创作。他先写了一篇长诗《天问》，这个作品，充分表现了他对于古代神话和历史知识的渊博，也表现了他的怀疑和追求真理的精神。接着《天问》的创作，他又写了《九歌》，这是一套祭神的歌曲，是《楚辞》里最优美的杰作。《九歌》里的《国殇》一篇，是为了祭阵亡的将士而写的。诗人用悲壮的诗句，表达了他沉重的心情。

怀王攻打秦国失败以后，知道自己做错了事，重新召用屈原，派他到齐国去重订邦交。这时屈原三十九岁，秦国知道了这个消息，害怕楚国和齐国和好，便派人到楚国去求和，愿意还给楚国它所侵占的汉中地方。怀王一心怀恨张仪，不愿得地，要求秦国把张仪交出来。张仪居然来到楚国，怀王把他囚了。但怀王的妃子郑袖为张仪所收买，在屈原从齐国回来之前，就把张仪放走了。屈原知道后，急忙进谏怀王，怪怀王为什么不把张仪杀了。怀王有些后悔，便派人追赶，但已来不及了。此后，楚国连年遭受侵略，军事政治各方面都变得更加腐败。屈原觉得怀王昏庸无能，轻信别人，反复无常，没有办法改善祖国的政治，他开始有离开郢都的想法。

楚国的朝廷被一班贪官污吏所把持，是非黑白不分。屈原看到国家危急，曾经好几次直谏怀王，无奈怀王对他情意益疏，同以前的态度完全两样；君臣之间，距离越来越大。他心里异常的忧愁、愤怒，在极度的烦闷里，他写下了长诗《离骚》。

公元前299年，屈原四十一岁的时候，秦昭王和楚国王族的一个女儿结了婚，秦、楚之间的矛盾，在表面上得到了缓和。就在这一年，秦昭王约怀王在武关（今陕西商县东）相会。这件事被屈原知道了，屈原看到秦王居心叵测，又不顾一切入朝劝怀王不要去。他说"秦，虎狼之国，不可信，不如无行！"（《史记·屈原列传》）但是怀王仍然不听他的话，毅然地去了。刚入秦国的武关，秦国的伏兵就把他劫送咸阳，要他割地，怀王不听，因此被扣留不放，过了三年，终于死在秦国。

楚怀王死后，他的大儿子继承王位，称顷襄王。顷襄王即位以后，他的弟弟子兰做令尹（丞相），仍一贯采取和秦亲善的投降政策，政治还是那么昏乱。子兰是一向怀恨屈原的，他当了政，当然屈原遭到的迫害就更厉害了。他在顷襄王面前说了屈原不少坏话，因此屈原被赶出郢都，流放到南方的汨罗江边去。这是公元前286年，屈原已经五十四岁了。

屈原从此离别了他亲爱的楚都。他在沿江东下到达夏口的时候，曾停下船来，登岸眺望，但离郢都已经很远。这里是一片辽阔的大平原，人民勤劳，风俗淳朴，他感到祖国是那样可爱，他怀念郢都，因此后来他写出了哀感动人的诗篇《九章》里的《哀郢》。

　　皇天之不纯命兮，（皇天为什么不肯始终保佑?）

　　何百姓之震愆？（为什么要给百姓罪尤?）

　　民离散而相失兮，（民众们妻离子散，）

　　方仲春而东迁。（二月的季节反倒向东迁流。）

　　去故乡而就远兮，（离别了故乡远行，）

　　遵江、夏以流亡。（沿着江水夏水一直亡流。）

　　出国门而轸怀兮，（出了郢都国门我心里悲痛，）

　　甲之朝吾以行。（甲日的早上我开始离走。）

　　发郢都而去闾兮，（离开郢都告别里门，）

　　怊荒忽其焉极！（我的心恍惚到了极度!）

　　楫齐扬以容与兮，（舟楫虽然一齐举起，却徘徊而容与，）

　　哀见君而不再得！（伤心啊，从此我不能再见郢都!）

　　望长楸而太息兮，（望着故国的乔木我长声叹息，）

　　涕淫淫其若霰。（我的眼泪滔滔，好比雪珠滚流。）

　　过夏首而西浮兮，（过了夏首顺水西浮，）

　　顾龙门而不见。（我想再看看故都的龙门，已不能够。）

　　心婵媛而伤怀兮，（我的心，因为有扯不断的牵挂而忧伤，）

　　眇不知其所蹠。（我前途茫茫，不知向何处栖留。）

　　顺风波以从流兮，（只好听任风波从流漂荡，）

　　焉洋洋而为客。（我不得不成为一叶飘飘扬扬的孤舟。）

　　凌阳侯之氾滥兮，（我乘着阳侯的大波任其泛滥。）

　　忽翱翔之焉薄！（忽忽然飘飘荡荡，不知何处归守!）

　　心絓结而不解兮，（我的心忧思郁结不可解脱，）

思蹇产而不释。（我思虑抑屈，无法自救。）

将运舟而下浮兮，（我驾着船继续向东浮荡，）

上洞庭而下江？（是入洞庭呢，还是进长江？）

去终古之所居兮，（我离别了世代祖居之地，）

今逍遥而来东。（现在漂浮到了东方。）

羌灵魂之欲归兮，（我的灵魂时刻都想回去，）

何须臾而忘反！（我片刻也没有忘记回归故乡！）

背夏浦而西思兮，（我背着夏浦向西思望，）

哀故都之日远。（悲哀啊！我离开故都已越来越远。）

登大坟以远望兮，（我登上高处向西瞭望，）

聊以舒吾忧心。（借此稍稍宽解我的忧心衷肠。）

哀州土之平乐兮，　（我哀叹，眼前这片丰乐的土地怕也要
　　遭殃，）

悲江介之遗风。（我悲伤，江边的纯民遗风也不能久长。）

当陵阳之焉至兮，（我不知道乘着这洪涛是从哪里来，）

淼南渡之焉如？（也不知道度过浩淼的长江要到哪里去？）

曾不知夏之为丘兮，（我怎敢想象祖国的大厦会成为丘墟，）

孰两东门之可芜。　（我又怎能想象两座壮丽的东门会变成
　　荒芜。）

心不怡之长久兮，（我心中的忧伤已经历时久长，）

忧与愁其相接。（新愁与旧愁总是接连而上。）

惟郢路之辽远兮，（想到我离开郢都已路遥遥远，）

江与夏之不可涉。（长江与夏水也无法涉往。）

忽若不信兮，（时光过得如此之快，令我不能相信，）

89

至今九年而不复！（到现在已经九年不能回乡！）

惨郁郁而不通兮，（我的心中惨伤而郁结，）

蹇侘傺而含戚。（我穷途潦倒，满腹的悲愤凄凉。）

外承欢之汋约兮，（他对外是变尽姿态讨好，）

谌荏弱而难持。（一味靠软弱屈从也难以维持现状。）

忠湛湛而愿进兮，（我一直忠心要向王上进谏，）

妒被离而鄣之。（却遭到了小人的嫉妒和魔障。）

彼尧、舜之抗行兮，（那尧、舜的行为何等高洁，）

瞭杳杳而薄天。（杳杳冥冥可以直薄天上。）

众谗人之嫉妒兮，（但也免不了小人们的谗妒，）

被以不慈之伪名。（还硬加给他不慈的恶名予以毁谤。）

憎愠惀之修美兮，（无奈王上憎恶有美德的好人，）

好夫人之忼慨。（却喜欢听坏人的甜言蜜语，说得慨慷。）

众踥蹀而日进兮，（那些奔走钻营的人日日进升，）

美超远而逾迈。（贤人们自然越走越远，离开了身旁。）

乱曰：（尾声：）

曼余目以流观兮，（我放开眼睛四面远望，）

冀一反之何时。（希望能有回去的时光。）

鸟飞反故乡兮，（即使是飞鸟最后也要飞回故乡，）

狐死必首丘。（狐狸死时也必须把脑袋对正出生的山冈。）

信非吾罪而弃逐兮，（我确实是无罪却遭到弃逐远放，）

何日夜而忘之！（对祖国的思念啊，我日日夜夜终不能忘！）

最后，他到了汨罗江边，住了下来。他的心沉下去。政治上的生涯是完全结束了。他在这时写出了《九章》里的《哀郢》。他失望，他悲伤，他形容憔悴，常常披散了头发，在江边散步，口里吟诵着诗句。当地的人民很敬爱他。公元前278年（顷襄王二十一年），侵略者终于暴露了它更凶恶的面目，仲春二月，秦将白起攻下了楚国的都城郢，而且纵火烧毁了王陵，楚兵败散，顷襄王逃到陈（今河南淮阳县）躲避。楚国兵号称百万，此时衰弱不能再振。屈原听到了这些消息，悲痛不已。我们民族的花朵，这位六十二岁的老诗人，经不住这个沉重的打击，悲愤抑郁，他写完了最后的两个诗篇——《怀沙》、《惜往日》，就在这年的五月初五那一天，抱着石块，以汨罗江的清流埋葬了自己。

我们伟大的爱国主义者屈原，在他一生的战斗生活中，把祖国的灾难，人民的痛苦，融合着自己的血和泪，写下了许多伟大的诗篇。这些诗篇，在我们祖国的文学史上，乃是爱国主义传统的不可动摇的基石和光芒万丈的标志。屈原，他将为我们千秋万代永远纪念！

第三节　屈原的代表作《离骚》的分析研究

（一）《离骚》解题

《离骚》是屈原作品中最伟大的抒情诗，它共有三百七十三句，二千四百九十字，在中国古典文学中是一篇最长的诗。为什么叫"离骚"呢？这个题名，历来有各种各样的解释。司马迁说，"离骚，犹离忧也"；班固说，"离骚"是遭忧的意思；王逸说，"离骚"是离别之愁；戴震说，"离"是隔离，"骚"是扰动有声，就是遭人说坏话放逐后心忧有言的意思；近人游国恩说"离骚"二字是楚地的方言，正如现在人说的"牢骚"。"牢""离"这两个字的声音，在古代是可以通转的。这几种讲法都各有道理，比较起来，我们觉得游国恩先生的讲法可能更好些，这种讲法也是现在比较普遍的。

（二）作品结构分析

《离骚》这个作品是充满了诗人屈原的矛盾的心情和悲剧情调的。正因为这样，所以几千年来它在社会上广泛流传，往往总不能使人很好地理解，尤其历来许多的封建文人都竭力想歪曲这个作品，因而把它的真面目搞得有些模糊不清，我们今天讲这个作品也还只是一个初步的尝试，下面我们就逐节来讲一讲这个作品。

第一节，从开头到"字余曰灵均"。这一节主要是屈原作自序的口吻：介绍自己的出身，生年月日和名字。

第二节，到"来吾导夫先路"。通过比喻的笔法，说明他如何修饰自己高尚的品质，锻炼自己的才能。他的孜孜不倦的努力，目的是希望为祖国服务。

第三节，到"伤灵修之数化"。主要说明在政治上自己很愿意积极地为祖国服务。但对于楚王的昏聩，深感痛心。

第四节，到"哀众芳之芜秽"。主要是说明自己为国家网罗并培养人才。希望这些人才能为国所用。至于个人的利害得失，却是渺不足道的。

第五节，到"愿依彭咸之遗则"。主要说明群小勾心斗角，都各自钻营着个人的权利。而自己纵使被当时的人们反对，也要坚持着自己的理想。

第六节，到"虽九死其犹未悔"。说明为人民的灾难而痛心，其中最使屈原痛苦的是他为人民幸福所提出的正确的政策，都被废除了。

第七节，到"余不忍为此态也"。痛斥统治者的糊涂，以及群小的无是非、无黑白，但，屈原是宁可死都不愿随声附和的。

第八节，到"固前圣之所厚"。说明屈原自己的主张虽然失败，但是他的意志是坚定的，理想是不变的，至死他不可能和群小妥协。

第九节，到"岂余心之可惩"。说明自己的主张既然不能实现，只得暂时努力修饰自己高洁的本质。

第十节，到"夫何茕独而不予听"。叙述屈原的女伴劝告屈原的言辞。她向他指出在当时那样黑暗的政治下，像屈原这样忠直的品质，是既得不到同情，也不会有好结果的。

第十一节，到"霑余襟之浪浪"。诗人撇开了女嬃的劝告，他感慨地假托向古代的贤君——虞舜倾吐内心的苦闷。他主要从古往今来的史实中，肯定地揭出了一项真理，他坚决地认为不合理的政治，是必定要被倾覆的，而只有良善的行为，才能使人服膺。

第十二节，到"好蔽美而嫉妒"。屈原描写自己的丰富的幻想。他恍惚神游上天，追求真理。可是通天国的门户也是紧闭的。屈原在这一节诗章中终于归结抒写自己内心的苦闷和彷徨的感觉，同时也不禁诅咒当时政治环境的恶劣。

第十三节，到"余焉能忍与此终古"。紧接上一节，屈原抒写他坚贞的善良的愿望和自我的孤独。他上天追求着爱情——屈原用这种感情象征他热爱祖国的精诚。虽然他求爱的心是这般真挚恳切，可是一次又一次遭受到阻挠，深深地使他感到痛伤。

第十四节，到"谓申椒其不芳"。屈原内心痛苦极了，不知何所止归。乃求决于巫者灵氛。"两美"以下的四句是屈原问卜的话，后十四句是灵氛的话。灵氛的意见认为屈原不必死守在楚国。楚国既然群小弄权，君王昏聩，那么以屈原的才能，很可以到别的国家去求得个人的发展。

第十五节，到"使夫百草为之不芳"。屈原对灵氛的劝告心怀犹豫，难以接受。于是他的幻觉又创造了另一次的神降。巫者巫咸给予屈原一些启示，劝他姑且等待机会，不必强求同道，于是列举三代以来的君臣遇合的史实，指出有才能的人是不会永远被埋没的。问题在于争取时机，不要等到年老，虽遇志同道合的明君，将亦无施展的余地了。

第十六节，到"周流观乎上下"。描写屈原在听了巫咸的话以后（有人以为这一节也是巫咸的语言，我认为这种理解并不合适），开始比较冷静地——自然不能根本解除他的苦闷——考虑到自己当时的处境。有多少他以前认为善良的灵魂，现在都消散了甚至改变了它们的颜色和芬芳。屈原在这一节诗中，更委屈地透露了在黑暗的统治下的混乱，是非倒置，贤愚莫辨，屈原在这种感情下贯穿了他的哀悼和叹息。但他本身却不能改易自己坚贞的品质。虽然巫咸的劝告，也曾使他考虑如何才能寻觅到他理想中的政治对象。

第十七节，到"蜷局顾而不行"。屈原在渺冥的感受中，接受了巫咸的劝勉。于是，放纵他幻想的马，作再一次神游。这种浪漫意绪的掀起，是由于对丑恶的现实极度痛苦的反应。可是，他的逃遁的超现实的幻觉，终于敌不住他那深厚的对祖国的热爱。于是那驰骋在云端的想象，又一次掉在现实的灾难深重得令人绝望的土地上。

第十八节，到"吾将从彭咸之所居"。这一节是这首抒情长诗的尾声。屈原尝够了黑暗政治下的种种痛苦，那就是：统治者的昏聩，群小的弄权，以及自己过去培养的认为可以信托的人的变节。更重要的是人民的生活陷于水深火热之中，以及国势的危殆。屈原不忍心亲眼看到这必将来临的祖国灭亡的命运，同时，他更不忍心离开灾难重重的国土，终于他沉痛地设想到自杀。生活在两千多年以前的屈原，他在绝望中想不出更好的办法。纵然，用今天的眼光看，这只是太消极的抗议，但历史上证明也正因此唤醒了楚国人民积极复仇的决心。

这个作品恳切地表达了诗人对于自己祖国和人民的热爱，以及他在逆境中的坚贞不屈。诗人在这个作品里，无情地抨击了楚王的昏庸以及当时奸臣的无耻。诗人以他丰富的想象和狂想的感情、美丽的象征，写出了一个美丽，然而苦闷的灵魂的形象。他从追求到幻灭，上天下地，充分地发挥了他的强烈的感情。

以上所讲的十八节，我们就它的内容和组织结构，又可以分为三个部分。自第一节至第九节是第一部分；自第十节至十三节是第二部分；第十四节至第十七节是第三部分；末尾以"乱曰"总结全篇。

第一部分，他从叙述自己的世系、祖考、生辰和名字开始，说到他怀抱壮志，自负不凡，忠心耿耿，一心想实现自己的理想，但怀王听小人说话，意志不坚定，然而他仍旧不改变他的初志，态度十分坚决。

第二部分，他首先假设一个女伴劝导他不应该那么刚强太过，因为这是取祸之道。他不敢相信，于是以三代兴亡等一连串的往事去询问古帝重华，重华的回答是肯定的，然后他非常兴奋，准备上天去叩帝阍，陈述自己的苦衷，以求得最后的评判。他开始上天宫去了，但管门的人不开门，他大失所望，于是他又想到寻求一个能够理解他的女子，结果也完全落了空。

第三部分，屈原既然陈志无路，于是就有去国远游的想法。他先假设去求灵氛问卜，灵氛劝他走，但他犹豫不决；又求巫咸，巫咸叫他暂留，等待时机。可是他再三考虑，结果还是择日启程了。他神游天下，虽路途遥远，倒也十分愉快，谁知后来在天空中看见了自己的故乡——楚国，他的仆人非常悲伤，他的马也不肯前进了。正文到此结束。

最后，"乱"辞总结全篇，这是屈原的血和泪结晶的挽歌，令人不忍卒读。

（三）关于《离骚》的人民性及艺术特色

关于《离骚》的人民性问题，近几年来曾有过各种各样的说法。有的人专门从这个作品里去找寻有"人民"的字样的词句，用这个来证明《离骚》的人民性；有的把"人民性"的字样当作标签，贴在《离骚》

这个作品上，丝毫也不加分析，就是说它具有人民性。这样的做法，显然都是不对的。《离骚》的人民性到底表现在哪里呢？到底应该怎样来认识《离骚》的人民性呢？

前面我们简单扼要地介绍了屈原的生平，并分析了他的代表作品《离骚》。像这样一个抱有理想，坚持理想，热爱祖国，热爱乡土，而且在他留给我们的作品里已显示出他是一个不世出的天才的人物，在当时的楚国，却得到了那样不公平的遭遇，得到了那样不幸的结局，这就使后来许多世纪的人们，不能不从《离骚》这个作品所反映的悲剧中看到了封建社会的裂痕、封建社会的不合理。虽然从整个社会的发展说来，封建制度的出现，比之于奴隶制度，是一个很大的进步，但是它先天地带有许多不合理的因素，而且随着社会的继续发展，这些不合理的因素日益扩大，很快地就消失了它的进步性。这样，就不但要在被压迫被剥削者当中引起不断的反抗，而且在封建地主阶级内部，特别是在这个阶级的知识分子当中，也要不断地出现一些心怀不满的人物。这样的人物必然会对于屈原的作品《离骚》感到衷心的共鸣。因为在他们所处的社会里面，很多事物都是如此颠倒混乱，正如屈原在《离骚》中所说的，"众皆竞进以贪婪兮，凭不厌乎求索。羌内恕己以量人兮，各兴心而嫉妒"，"世溷浊而不分兮，好蔽美而嫉妒"，"兰芷变而不芳兮，荃蕙化而为茅"。我们认为屈原《离骚》的人民性首先就表现在这里。

我们对于古代的文学作品的人民性必须反对一种狭隘的庸俗的了解。这种了解以为只有在作品里面找到一些描写人民、同情人民的话才算是有人民性，而不知道古代的作品的人民性常常表现得比较复杂，比较曲折。根据这种了解去研究古代文学，必然要产生这样一些消极的结果：对于有些杰出的作品，因为在它们里面找不到这种内容，或者这种内容极少，于是就不能肯定或者不能充分肯定它们的价值；对于另外一些幸而容易找到这种内容的作品，于是就把它们罗列起来，加以片面的夸张，以为这样就算完成了研究的任务。这种做法，就是把十分需要用头脑的研究工作降低为若干极其简单的公式的机械搬用。古代的那些杰出的作家，都是在不同的条件之下生长起来、成熟起来的，他们的成就和特点各不相同，因此他们的作品的人民性就必然会有各种不同的具体表现。在屈原的作品里面，就如《离骚》，虽然并不是完全找不到描写人民、同情人民的地方，但这究竟不是它的主要内容。如果只从这方面来肯定它的人民性，反而忽略了它的主要内容、主要意义，那实际是对它的人民性估计不足的表现。屈原的作品《离骚》，既然尖锐地批评了当时楚国的统治集团，即使主要还是从他个人的遭遇出发，而不是从当时被压迫被剥削者的遭遇出发，它所表现的不满却是可以和人民的不满相通的。即使他的理想并不是直接反映了当时的人民的利益的理想，他所爱的国家也和我们今天的国家有着根本上的不同，然而他对于理想的坚持和对于楚国的热爱，仍然可以引起我们的同情和崇敬。这些就是屈原《离骚》的思想内容上的人民性。

谈到《离骚》的艺术特色，我想不能不谈谈关于《离骚》的创作方法问题，这是一个目前在争论的问题，《学习译丛》（1956 年第 7 期）上发表了《现实主义和所谓反现实主义》这篇文章之后，有些问题提得比较明确了（自然里边有许多问题也还需要研究），这对于我们研究古典文学是有好处的。我想不妨先从远一点说起。近几年来，在古典文学研究的领域里，流行一种非常普遍的见解，认为一部中国文学史，就是一部现实主义与反现实主义斗争的历史。大家这样说，大家这样写，成了一个非常有力量然而又非常简单化的公式。把这一公式运用到我国源远流长丰富多彩的文学史上去，其结果就不能真实地分析文学史的具体内容和各个作家不同的性格以及他们的作品的不同的艺术特点。几千年的中国文学史，仿佛只存在两个派别：一派是先进的现实主义的作家和作品；一派是落后的甚至是反动的反现实主义的作家与作品。有些文学史家采用了这种最简便的方法，好像破西瓜似的，把中国文学史切成了两半，这一半是现实主义，那一半是反现实主义。这种方法当然是简便极了，但是并没有解决问题，因为在他们的著作里，现实主义的概念是非常模糊的，在所谓现实主义的作家里，旁人看来，有些似乎并不是现实主义的；在所谓反现实主义的作家里，也有似乎不是反现实主义的。这一种新的形式主义，实际也是一种庸俗社会学的变形。把几千年来复杂无比的文学现象，把各种不同的作家与作品，简单地理解为现实主义与反现实主义的斗争，好像对于整个哲学史一样，理解为唯物主义与唯心主义的斗争，这种对文学现象的简单理解，是不符合实际的。我们当然承认，在各种美学理论和文学观点里，都具有唯物主义和唯心主义的思想性质，但如果对于文学作品不尊重它们的艺术特性，不好好地加以具体细密的分析，就简单地应用这一规律，结果是不能真实地说明问题，而且必然会陷入另一种形式主义。苏联雅·艾尔斯布克在他的《现实主义和所谓反现实主义》一文中说得好："把哲学和美学理论中斗争的规律性，机械地搬用到艺术中来，这是不可容许的。把现实主义同唯物主义，反现实主义同唯心主义加以这样的类比，就是抹杀艺术的特点。"（《学习译丛》1956 年第 7 期，第 33～34 页）这两句话是值得我们深思、值得我们细心地体会的。现实主义，这是在文学发展过程中所形成的一种"最有力和最先进的"创作方法。我们说它是最有力最先进的创作方法，正因为它在反映现实反映社会生活的真实方面，比起其他的创作方法来，能达到更大的深度和广度。但是我们并不能说：只有现实主义才能反映现实、表现思想，其他的创作方法就一点不能反映现实，不能表达思想。只是其他的创作方法，在反映现实，表达思想方面，比不上现实主义所达到的深度和广度而已，所以现实主义的创作方法是最有力的最先进的。恩格斯在给哈克纳斯的信里边说过："照我看来，现实主义是除了细节的真实之外，还要正确地表出典型环境中的典型性格。"（《马克思、恩格斯、列宁、斯大林论文艺》，第 20 页）这是现实主义的典范的定义。我们必须明确现实主义的概念，在古典文学的研究上，才不至于把现实主义一般化、简单化。

回到本题，我们再谈谈屈原和他的作品吧。

屈原，近几年来大家都说他是伟大的现实主义者。不错，屈原在他的诗篇里，反映了他的爱国思想，对于当代的黑暗政治，表示了不满和反抗。但我们如果进一步来分析他的作品的艺术特点和创作方法的时候，我们就可以看出，他并不是一个现实主义的诗人，而是一个浪漫主义的诗人。最能代表屈原的艺术特点的作品，作者的个性表现得最鲜明的作品，就是我们所讲的《离骚》（《天问》、《哀郢》、《招魂》也是如此）。如《离骚》从第二部分开始，作者就假想涉过沅湘，向重华去陈述他的抑郁。他上天，驱使天上的神为他的护卫，驾着飘风云霓，直叩天门。然而很糟糕，守门的家伙偏偏懒洋洋地靠在门上，只瞅了他一眼，一言不发。天门不通，于是就游春宫，找寻宓妃，又找有娀佚女、有虞二姚，但结果都令他失望。最后，他无法处理他的矛盾，只能请教巫咸灵氛，求神占卜。他又假想他已经离开了祖国，但在空中看到了祖国的乡土，再也不忍离开。这是一种浓厚的浪漫主义的色彩。屈原在这个作品里，充满了狂想的感情、丰富的幻想、美丽的象征、神秘的气氛，再加以神话传说，宗教风俗，上天下地，入水登山，冲破诗歌的格律，创造参差不齐的新形式，在这些艺术基础上，表现出那种深厚的怀乡爱国之情、生离死别之感，和一个遭受迫害的苦闷的灵魂追求真理追求理想的失败以及最后归于毁灭的悲哀。由于这些，构成了一个完整的艺术风格，一个屈原所特有的艺术风格，这是浪漫主义诗歌的风格，而不是现实主义诗歌的风格。过去刘勰不能理解这一点，在《文心雕龙》的《辨骚》一文里，说屈原的作品，有"诡异"、"谲怪"、"狷狭"、"荒淫"四事"异乎经典"，不知这正是浪漫主义的特色。

对于浪漫主义，我们是并不能笼统地都把它和现实主义对立起来的，我们是并不能笼统地都把浪漫主义看作只是被批判的创作方法的。高尔基在《我的文学修养》一文里曾经对浪漫主义做过有名的分析，他说："在浪漫主义中，我们必须区别出两个完全不同的倾向。一个是被动的浪漫主义——粉饰现实，努力使人与现实相妥协，或使人避开现实，……一个是积极的浪漫主义，则企图强固人民对生活的意志，在人们的心中，唤醒对现实及现实的一切压迫的反抗心。"屈原的作品——《离骚》，正是积极的浪漫主义的范例。浓厚的浪漫主义色彩，我们认为这是屈原《离骚》的一个艺术特色。

屈原的艺术，至今仍然是值得我们学习的。马克思主义文艺理论告诉我们，文艺的特征是形象。但是并不是有了形象就等于有了高度的艺术性。这里面有一些秘密是值得我们去进行细致的研究的。有些文学家和艺术家的作品就好像传说中的魔术家的手指一样，它们轻轻一动就在我们面前展开了一个迷人的世界，就捕捉住了我们的心灵。这样的艺术效果的构成是有许多复杂的因素的，但形象仍然是其中的中心问题。屈原的《离骚》的内容是很政治化的，在普通的作者的手里，很容易写得比较枯燥。《诗经》里面的有些《雅》诗，虽然有一些同样地是古代的知识分子批判当时的政治的作品，许多就有这种缺点。屈原的《离骚》却以丰富动人的形象构成了一个雄伟的整体。他以对于种种香草的癖爱来比喻他的志洁行芳：

朝饮木兰之坠露兮，（早晨我饮用木兰花上的晨露，）

夕餐秋菊之落英。（晚上我餐食着秋天菊花的落瓣。）

苟余情其信姱以练要兮，（只要我的精诚坚贞不移，）

长顑颔亦何伤？（我就是长久地形销骨立又有何妨?）

制芰荷以为衣兮，（我要把碧绿的荷叶裁成上衫，）

集芙蓉以为裳。（我要集荷花编成下裳。）

不吾知其亦已兮，（没有人了解我也就算了吧，）

苟余情其信芳。（只要我的内心是真正地芬芳。）

他借女嬃的劝诫来引出他对于他的政治理想的正面说明。他表达他的理想不能实现而且无人了解的痛苦的时候，不只是作了直接的叙述，而且以一些想象中的经历的描写来加强艺术的效果。他幻想着他驾着虬龙和凤凰，乘风飞上天空，到处去寻求他的同情者和支持者：

路漫漫其修远兮，（旅行的路程是十分长远而又长远，）

吾将上下而求索。（我要上天下地去寻找我的理想。）

然而他到了天帝的门前，天帝的看门人却闭门不纳。于是他又想到寻求一个能够理解他的女子：

忽反顾以流涕兮，（我忽然又回转头去流起泪来，）

哀高丘之无女。（我伤心这天国中也无美女可求。）

但"求女"也终于没有结果。然后他深深地慨叹了：

怀朕情而不发兮，（我一肚子的衷情真无处可诉呀，）

余焉能忍而与此终古！（我怎么能永久地忍耐下去！）

然后是向卜师和神灵叩问行止。然后是卜师和神灵都劝他离开楚国，但他却眷恋而不能去。《离骚》就是这样混合着事实的叙述和幻想的描写，内容丰富而又结构完美地在我们面前构成了一个完整的巨大的形象，构成了一个具有美学中所说的那种崇高美的不朽的建筑物。一个成功的艺术品都应该是这样的：它不只有一些优美的动人的局部的形象，而且这些局部的东西合起来，能够构成一个和谐的，完美的，好像一个错乱的音符也没有的乐曲一样的整体，屈原的《离骚》就具有这样的特色。而这正是我们今天有许多的文学作品所缺少的。

除上所述，《离骚》在艺术特色上还有许多地方是值得我们注意的，比如，诗人善于从自然和人生里面捕捉那种最有典型性的形象，最能唤起读者的想象和情绪的活动的形象，而又能用十分单纯十分优美的诗的语言去表现出来。又如诗人对于民间文学形式的运用并发展，大量地吸取神话或传说，能给一切抽象的内容以形象的表达，这些也都是构成《离骚》这个作品的艺术魅力的因素，都是值得我们好好学习的。

第四节　屈原的其他作品

屈原的作品，据《汉书·艺文志》著录，共有二十五篇。二十五篇的内容，根据王逸注《楚辞章句》，是《离骚》、《九歌》（十一篇）、《天问》、《九章》（九篇）、《远游》、《卜居》、《渔父》。

其中《远游》一篇，结构与司马相如的《大人赋》极其相似，有些精粹语句甚至完全相同，基本上是一种神仙家言，与屈原思想不合。这一篇，近代学者多认为不是屈原作品。据一般人的推测，可能即是《大人赋》的初稿。司马相如献《大人赋》的时候，尝对汉武帝说，他"属草稿未定"。未定稿被保存了下来，以其风格类似屈原，所以被人误会了。

另有《招魂》一篇，王逸以为宋玉作以招屈原的魂，但《史记·屈原列传》则认为作于屈原，郭沫若先生认为它是屈原作以招楚怀王的魂的。

剔去《远游》，加入《招魂》，仍为二十五篇。

关于二十五篇的先后，也是一个问题，从来说法很不一致，根据郭沫若先生的说法，排为《九歌》、《招魂》、《天问》、《离骚》、《九章》、《卜居》、《渔父》。《卜居》和《渔父》两篇，很多人怀疑不是屈原的作品，郭沫若先生也认为这两篇作品值得研究，排在最后是作为附录的意思。

《离骚》，我们已经讲过。下面把屈原其他的一些作品做一个简单介绍。

《九歌》，《九歌》本来是古代流传下来的一种乐曲的名称（"九"并不是数目字，郭沫若认为是"纠"字的意思，取其缠绵婉转。）屈原借用旧题，又吸取了民间乐歌的精华，一共写了十一篇诗，总题为《九歌》。因为这是根据民间祭祀乐曲来集中和加工写成的，富有神话的色彩和优美的想象，因此内容与《离骚》等篇的抒写悲愤忧思的篇章不同，风格清新典丽，调子愉快生动，十一篇中第一篇《东皇太乙》和最末一篇《礼魂》，是祭祀时的迎神曲和送神曲，内容是铺叙祭礼的仪式和过程的，写得庄严肃穆。其余九篇中各有专祀，《湘君》、《湘夫人》、《河伯》都是水神，《山鬼》是山神，《大司命》、《少司命》是星神，《东君》是日神，《云中君》是云神。除《国殇》一篇外，这些祭祀自然神的篇章，大致都是用抒情的笔调或对话的形式来写一种爱恋和思慕的感情，以及悲欢离合的情绪的；这些神都是被作者人格化了的，其中常常写到神与神之间或人与神之间的恋爱。比如其中的《云中君》和《少司命》就是女神，这两篇都是写歌者或祭者向女神求爱的；《大司命》就是写男神大司命追求女神云中君，《河伯》就是写河神追求洛神，《湘君》、《湘夫人》、《山鬼》，就是写这三个女神的失恋的；《东君》写祭者把神丢在一边，不愿离开欢乐的祭场。这些作品，大概是受到民间情歌的影响的。《国殇》一篇是祀鬼的，祭的是战死的无名英雄；内容叙述战争的壮烈和歌颂死者的英勇，写得非常悲壮慷慨。郭沫若先生说："古时候祭祀神祇时正是男和女发展爱情的机会。……故在祭神的歌辞中叙述男女相爱，男神与女神相爱，或把男女之间的爱情扩大成为人神之间的关系，都是极其自然而现实的。"以前注释《九歌》的人，不明白这种古代的情形，往往就以为是屈原的寄托，因此牵强附会，把它拉扯到君臣之间的关系上来，实际上却并不是那么一回事，这些诗歌值得我们珍爱，是因为虽然当时直接的写作目的是祭祀和娱乐鬼神，可是屈原却在它们里面织进去了他的优美的想象、他的对于人生的体验，而且艺术上是那样成熟。

《招魂》是屈原为追悼楚怀王而作，人死后，用一定的仪式举行招魂，是楚国当时的一种风俗习惯。在《招魂》一篇中，从引言以后，即分上下东西南北六方面来叙述楚国以外各处的危险，让灵魂不要乱走；铺叙瑰奇，颇有神话意味。然后又叙述楚境以内的各种快乐，包括宫室居处的壮丽，饮食服御的精致，歌舞游戏的丰盛等，让灵魂愿返故居；最后就对魂魄发出了"魂兮归来"的召唤。在《招魂》中，屈原将人间与非人间的生活作了鲜明的对比；除现实生活以外，连天堂都写得十分险恶，表现出了作者的强烈的现实感。这篇文字是以铺述描写为特点的，与屈原其他作品之以抒情为主者不同，对于后来辞赋的写法影响颇大。

《天问》是屈原作品中比较奇特的一篇，相传这是屈原被放逐之后，因看到神庙的壁画而题在壁上的，但这完全是揣测之辞，并无任何根据。这个作品，因为脱简窜乱比较严重，同时因为里边所问到的古代的神话传说，有很多已经失传，因此有好些问题，现在很难理解。作品的形式，用的是像《诗经》一样的四言句，内容全是问语的口气，一共提出了一百七十二个问题。他从天地开辟以前问到天体的构造，地上的布置，从神话传说时代问到有史时代，从身外的一切问到作者自己，他问到太阳从早到晚要走多少里，月亮为什么能够晦而复明，水为什么总是往东流而不满，大地到底有多宽多长，什么地方冬天温暖，又什么地方夏天寒凉。这个作品，虽然现在有许多地方不易理解，因为它是以问题的形式提出的，一般也比较短，但尽管如此，它对于我们研究古代的神话传说还是很为重要的，因为我们不仅可以从这里得到一些古代神话传说的梗概，同时也可以从这里考定传世的神话传说的时代性与真伪，凡在《天问》中有其梗概的，我们便可以安心相信是先秦的真实资料，而非秦汉以后的人所杜撰。这对于中国的古代，也就提供了很丰富的史料。

《九章》中的九篇是汉朝人把屈原的单篇遗著辑合而成的，不是一时所作，《九章》的总题也是后人加的。其中《橘颂》一篇借橘的性质来颂扬了人的高洁刚强的品质，在《九章》各篇中比较特殊，可能是屈原早期的作品。其余八篇都是抒写一种失意以后的悲愤感情的，这八篇，都是屈原"失意以后的自述，和《离骚》是一脉相通的，其中有很多十分沉痛的话，著作的先后不易判断。大抵《惜诵》较早，可能是初受疏远时所作，《抽思》、《思美人》次之，《悲回风》、《涉江》又次之。《哀郢》毫无疑问是顷襄王二十一年，郢都为白起攻破时所作。《怀沙》、《惜往日》大抵就是蝉联而下的作品了"。（郭沫若语）有关《九章》的篇次问题，这还是争论的问题，目前无法确定。

《惜诵》是诗人自述他"背膺牉以交痛兮，心郁结而纡轸"（我的背和胸像撕裂一样的隐痛呵，我心郁结痛苦没法安顿）的作品，它不仅只是抒写他个人政治上的一时失意，而且也表明了他对祖国的热爱，表明他自己的言行一致、表里如一。它的结构和内容很像《离骚》的缩影，因此，曾有人怀疑说它是《离骚》的草稿。

《抽思》是屈原看到楚国坏人当道，内心十分痛苦，写此而排解愁闷的，正如他在乱辞中所说的："道思作颂，聊以自救兮。"（调整思路，作歌聊以自娱）作品中的"美人"就是指的怀王。

《思美人》这个"美人"也和《抽思》中的"美人"一样指的是楚怀王，表明屈原不改初志，像爱一个人那样专一忠贞、坚定不移。"宁隐闵而寿考兮，何变易之可为?"（宁失意而长此终身，我何能如掌之易反）"知前辙之不遂兮，未改此度。"（我明知正路难通，但我不能不走正路）这正表明了本篇的中心意思。

《悲回风》，文怀沙说："回风便是旋风。大概诗人借回风影喻时事的多变……调子非常幽怨。纵或不是绝笔，也是诗人辞世前不久所写的诗篇。"就作品的内容看，作者四处眺望，匆匆一年又将过去，年华已经衰老，而自己的抱负却落了空。这应该是本篇的主题。

《涉江》是屈原开始流亡的时候所写的。篇中流露着无限的去国之悲。由于诗人热烈地眷恋着祖国，因而他在篇末忍不住对于当时的统治者发出了一串无比怨恨的诅咒。

《哀郢》是屈原哀悼自己祖国的都城——郢为秦人所破的，所叙沉痛悲郁，全是国破家亡之感。开始就说："皇天之不纯命兮，何百姓之震愆! 民离散而相失兮，方仲春而东迁。"（皇天为什么不肯保佑，为什么要给百姓罪尤? 民众们妻离子散，在这仲春二月反倒向东迁流）从这里可以看到他是如何关念着在乱离中的人民!

《怀沙》，写在屈原自沉前不久。汉朝人多根据司马迁的《屈原列传》，认为《怀沙》是怀抱沙石而投江自沉的意思。今人研究结果，认为《怀沙》之名与《哀郢》、《涉江》是同样的道理，即怀念长沙的意思。作品中大致说他坚持自己的理想，不改初衷，由于"党人之鄙固"，颠倒黑白，不能了解他，所以自己的理想与愿望不能实现。他虽然也说到"冤屈"，说到"曾伤"、"永叹"，然而不比《抽思》、《哀郢》、《悲回风》等篇所表现得那么悲痛，相反却要"惩违改忿兮，抑心而自强"

（且止住并改变我的愤怒，抑止我自己的心灵努力自强），这是由于他已经"定心广志"，所以感情反倒宁静下来，不像以前的激动。

《惜往日》是屈原的绝笔，是他的最后一首述志诗，它通过回忆，总结了他的一生。他追述为左徒时如何得怀王的信任，国家是多么富强，但顷襄王是多么糊涂，"卒没身而绝名兮，惜壅君之不昭"。（我就身败名灭也没有什么，只可惜你君王永受蒙蔽）因为是他临绝之音，他已无心去推敲辞藻，只是说："宁溘死而流亡兮，恐祸殃之有再。"（我宁愿立刻死去而魂飞魄散，不愿再遭受一次祸殃）那就是说他怕还有像攻破郢都那样惨痛的事情发生，那是他再也不能忍受的；因而"不毕辞而赴渊兮，惜壅君之不识"（不等歌辞唱完我要跳下深渊，可惜受了蒙蔽的君王呵，永远不会明白）。本篇词句，比较浅易。清代的学者蒋骥认为这不仅只是垂死之言，不暇雕饰，而且是希望昏庸的楚王能比较容易理解。这种说法，也是值得深思的。

《九章》中九篇作品的主要内容，大概就如上述。

《卜居》是一篇叙事诗。是否屈原所作，说法很不一致。本篇表明了屈原是一位不信上帝、不信卜筮的理性主义者，和《离骚》、《天问》等篇一致。屈原在流窜生活中曾经耕田种地，这也解答了他能成为人民诗人的一个根本问题。故本篇即使不是屈原所作，对研究屈原仍然是很宝贵的先秦资料。

《渔父》一篇，郭沫若先生也认为是后人的著作。他说，《渔父》的作者只是把屈原作为题材从事创作，并没有存心假托，它被认为是屈原作品，是收辑屈原作品的人的误会。这篇作品和《卜居》一样，所用的还是先秦古韵，可能是楚人的作品。但作者离屈原必不甚远，而且也一定是深知屈原生活和思想的人。对于研究屈原，这个作品也是很可宝贵的资料。

第五节　屈原作品对于后世文学的影响

屈原的作品，由于它具有丰富的生活内容，现实性和斗争性都非常的强，又有丰富的人民意识和大量的民间文学的资料以及通俗的、为人民所爱好的民间文学形式，因此它的作品很快地就在楚国，接着就在经过了秦汉统一的全中国，发生了很大的影响。总括起来说，屈原作品在艺术性方面的贡献，首先在于它第一次突出地表现了诗人的个性和非常成功地运用了浪漫主义的创作方法，发挥了奇丽而丰富的想象力，从而大大地扩大了诗歌的表现能力。《诗经》中也有许多优美动人的作品，不能说那些作品没有作者的个性的闪耀，然而，像屈原这样用他的理想、遭遇、痛苦、热情以及整个生命在他的作品上打上了异常鲜明的个性的烙印的，却还没有。因此，我们可以说，在屈原以前的诗歌，基本上还是群众性的创作，从屈原起才算有了专门的诗人的创造。《诗经》中的作品因为还是群众性的创作，一般地说，它们的内容比较单纯，句子和篇幅也比较简短。屈原的作品却在句法上、篇幅上以及其他表现方法上都有了很大的发展和改变，更适合于表现比较复杂的内容。屈原以后的许多诗人用《诗经》的四言的形式来写的四言诗极少成功之作；而主要是在屈原作品的影响之下兴起的辞赋却在后来有过一些发展（虽然其中有不少无味的模拟，但还是产生了一些有生命的作品），这也反过来证明了屈原所创造的艺术形式的进步性。我们可以用这样一句话来说明屈原的作品在这一方面的贡献：在中国文学史上，他结束了一个旧的时代，又开辟了一个新的时代。

至于屈原作品在文学方面的影响，主要的我们可以从以下两个方面来认识。

首先，屈原的作品，在艺术形式方面影响了后来辞赋的兴起。屈原的《离骚》写成以后，有很多作家的作品都模仿《离骚》。一直到汉初，模仿《离骚》的风气还很盛行，最有名的便是文、景间的庄忌（即严夫子）和贾谊。庄忌的《哀时命》，模仿《离骚》，神情毕肖。贾谊的《吊屈原赋》、《鹏鸟赋》等，也是模仿《离骚》来写自己的牢骚的，但这样模仿下去，渐渐地把楚辞的精神失去了。到了汉武帝时，因社会经济的安定与中央集权的巩固，再不能容许士大夫们模仿《离骚》在那里"露才扬己，显暴君过"了。于是士大夫们便换了一个方向，专用宏丽的体制，夸张地来描写帝王的淫乐生活，或歌颂功德、粉饰太平。虽间或也有讽喻的目的，但绝大部分却完全是貌合而神离了。这样楚辞便演变而为汉赋。

司马迁在《屈原贾生列传》中也说："屈原既死之后，楚有宋玉、唐勒、景差之徒者，皆好辞而以赋见称。"从这里也可以看出后来有很多作家是受了屈原作品的影响的。

其次，屈原的作品在浪漫主义精神方面影响了后来伟大的诗人陶潜以及李白、苏轼等等作家，其中尤其是李白更为突出。浪漫主义精神，是李白全部人生、全部艺术的主要特点，他在他的作品里所充满的无比的狂想和夸张，丰富的想象，豪迈的气魄，追求个性解放与灵魂自由的高度热情，在每一个读者的心弦上，发生了震撼与共鸣。李白的诗歌艺术，是概括了浪漫主义创作方法的一切特征，反映出他的思想内容的。他反权贵、反战争，对于现实生活的不满，对于祖国山水的热爱与劳动人民的感情，都是通过浪漫主义的创作方法表现出来的。李白的那种"不屈己，不干人"，"安能摧眉折腰事权贵，使我不得开心颜"的豪迈傲岸的性格，同他在艺术上所表现出来的那种反抗一切传统与束缚，追求解放追求独创性的浪漫精神是完全统一的。从这一点看来，李白是屈原真正的继承者和发扬者。李白的诗在风格上和内容上都带着屈原的作品的影响的痕迹，而且他是十分推崇屈原在文学上的成就的，他在《江上吟》里曾这样写道："屈平词赋悬日月，楚王台榭空山丘。"这也可见他对屈原的崇敬了。至于陶潜和苏轼，他们所受屈原文学的影响，虽然并不如李白那么显著和突出，但我们如果能够细细玩索，他们之间所受的影响，还是十分清楚的。

屈原遗留下来的许多伟大作品，除上所述，他影响到汉赋的产生，比较显著地影响到李白艺术的风格和内容之外，两千多年来，虽然有许多统治阶级的御用文人曾经想从史书上抹去他的名字，然而人民是一直热爱他的，有正义感的文学家们是热爱他的。历来有许多有成就的文人，没有不爱好、没有不受其影响的。他们不断地模仿他的体裁和作风，特别是他的热爱祖国、爱人民的思想和热情，有很多作家都受到了极深刻的教育。司马迁自己说过，他受宫刑以后，曾经从"屈原放逐，乃赋离骚"（见《报任少卿书》）以及其他和这相类似的事情取得支持和鼓励，因而完成了他的那部巨著——《史记》。伟大的诗人杜甫，也曾经在他的创作生活中把屈原的成就作为他的努力的目标之一，他在《戏为六绝句》的诗里曾这样写道："不薄今人爱古人，清辞丽句必为邻。窃攀屈宋宜方驾，恐与齐梁作后尘。"他对屈原的敬仰也于此可见，其他的诗人，如白居易、陆游等人，对于屈原也是非常向往、非常崇拜的。

特别应该注意的是，屈原对后世的影响，并不仅仅是浪漫主义的创作方法方面，屈原的忠君、爱人民的思想，是对后来的作家都有着强烈的影响的，这正是屈原思想和作品对后世影响的最根本的方面。

以上只是就屈原作品对于后来的文学方面的影响做了一点简单的说明。自然，屈原作品的影响并不止于此，它对后世人民的爱国主义思想，也是起过普遍的教育作用的。

第六节　宋玉和他的作品

比屈原稍微晚一点，文坛上又出现了另一位诗人宋玉。后人常常把他和屈原并称，称作屈宋。那时楚国的作家，除屈、宋而外，还有唐勒、景差等人。唐勒和景差，现在可能就只留下了这两个名字，他们的生平和作品，已经无法考证。至于宋玉，很多人写考证文章，确定现在还保存着的一篇《九辩》是他的作品，但他的生平历史，几乎可以说越简单就可信性越大，越详细就难免推测之词越多，因为古书中供给我们的材料实在是太少了。

（一）宋玉的生平

司马迁在《史记·屈原列传》中，曾提起宋玉，但并没有说起宋玉的生平。《汉书·艺文志》在"宋玉赋十六篇"之下，也只注着："楚人，与唐勒并时，在屈原后也。"根据《韩诗外传》（卷七）、《襄阳耆旧传》及《新序》（杂事第一及第五），我们看出：宋玉是比屈原稍后的一位诗人，他的出身比较贫苦，是一个清寒的读书人，曾请求他的朋友在楚王（或说楚相）面前推荐自己，得了一个不十分重要的官职。宋玉做了那样的小官，因为感到不满意，曾抱怨他的友人。由于宋玉擅长辞令，因此他能够亲近楚王。他也曾经想对楚王进谏，但是不敢直谏。他有抱负，曾"谈说"、"计划"，只是"处势不便"，楚王"不肯见察"，因而没有成功。他在朝廷的地位，大约是与汉武帝时的司马相如、枚皋、东方朔等人相类似，作为一个文学侍从之臣而已。与他在一起的人，还有唐勒、景差等人，他们都长于作赋。宋玉的一生，大约就是这样作为一个文学侍从之臣终身的。他的死年，大约在楚亡以前。他与屈原的关系，以上几部书都不曾说起过。只有王逸在他的《楚辞章句》上说："宋玉者，屈原弟子也。"（《九辩序》）但是这话是没有根据的。大约宋玉受屈原的影响是有的，是屈原的学生恐怕未必一定。

（二）宋玉的作品——《九辩》

宋玉的作品，《汉书·艺文志》说有十六篇，其中有十四篇现在还流传，但其中只有《九辩》一篇，公认为宋玉所作，并无异议。我们就扼要地谈谈这个作品。

《九辩》这个作品，王逸在《九辩序》里说是"闵惜其师忠而放逐"的。屈原的遭遇，当时楚国有良心的人见了都是很愤懑的。屈原被放逐了，宋玉不能已于言，教他来写一首诗，这是很自然的。但是就这个作品看来，他并不仅止于对屈原被放逐这件事感到不满，表示愤懑，宋玉在这个作品里，是通过他对于屈原被放逐这件事表示不平而同时发抒了他自己对于当时现实的不满的情绪的。宋玉，他愿意效忠祖国，但统治者信任小人，排斥贤人，因而使他虽在君侧而不能得到重用，他内心憎恨楚王，憎恨小人，只是他这种情绪是通过他对屈原的同情表达出来的。

《九辩》既然是怀着那样的心情写的，他自然要站在屈原的立场上写屈原的冤屈，要说屈原要说的话，所以在《九辩》里，就用了《离骚》和《哀郢》的一些句子。用这些句子，就是为的借屈原自己的话来为屈原鸣不平的。他对那些谗佞诡谀之臣，表示了无限的愤慨。

《九辩》一开始就写秋天的萧条景象，就本篇的文字来说，全文是描写一种悲愁的气氛的，是设想屈原的愁苦的；但我们从这一段文字也好像可以感到楚国的统治集团的没落的命运和一个依附在那个统治集团之下的知识分子的悲哀，即宋玉自己的悲哀，楚国从怀王客死于秦，屈原被放之后，已呈现了衰亡之象，"人之云亡，邦国殄瘁"，宋玉是较为敏感的，所以在思念屈原的诗中，发出了这种哀感的声音。

但是，这里也应该说明：宋玉虽然看出社会中的一些不合理的现象，有时也能批评，但他是缺少屈原那样的反抗性的，作品中有些地方表现出他仿佛觉得自己只能和那没落的楚国统治集团同归于尽。作品中表露出他的一种伤感的情调，他很冷静，但是，又很消极，这是宋玉和屈原的性格所不同的地方。

宋玉处在楚国那样一个昏暗的朝廷，他既不能像屈原那样做不断地斗争，也不能避世远去，做一个隐士，就不可避免地要在那恶涛逆浪中去委曲求全，因此他的作品里虽有讽谏的意思，也只能掩饰在丰赡的辞藻下面，不大能够突出，突出的却是那些奇炫的文采。

《九辩》完全是利用屈原的形式。它在结构上也似乎是模仿《离骚》的。宋玉写《九辩》一方面是利用屈原的形式，但另一方面他对屈原的形式又有一些创造性的发展，不为屈原的形式所局限。如《九辩》打破了屈原的四句两韵的格式，句法的长短也很参差不齐，比起屈原的作品来，它更加自由，更加接近散文。宋玉不独在形式上不受屈原的限制，而且在艺术的表现手法上也有他的独创的地方。

《九辩》一开始用了十几句一共一百五十余字来描写秋天的景象，这种写法在他以前的作者不曾有过，而且这段写得极好。这一段有一个特点，就是写秋天不多写景，而尽量写环境的气氛，写那些离别故居到一个新鲜的地方的人们，写那些家贫失职、坎坷不遇的人们，写那些远客异乡孤孤单单的人们，写那些人们在那种境遇中间对于秋天景物的感受。其次写燕、写蜂、写雁、写鹍鸡、写蟋蟀，写那些在秋风虐害下的自然界的生物，这是一种铺张的写法，然而他抓住了秋天景象的特征，一百五十几个字写出了一个典型的环境。以上写了那么多秋天的气氛，最后几句，才把悲秋的诗人引了出来。王夫之说这段是"感时物以闵忠贞"。在章法的安排上，应该说是宋玉用悲秋起兴，先写出一种萧条愁苦的气氛，来抒发他的忧愤感伤的情怀的。

接前一段往后便是从正面写屈原，再往后还是写秋天，但后边的写秋天比了第一段感情更深一层，他写的是一种没落衰颓的景象，它的意思在"悼余生之不时兮，逢此世之伥攘"一句点了出来。"余"字是代屈原自称，但它也反映了宋玉自己的情绪。

宋玉和屈原在艺术风格上不同之点，最显著的就是他比屈原纤细。欧阳修说宋玉比屈原有出蓝之色，恐怕就是指这点而言的。

宋玉是中国古代一个重要的作家，他的重要不仅在于他继承了屈原的光辉传统，还在于他在艺术性方面富有创造性地发展了它。宋玉善于利用屈原所创造的楚辞的文学形式，他的《九辩》就是用那种形式写得很成功的一篇。《九辩》模仿屈原，但它有独特的风格，与屈原作品有所不同。《九辩》的描写细致，是屈原所没有的，从文学描写的技术上看，这是较屈原发展了一步。宋玉这一创造性的工作，他把屈原的楚辞的形式发展更加接近了"赋"的形式，影响了以后数百年的文学。

宋玉的作品对后世产生的影响也是很大的。《九辩》历来很受人推崇。诗人杜甫曾赞叹过："摇落深知宋玉悲，风流儒雅亦吾师。"他读《九辩》产生了心底共鸣，所以说"深知"。《九辩》在旧社会里，曾感动过许多抑郁不平的人。汉朝的司马相如是受宋玉影响最深的人，他的赋是模仿宋玉的。后来魏晋南北朝的短篇的赋，都曾直接受到过宋玉的影响。后人把宋玉和屈原并称也不是没有道理的。

第七节　简短的结论

《诗经》之后，由于社会变革的需要，产生了诸子散文，又产生了新的诗体——楚辞。楚辞的产生，一方面由于楚国直接受到了当时时代剧烈变动的影响，需要产生一种新的诗体来表现这个时代的思想情感；另一方面由于楚国原来是一个多神话的乡土，物产丰富，人民特别爱好音乐；诸子散文在新的文学语言上又给这种新的诗体的形成提供了条件。屈原生活在这个时代，利用这些条件，吸取了南方的古代诗歌的传统形式的优点，承袭了《诗经》中一部分作品的体裁，结合自己的生活遭遇，奠定了这一种适合新的内容的新的艺术形式——楚辞。

屈原是以往的文学业绩的继承者和发扬者，他是一个富有创造性的诗人。他的作品，创造性地为积极的浪漫主义的创作方法提供了典范。

屈原是中国文学史上第一个最早的伟大的爱国诗人。屈原之所以伟大，就在于他和"党人"、昏君进行了顽强的斗争，就在于他能时时刻刻不忘记自己的祖国和人民，就在于他对于理想坚持的精神。他能为争取实现自己理想的"美政"而牺牲自己，他不愿依阿取容，他不会知难而退，这就是他最可宝贵的品质，也是使他能写出不朽的优秀的作品来的重要原因。

屈原不只是中国文学史上最早的诗人，而且是第一流伟大的诗人，他的名字是只有司马迁、李白、杜甫、关汉卿、施耐庵、曹雪芹等人才可以比拟的。他像这些伟大的作家一样，忠实地并深刻地反映了他们的时代。屈原他不但是中国伟大的诗人，并且应该和世界文学史上的伟大作家，俄国的普希金、英国的莎士比亚、德国的歌德、意大利的但丁比肩。因为他也像这些伟大的作家一样，表现了他自己的时代的进步思想，表现了祖国人民的意志和愿望。但是，屈原的年代，却比世界上这些伟大的作家还要早出一千五百年到两千年！

屈原是一向为人民热爱的诗人。在中国历史上虽然曾经有人指责他"露才扬己，显暴君过"，甚至想从史书上抹去他的名字，然而人民是一直热爱他的。每年端午节的纪念就是证明。在我们新文学运动的先驱中间，也有许多作家对他的作品发生极大的兴趣并怀着崇高的敬意。许寿裳在《亡友鲁迅印象记》一书中有专文《屈原和鲁迅》,谈到鲁迅对于屈原作品的爱好;而郭沫若不只作过《屈原研究》,把屈原的全部诗篇翻译成现代语言,而且创作过屈原的剧本;茅盾也特别研究过屈原所采用的神话。1953 年的屈原逝世二千二百三十年纪念,就不但在国内大规模地纪念他,而且在世界范围内,凡是和平民主的力量所及的地方都纪念他,这说明屈原的成就已被认为是全人类公共的财富。

屈原的作品,两千多年来一直发生着深厚的历史影响。不只后来辞赋的发展是深受着它的影响,历代的著名诗人,也有许多是承继和发扬了他的创作的优点的。

宋玉也是中国古代的重要作家,他继承了屈原的光辉传统,并在艺术上发展了它。他把屈原的楚辞的形式逐渐发展到了更加接近于赋的形式。后人对于宋玉也是十分推崇的。

第二编　秦汉文学

（公元前 3 世纪至公元 3 世纪的文学）

绪 论

变乱纷纷、百家争鸣的春秋战国时代，到公元前221年（秦始皇二十六年）秦始皇统一了全国，便结束了春秋战国诸国分立的局面，产生了统一的伟大的帝国——秦国。

秦始皇统一中国以后，实行了中央集权的郡县制度，中国初期封建社会，到此便转入了专制主义的封建社会的阶段。

秦的统一是有它的伟大贡献的，这应该充分地肯定。但文学在这时却遭到了厄运，秦并六国，集权中央，确立了专制独裁的政治，进而便开始统治学术思想。秦始皇采用了丞相李斯的建议，实行法治。禁止民间自由讲学，只许"以吏为师"，学习法令。民间书籍除医药、卜筮、种植之书外，全部缴出烧毁。有"是古非今"的便灭族，偶尔谈到诗书的便流放，知道了不检举的同罪。活埋儒生四百六十多人。在这种情况之下，当然文学的发展是会受到很大的阻碍的。秦的暴虐统治，激起了广大人民的反抗，所以它的立国，前后不到三十年便灭亡了。秦的文学现在保存着的不多，这和秦的立国短暂、暴虐统治都是有关系的。现在保存着的秦代文学作品，主要的就只有荀子的几篇短赋和李斯的铭。这些作品都有赋化的倾向，对后来的汉赋也有一定的影响，但就他们的文

119

学成就来看，却并不是很高的。所以关于秦代的文学这里我们就不准备去多讲它。

秦朝的统治，被规模巨大的农民起义颠覆以后，刘邦夺取农民起义的胜利果实，继承秦制，建立了中央集权的西汉帝国。西汉初年，统治者实行对农民做某些让步的政策，采取了许多发展生产的措施，因此，阶级矛盾暂时缓和，生产得到了恢复和发展，造成西汉帝国经济和文化的繁荣。后来，由于土地兼并日益加剧，阶级矛盾逐渐尖锐化，西汉末年又爆发了绿林、赤眉起义。刘秀夺取农民起义的果实，建立东汉帝国。东汉时期，统治阶级内部矛盾异常尖锐，表现为连续不断的外戚和宦官争夺政权的斗争。黑暗政治，加重了对人民的压迫和剥削，也削弱了东汉帝国的统治。东汉末年，发生了声势浩大的黄巾起义。这次起义虽然被残酷地镇压下去。但是东汉帝国也从此瓦解，形成魏、蜀、吴三国割据的局面。

从西汉立国到东汉灭亡共计四百二十六年。这个时期的文学作品，广泛而深刻地反映了这一段历史时期的社会生活。这个时期的文学作品，有赋，有伟大的历史文学著作《史记》，还有大量的乐府古诗。

下边我们准备分三章来逐章讲述。

第一章　汉　赋

　　赋，在汉代整个文坛上，曾经占据过主要地位。这种文学，在现代人看来，自然里边有许多是僵化的缺乏感情的东西，但是在汉代四百多年中间，不知有多少读书人，在那上面花费了心血。赋在汉代，正好像诗在唐代、词在宋代一样，任何读书人在那时代都是没有不同它发生关系的。讲到两汉文学，赋是不应该不讲的。尤其研究中国文学的发展历史，如果以为这种文学缺乏思想性、没有直接反映人民生活而就弃而不谈，这就无异于割断了历史。

第一节　汉赋兴盛的原因

　　我们要了解汉赋兴盛的原因，必须要注意下列这些重要的事实。
　　首先是汉代的社会环境、经济、政治的影响。
　　汉代在立国二三十年后的文帝、景帝时代，曾采取政治经济的放任政策，扶助农业，减轻赋税，因此人民安业，国库充裕。《史记·平准书》中说："汉兴七十余年之间，国家无事，非遇水旱之灾，民则人给家足，都鄙廪庾皆满，而府库馀货财。京师之钱累巨万，贯朽而不可校。太仓之粟陈陈相因，充溢露积于外，至腐败不可食。"从这里，我们很可以看出当时政治经济以及社会民生的安乐状况。也就是这些，建立了汉帝国比较稳固的物质基础。后来武帝、宣帝继文帝、景帝之后，他们继承了这一份丰富的家产，自然不能不有所作为。于是，对外用军事势力扩充地盘，对内是提倡学术，奖励文艺。有了钱有了势，在物质上的享受，自然是为所欲为。于是酒色犬马之乐，神仙长命之想，宫殿的建筑，畋猎的好尚，巡游天下，祭望山川，这些把戏也就都来了。高祖时的长乐、未央宫殿已经是富丽堂皇，武帝时的甘泉宫、建章宫、上林苑更是雄伟壮丽得多了。据晋葛洪《西京杂记》："未央宫周围二十二里九十五步五尺，街道周围七十里。台殿四十三。其三十二在外。其十一在后宫，池十三，山六。池一山一在后宫，门闼凡九十五。"这情形便是现在人看了，也是觉得相当惊奇的。武帝时的建筑，有什么通天台、飞帘阁等的名目，自然是更进一步了。《三辅黄图》说建章宫千门万户迷人眼目，那富丽的情形，我们是可以想象的。这种宫殿建筑的材料，内室器物的设备，珍禽怪兽的搜罗，自然都是极尽奢侈之能事。当时的作家们，生逢这样的盛世，他们要歌颂这样富丽堂皇的建筑，他们要歌颂他们的"圣主"，因此很自然地便影响了那种铺张华丽的赋的产生。正是因为有了当时那种经济物质的基础，所以才促使文学中产生了像司马相如、扬雄、班固、张衡他们那种富丽典雅的赋。汉赋所描写的题材，大多是汉帝国的物质文明以及帝王生活思想最精彩的部分，它表现了汉帝国的财富威权与统治者们的奢侈淫逸的生活。明了了这一点，我们便知道汉赋之所以兴盛，当时社会繁华的物质经济条件，这是一个极其重要的原因。

其次是献赋与考赋的影响。唐代以诗取士，所以诗盛于唐，明、清考八股文，八股文就盛于明、清，这理由是非常浅显的。汉赋的发达兴盛，利禄引诱的力量，也是一个重要的原因。开始是封君贵族们的奖励提倡，如吴王刘濞、梁孝王刘武、淮南王刘安都折节下士，招致四方名士。一时如邹阳、严忌、枚乘、司马相如、淮南小山、公孙乘、韩安国等人，都出入他们的门下。枚乘赋柳，赐绢五匹，相如赋《长门赋》，得黄金百斤，这些都是有名的故事。

武帝本人他也爱好文学，因此他更重视文人，如司马相如、东方朔、枚皋等人，都以辞赋得官了。其后如宣帝时王褒、张子侨，成帝时的扬雄，章帝时的崔骃，和帝时的李尤都以辞赋而入仕途。君主提倡于上，群臣鼎沸于下，于是献赋考赋的事体，也就继之而起了。

献赋的制度，是作者自献，还是由什么官收集，我们现在无法知道，但这种制度促成辞赋的发达是很自然的，当时不仅言语侍从之臣要朝夕和皇帝一起谈赋，就是那些公卿儒家大师也都要经常作赋献赋了。当时政府已采用了考赋取士的制度，而且不管成绩好坏，一概录取，给以俸禄，在这种情形下，自然是诸生竞利、作者鼎沸了。但是，也正因为有利禄可图，赋也就日趋堕落。"连偶俗语，有类俳优，或窃成文，虚冒名氏。"（张衡《论贡举疏》）这种卑鄙恶劣的现象，与科举时代的八股文，有什么差别！献赋考赋是促成汉赋兴盛的原因，其实也正因为如此，所以在赋里边也就出现了许多缺乏生气的"为艺术而艺术"的东西。

第三，是文体本身的发展。春秋战国以后，《诗经》的四言诗体的发展，渐渐衰落。战国时代接着《诗经》而起来的是屈、宋的新体诗——楚辞，和诸子的散文。汉代的散文，因《史记》、《汉书》的出现而更趋于完美。四言诗衰落了，五七言诗尚未形成。楚辞在当时影响着整个文坛。散文的发达、楚辞的大盛，给赋体的形成，具备了条件。赋，可以说是楚辞和散文文体的综合。赋中往往有叙事、有描写，叙事就用散文，描写就用韵文。由于文学发展本身它具备了一定的条件，又加上当时的一些客观条件，如经济政治的影响、统治者的提倡，所以汉赋很快便兴盛起来了。过去宋玉和荀卿所作的赋，到这时有了进一步的发展，而且定型化了。汉赋，由于具备了客观条件和它内在的因素，这种文体的发展，实在是一种必然的趋势。

第二节　汉赋的发展及其重要作家和作品

汉代三四百年中间，赋是有它的变化和发展的，赋家和赋的作品也实在不少，我们准备把它分为四个时期，有重点地介绍各个时期富有代表性的赋家和作品，从这里，也可以看出汉赋的发展趋势。

（一）汉赋的形成期

这一时期起自高祖止于武帝初年，大约有六七十年光景，是政治初平、经济建设的休养时代。当时学术尚未统制，在各方面都呈现着放任自由的空气，文学界是完全受楚辞势力的支配，任何作家的作品，无论内容形式，都直接受它的影响。在这种情形下，最初出现于汉代文坛的，是那位才高命短，和屈原遭遇相仿的贾谊。

贾谊（公元前201—前169），洛阳人。十八岁便出来做官，他不但文学好，而且有卓绝的政治见解，其他知识也很丰富。屈原最初得到楚怀王的信任，任左徒之职；贾谊最初也得到汉文帝的信任，列公卿之位。文帝常找他谈话，议论国事，权势不亚于屈原，他很想在社会上做一番事业，但因为坏人嫉妒、环境所迫，便郁郁不得志地被流谪到长沙。后来虽被召见，拜为梁怀王太傅，不料梁怀王坠马丧命，于是他就自伤为傅无状，哭哭啼啼地死去了。贾谊的性格虽较屈原懦弱，但他的生活境遇及其忧郁的心情，却是和屈原一样的。

贾谊的思想，在对宇宙的认识上，他认为："万物变化，固亡休息……祸兮福所倚，福兮祸所伏，忧喜聚散，吉凶同域。"他认为宇宙间的一切事物都是变化不息的。这里他接触了辩证的观点。由这种观点为基础，因此他认为社会政治制度也不是一成不变的，他认为社会政治制度应该随时间空间条件的变异而变异，所以他说："君子为国，观之上古，验之当世，参以人事，变盛衰之理，审权势之宜，去就有序，变化有时，故旷日长久而社稷安矣。"这是说，创造社会制度要根据历史经验及当前的情况和适合时宜的方针。因此，他主张对内要创立制度，安定统治秩序，削弱藩国，以绝叛乱的祸根；对外主张改变过去对匈奴输款纳贡、屈辱求和的政策，用武力来防止匈奴的侵略。贾谊的这些主张，在当时无疑是有积极意义的。只是他的这些主张都没有能够被采用。

贾谊的名作是《吊屈原赋》与《鵩鸟赋》。前者是表白他的苦闷与哀怨的情感的。吊屈原就是吊他自己，他对是非莫辨、正邪倒置的时代表示愤恨。因此在他的作品里，还能保持着他特有的个性和真实的感情。因此他的作品虽然也曾模仿楚辞，但他的价值，也就远在那种纯粹模拟楚辞的作品之上了。《吊屈原赋》的形式和情调还都有些像楚辞；但是他写的《鵩鸟赋》却不同了。这个作品发挥了他的达观思想，而归结到儒家乐天知命的道路上来。这正是贾谊的坚持精神远不及屈原的地方。到贾谊写《鵩鸟赋》的时代，他的斗争的勇气减退了，他成了一个听天由命的人。《鵩鸟赋》这是一篇比较特异的作品，通篇用问答体的散文形式，它虽没有十分华丽的辞藻和铺张的手法，但在汉赋的发展史上，大家都一致认为它是楚辞的转变者，是汉赋的先声。

贾谊以外与赋最有关系的是枚乘（？—前141）。枚乘字叔，淮阴人。他是上承贾谊下开司马相如一派的作家。他先后做过吴王刘濞和梁孝王刘武门下的食客，在政治上也是主张中央集权的。景帝时他做过弘农都尉。武帝即位一年后，因为仰慕他的文名，派车子去迎接他，因为年纪太老，他半路上便死了。《艺文志》载他有赋九篇，现存者只有《七发》、《柳赋》和《菟园赋》。后二篇大家都认为是伪作，可靠的就只有《七发》一篇了。然而这一篇，却在汉赋的发展史上，占有极重要的地位。

《七发》虽未以赋为名，却比较纯粹地采用了汉赋的体制，全篇是散文，用反复的问答体，演成为一个故事。中间偶然也杂有楚辞式的诗句，如"麦秀蕲兮雉朝飞，向虚壑兮背槁槐，依绝区兮临回溪"，而这也正是说明汉赋形成时期尚未完全摆脱楚辞势力的余影。然而这种残存的影子，对于那整篇的散文赋体，已不能有多少伤害了。它的辞藻华丽，形式铺张，通篇都是叙事写物，无论内容和形式都已离开了楚辞的羁绊，而具有汉赋的雏形了。

《七发》这个作品的内容，主要是写楚太子有疾，吴客去问病，吴客用巧妙的辞句去感动太子。作品的开头一大段对楚太子病源的揭露，深刻地描写了统治阶级剥削人民之后，尽情享受，"日夜无极"，以至于弄得"百病咸生，聪明眩曜"，"四支委随"，这无疑是一种深刻的讽刺。接下去写琴声之凄美、饮食之丰富，写千里马和优秀的御马者，写池馆之美、巡游之盛，写游猎之乐、曲江观涛之胜，写所有这些，太子都因为病辞。最后写圣贤方术之要言妙道，于是太子凭几而起，出了一身大汗，那病就好了。全文的主题，从表面上看，好像都是铺陈些声色犬马之事，但仔细研究，可以体会到作者首先是讽刺了统治者荒淫无度，然后希望统治者能开"天下之要言妙道"，以"理万物之是非"。

《七发》的这种反复问答，敷陈直叙，并加以形容夸张的写法，为后来的汉赋，立下了楷模。它比之《鹏鸟赋》，已经不再是朴素的语言，而是华丽的辞藻了，它已经不再是质实地说理，而是夸张陈述了。所以它比《鹏鸟赋》，在汉赋的发展的途程上更向前跨进了一大步。

《七发》在文学上的影响是很大的。《七发》以后，用"七"为题几乎成了一种风气。傅玄在《七撰序》里说："昔枚乘作《七发》，而属文之士，若傅毅、刘广、崔骃、李尤、桓麟、崔琦、刘梁、桓彬之徒，承其流而作之者纷焉。七激、七兴、七依、七说、七鸒、七举之篇，于通儒大才，亦引其源而广之。"《七发》对后来影响之大也于此可见。

这时期的赋家，除贾谊、枚乘这两个代表人之外，其他以赋闻名的还有陆贾、严忌、邹阳、路乔如、公孙诡、公孙乘、羊胜、韩安国等人，因为他们的作品大多完全失传，有一些被认为是他们的作品，却又谬误甚多，我们就只好略过不讲了。

（二）汉赋的全盛期

武帝、宣帝、元帝、成帝时代，约一百三十多年，是汉赋的全盛期。《汉书·艺文志》所载汉赋九百余篇，作者六十余人，十分之九是这个时候的产品。武帝和宣帝也附庸风雅，一时文风大盛，元帝和成帝这两代，继前两代的风气，作者和作品也还是很多的。

在这一时期内，有名的赋家是司马相如、淮南群僚、严助、枚皋、东方朔、朱买臣、刘向、王褒等人，名望最大、在赋史上占据着最显著的地位的，当推司马相如。

司马相如（公元前179？—前117），字长卿，四川成都人。原来的出身很贫寒。幼时喜欢读书及学剑。他父亲给他起了个名字叫犬子，后来因为倾慕战国时蔺相如的为人，因此改名司马相如。有口吃的毛病，不善于讲话而长于作文。他的故事很多，他同卓文君那幕恋爱的喜剧，在中国文坛上是流传得很广的。

他在景帝时做过武骑常侍，在梁孝王那里做食客时，写了一篇《子虚赋》，那篇赋流传入禁中，汉武帝读了很赞赏，说："朕独不得与此人同时！"当时相如的同乡杨得意为狗监，侍武帝，便对武帝说："这是我的同乡司马相如作的。"于是武帝便召见相如，相如又献《游猎赋》，武帝很高兴，便叫他做官。直到他病死为止。

司马相如把汉赋推到了最高峰，更向宏丽壮阔方面发展。他的作品，《汉书·艺文志》载有二十九篇，但大都已经失传。至今还保存着而且最著名的有《子虚》、《上林》、《大人》、《长门》、《美人》、《哀二世》等六篇。《子虚》、《上林》是他的代表作品，也是汉赋的典型。从贾谊、枚乘到他这时候，才完全离弃楚辞的作风，使汉赋这一种文体完全定型。

《子虚赋》写楚国使者子虚，奉使到齐国，齐王想要向他夸耀自己游猎之盛，因此邀请子虚同猎，并请子虚讲讲楚国有没有这样盛大的游猎，于是子虚就趁机夸耀楚王游猎的盛况，以压倒齐国。赋中叙述了楚王七个猎场中的最小的一个云梦泽。从云梦泽方圆之大有九百里说起，说到泽中山的形势、土的颜色、石的种类。泽的东面有蕙圃，南面有平原广泽，西面有涌泉清池，北面有阴林巨树。再说到楚王的亲自出猎，从臣的出猎，猎后休息时的女乐，然后再说到与这些女人一起猎飞鸟、猎水族；猎毕后的整队而归。结束时又通过乌有先生责备子虚不应该"奢言淫乐而显侈靡"，以示作者讽喻之意。

《上林赋》是继《子虚赋》而作。因为武帝看了《子虚赋》以后，觉得《子虚赋》叙述的是诸侯游猎之事，不足观，要他写天子的游猎，所以相如便写了《上林赋》。

司马相如在《上林赋》里，企图通过天子自己对从事奢华的游猎的悔悟，以及对齐、楚二国国君打猎的奢华的批评，讽谏天子和诸侯都应该是"与民同乐"、"乐而不淫"，不应该"务在独乐，不顾众庶"，不应该为了"贪雉兔之获"，而"忘国家之政"。虽然作者的这种意图是隐藏在他华丽的辞藻中的，不是很直接的，但是我们从许多华丽的排比的铺张描写中间，作者司马相如所透露的这种思想，还是隐隐约约地可以看得出来的。

在历史上，汉武帝的生活是十分奢华的。司马相如由于当时所处的地位，使得他不敢正面揭露武帝的荒淫奢侈，不敢从正面去批评他，向他提出建议，而只能在华丽的辞藻中间隐藏一些讽喻的意思，这是很自然的。《上林赋》就表面看来，似乎作者只是批评了齐、楚二国国君，而对天子做了赞扬，实际上，这是一种反激，也就是所谓讽喻，是一种无可奈何的做法。

《上林赋》的结构，全与《子虚赋》一样，也是先写猎场之大，次写天子出猎之盛，再写休息时女乐之盛，但结束时先以天子悔悟的口吻来写，又以第三者身份的无是公评论的口气来写，藉此以表达作者讽谏之意。这末了两节虽然所占的篇幅并不多，但却是全篇的主要的精神所在。

《上林赋》在写作方法上，如果我们把它简要地概括一下的话，下面几点是突出的。

第一是全篇用对话的方式来写。《上林赋》全篇是无是公在听了《子虚赋》中子虚和乌有两人的话以后说的话，从作品开始的"楚则失矣，齐亦未为得也"直到作品末尾的"仆恐百姓被其尤也"，都是无是公在教训子虚和乌有两人的话。最末两句是子虚、乌有向无是公表示接受教训的话。全部都是对话。

第二是全篇采用了分类集中的写法，把同类的东西写在一起，这样的写法可便于排比罗列，包含更多的东西。赋需要铺张，不这样写就很难展开。（赋里除了按事物类别来写之外，还有按照东南西北等方向来写的，也有按照事物的形状、颜色、性质、轻重、大小来写的）《上林赋》全篇排比开来，在每类事物的前边有一个"于是"，全篇排比十个"于是"，每一个"于是"下边差不多都集中了一个内容，尤其值得注意的是作者在排比罗列中间又运用了串连的写法，这样就使得作者准备包容进去的东西，都可以包容无遗了。

第三是运用夸张和想象，《上林赋》中夸张和想象的运用是惊人的，例如他写上林苑中崇楼巨阁的高耸入云，就用这样的词句来夸张：

> 俯杳眇而无见，仰攀橑而扪天，奔星更于闺闼，宛虹拖于楯轩。

形容上林苑的广大，不但灞、浐、泾、渭、酆、镐、潦、潏八条大河，在苑内曲折分流，而且登高一望，竟"视之无端，察之无涯；日出东沼，入乎西陂"，连太阳都是在苑中东池里面升出来，而落于苑中西山陂下。这种夸张，可以说已经到了极点。而赋中华丽的辞藻、丰富的词汇，以及各色各样的产物，无数种的珍禽异兽、奇树异果，乃至崇楼高阁、车马服饰、音乐舞蹈等等的描写，都使读者感到五光十色、目不暇给。

第四是运用排偶的句式。《上林赋》绝大部分运用了四个字一句的排句，而且有许多是对称的。这种排偶句式的运用，一方面在许多地方固然可以增加声调音韵之美，但《上林赋》中有许多地方为了排偶而排偶，确实是有一些形式主义的毛病。

总起来，《上林赋》的这些写法，也可以说就是汉赋的最基本的格局。

司马相如为汉赋奠定了基础并开创了规模。《史记·司马相如列传》中说："相如以子虚，虚言也，为楚称；乌有先生者，乌有此事也，为齐难；无是公者，无是人也，明天子之义。故空藉此三人为辞，以推天子诸侯之苑囿，其卒章归之于节俭，因以风谏。"这里司马迁还只指出了赋的一般组织形式。这种形式，始自贾谊的《鵩鸟赋》，经过枚乘的

《七发》，到司马相如便加以扩大而成为赋的一般形式。另一方面，赋在具体的描写上，对地形往往分东西南北来描写，对其他种种往往用分类的方式加以罗列描写。这种写法，司马相如在他的赋里边把它统一起来，而形成了汉赋的一种独特的格式。此后赋家，莫不以此为楷模。例如班固的《两都赋》，张衡的《西京赋》、《东京赋》，扬雄的《解嘲》，左太冲的《三都赋》等都是这样。为什么会产生这种格式同时又能为后来许多辞赋家遵循呢？这是赋本身所要求的。因为赋要求铺叙直陈，网罗一切而加以描写，如果不采取这种方法，便不能容纳庞大众多的内容，而这种格式的流弊所致，便使赋成为一种呆板、堆砌的词汇总编，不能充分表达作者自己的丰富的感情。自然，这并不是说汉赋因此便没有它的文学价值；它的文学价值，我们在分析具体的作品时是应该看具体的作品而定的。

对司马相如的评价，历来是很不一致的。刘勰《文心雕龙》说："宋玉景差，夸饰始盛，相如凭风，诡滥愈甚，故上林之馆，奔星与宛虹入轩；从禽之盛，飞廉与鹪鹩俱获。"这是说他太夸张了。《西京杂记》说："司马长卿赋，时人皆称典而丽，虽诗人之作不能加也。扬子云曰：'长卿赋不似从人间来，其神化所至耶？子云学相如而弗逮，故雅服焉。'"这里记载扬雄是十分倾倒于司马相如的。鲁迅先生对于司马相如的评价是高的，他在《汉文学史纲要》里说，司马相如的作品"不师故辙，自据妙才，广博宏丽，卓绝汉代"。我们读他的作品，也觉得他没有阴沉抑郁的气氛，音节和谐，词汇丰富，而且想象力极高。在他的作品里，一方面反映了当时社会经济的高涨和统治阶级的荒淫奢侈；另方面也在一定程度上间接地反映了人民的要求和愿望。自然词汇过分地堆砌呆板，作者本身的思想感情不能充分表现，是一个很大的缺点。

汉赋全盛时期的有名的赋家，除了司马相如，还有东方朔和枚皋。

东方朔，字曼倩，平原厌次（今山东省陵县）人，武帝时为郎。武帝对于"词臣"，本来是和"俳优"同等看待的。东方朔也便以滑稽诙谐，取悦人主。因为古书上有许多关于他的滑稽故事，因此后人总觉得他是一个无品行的文人。其实，看他谏上林、骂董偃的几件事，他却是一个有胆量有气概的刚毅之士。他的作品有《答客难》、《非有先生论》和《七谏》。前二篇虽未以赋名，却是实在的赋体，诙谐滑稽，颇能代表他的个性，尚有一读的价值。《七谏》无论在内容或形式各方面，都学习屈原，但用典抄袭太多，毫无特色。

枚皋是枚乘的儿子，字少儒，武帝时为郎，同司马相如、东方朔为当时赋家的三杰。他写作很敏捷，因此作品特多，《艺文志》载他的赋有一百二十篇，可见他产量之多了。可是到现在这些作品都已不传了。扬雄曾说："军旅之际，戎马之间，飞书驰檄，则用枚皋。廊庙之下，朝廷之中，高文典册，则用相如。"这一面说明他们作文的快慢，同时也是说明了他们作品的风格是不同的。

（三）汉赋的模拟期

司马相如以后，汉赋的形式格调，都成了定型。后辈的作者，无法跳出他们的范围，因此模拟的风气大盛。这风气从西汉末年到东汉中叶（约一百三四十年），等到张衡几篇短赋出来，才稍稍有点改变。这一时期中，如扬雄、冯衍、杜笃、班固、崔骃、李尤、傅毅等人，都是有名的赋家，扬雄和班固可以作为他们的代表。

扬雄（公元前53—公元18）字子云，四川成都人。同司马相如一样，患着口吃的毛病。他是一个学问渊博，经学、小学、辞章兼长的人。成帝时因为文章有名而被召。奏《甘泉》、《河东》、《长杨》、《羽猎》四赋，历事成帝、哀帝、平帝和王莽四朝，后来郁郁不得志。他一生著作极富，然而都出于模拟。他在《答桓谭论赋书》中说："能读千赋，则能为之。谚云：习伏众神，巧者不过习者之门。"这就是他主张的模仿的理论。我们现在看他的作品，几乎全部是拟古之作。《甘泉》、《河东》、《长杨》、《羽猎》四赋是模仿相如的《子虚》、《上林》，《广骚》、《畔牢愁》是模仿屈原的《离骚》、《九章》。他的模仿并不限于辞赋，就是其他一些文章，很多也是如此。如仿《易经》做《太玄经》，仿《论语》做《法言》。他除了在赋史上有地位，就是在儒家学说中也是有地位的，后来韩愈等人就都说他是孔、孟道统中承前启后的人物。

扬雄虽专事模拟，究竟因为他有学问，还能独成一种风格。后辈在才学方面远不如他，仍是一味从事模仿，那文学发展的情况，自然是每况愈下了，其结果必然要走到如张衡所说的"或窃成文，虚冒名字"那种下流的地步了。

赋到了这种完全模仿的时代，自然是更没有生气、没有意义，只是照着一定的型体，堆砌辞句，铺陈形式。外表虽非常华丽，但内容却是空洞无物，就是说到讽谏，那也只是骗人的美名，实在没有半点效果。扬雄到了晚年，在体验中开始有一些宝贵的觉悟，知道这一种古典的"宫廷文学"，"实在无益于人心世道，只是一种雕虫小技而已"。于是他便逐渐放弃辞赋，不再写这一类作品，而专门写他的哲学著作了。他曾在《自叙传》中坦白地说："雄以为赋者，将以风也……往时武帝好神仙，相如上《大人赋》欲以讽，帝反缥缥有凌云之志。繇是言之，赋劝而不止明矣。有颇似俳优淳于髡、优孟之徒，非法度所存，贤人君子，诗赋之正也。于是辍不复为。"这一段话表明了他不再作赋的原因，也是对汉赋的批评。他这种大胆的言论，照理应该在当时的文坛发生点影响，然而毕竟成了泡影。对于扬雄，他提倡模拟造成仿古风气这一点上，我们自然不能满意；但是他对于赋的可贵批评，我们不能不承认他是汉赋作家中最有见解的一人。

班固（32—92），他在赋史上也有着重要地位。西汉的司马相如、扬雄，东汉的班固、张衡，后人称他们为汉赋中四杰。班固字孟坚，扶风安陵人。他是班彪的长子，他的弟弟是以武功著名的班超，妹妹是世人称为曹大家的班昭，也是史赋兼能的女作家。他们一家都是有名的人物。班固最有名的作品是《两都赋》。它的内容主要是叙述东西两都的富丽，分地势、出产、郊畿、宫阙、园囿、畋猎嬉游、颂德多方面的描写，不仅体现出东汉帝国物产的富饶，而且体现出东汉帝国气魄的伟大、京都的繁华，它的组织形式完全模仿《子虚》、《上林》，没有一点新气象。再如他的《幽通》，是模仿屈原的《离骚》；《答宾戏》是模仿东方朔的《答客难》。在这种彻底模仿的空气下，虽然有些作品也在一定程度上反映了当时的社会，但是要产生富有生命的非常生动的作品是不可能的。

(四) 汉赋的转变期

东汉中叶以后，宦官外戚争夺政权，国家内政一天天变得衰败，加上帝王贵族的奢侈挥霍，横征暴敛，广大人民的生活，渐渐变得穷困。所谓"国王骄奢，不遵典宪；又多豪右，共为不轨"。(《张衡传》)这正是当时的实际情形。在这种情形之下，文学作家的思想意识，自然不能不有所影响，原来堆砌辞藻、言之无物的赋，也逐渐的发生变化了。随着这种时代的转变而在赋的创作上有成就的，是张衡和赵壹。

张衡(78—139)，字平子，南阳西鄂人，他是汉代一个反对迷信提倡科学的重要思想家。他在中国文学史上占有极重要的地位，他的《同声歌》和《四愁诗》是五言诗创始期中重要的文献，汉赋的转变，也由他开始，他写的几篇短赋的出现，表现了汉赋活泼的新的生机。不用说，张衡时代，汉赋的模拟风气并没有停止，他自己的《两京赋》也就是模仿的作品，他这个作品，尚铺张、重堆垛、字锤句炼，竟花了十年的功夫。但他个人的代表作，并不是那构思十年的《两京赋》，而是那些不为大家所注意的《归田赋》与《髑髅赋》。他在这些短赋里，一扫汉赋从前那种堆砌辞藻模仿别人的恶习，他用平易浅显的字句，潇洒自如地描写自己的胸怀、田园的生活和人生的理想，使人读了感到亲切有味。这些作品，比起《子虚》、《上林》、《甘泉》、《羽猎》等赋来，完全是有个性、有生命、有诗味的作品了。张衡的这些文字，实在是魏晋田园文学的先声。由长篇巨制的形式，变为短短的篇章，由描写京殿游猎而只以帝王贵族为玩赏的对象的作品，变为抒发个人的胸怀的作品，这是张衡在赋的创作上的转变，也就是张衡对赋的贡献。

与张衡同时的赋家，如崔瑗、马融、崔琦，稍后如王逸、王延寿、蔡邕等人，虽然仍旧沉溺在拟古的范围而不能有所作为，但赋的作风却已经转变了。由于汉帝国的政治一天一天在衰败，老百姓的生活一天一天地更加贫困，宦官外戚争权夺利，战祸变乱越来越多，在这种情况下，歌功颂德的赋，自然是不会像往日那么得势的。那一个时代政治腐败的影子，后来也渐渐在赋中出现了。我们只要读了赵壹的《刺世疾邪赋》，就会体验到赋这一种文体，并不仅只是一种只能用来歌颂美德、向统治者献媚的专用的文体，只要作家善于处理，它也还是可以作为暴露丑恶攻击统治阶级的武器的。

赵壹，字元叔，东汉灵帝时人，生于汉阳西县，具体的生卒年月不详。《后汉书》本传说他："恃才倨傲，为乡党所摈……后屡抵罪，几至死，友人救得免。"可见他是个个性坚强，颇有反抗性格，为统治阶级势力所不容的人。东汉的统治者，为了巩固地主政权，曾有意识地以"乡举里选"的方式扩大参政者的范围，以便获得地主阶级更广泛的支持。汉灵帝时，由于大地主世袭，把持政权，土地兼并，阶级剥削所引起的阶级矛盾更加尖锐，宦官外戚争权夺利，"乡举里选"完全操纵在土霸豪绅手里，皇帝公开卖官鬻爵，太学生日益"过剩"，所以一般的知识分子，尤其是贫苦的知识分子，已经无法取得政治地位。这种遭遇，使得他们与统治阶级的矛盾更尖锐起来。赵壹所处的时代，就是这样的时代。

光和元年（178 年），赵壹曾因州郡的荐举到过京师，与司徒袁逢见面，许多同时被荐的人都"拜伏庭中，莫敢仰视，壹独长揖而已"，他去拜访河南尹羊陟时，羊陟还高卧未起，赵壹便在门口放声大哭，弄得"门下皆惊，奔入满侧"，由于他的不羁的言论和举动，曾博得"名动京师，士大夫想望其风采"，后来回乡以后，"州郡争致礼命，十辟公府"，但赵壹"并不就"，以一个郡吏终身。

他的作品，《后汉书》本传载有《穷鸟赋》和《刺世疾邪赋》两篇。《穷鸟赋》是他因为反对统治阶级得罪致死得到他的朋友解救后写的，赋中充满着自己的不幸遭遇和对营救他的人们的感激。《刺世疾邪赋》是他这两篇赋中更为重要、更带有代表性的一个作品，我们不妨把它作为一个重点研究。

伊五帝之不同礼，三王亦又不同乐；数极自然变化，非是故相反驳。德政不能救世溷乱，赏罚岂足惩时清浊。春秋时祸败之始，战国愈复增其荼毒；秦汉无以相逾越，乃更加其怨酷。宁计生民之命，唯利己而自足。

于兹迄今，情伪万方；佞谄日炽，刚克消亡，舐痔结驷，正色徒行；妪媮名势，抚拍豪强；偃蹇反俗，立致咎殃；捷慑逐物，日富月昌；浑然同惑，孰温孰凉，邪夫显进，直士幽藏。

原斯瘼之攸兴，实执政之匪贤；女谒掩其视听兮，近习秉其威权；所好则钻皮出其毛羽，所恶则洗垢求其瘢痕；虽欲竭诚而尽忠，路绝崄而靡缘；九重既不可启，又群吠之狺狺；鸱枭危亡于旦夕，肆嗜欲于目前；奚异涉海之失柁，坐积薪而待燃。

　　荣纳由于闪榆，孰知辨其蚩妍；故法禁屈桡于势族，恩泽不逮于单门；宁饥寒于尧舜之荒岁兮，不饱暖于当今之丰年；乘理虽死而非亡，违义虽生而匪存。

　　有秦客者，乃为诗曰："河清不可俟，人命不可延；顺风激靡草，富贵者称贤；文籍虽满腹，不如一囊钱；伊优北堂上，抗脏倚门边。"鲁生闻此辞，系而作歌曰："势家多所宜，咳唾自成珠；被褐怀金玉，兰蕙化为刍；贤者虽独悟，所困在群愚；且各守尔分，勿复空驰驱，哀哉复哀哉，此是命矣夫！"

这个作品，可以把它分作五个段落来分析：

　　第一段，由作品开头到"宁计生民之命，唯利己而自足"。作者一开始即指出五帝之不同礼，三王之不同乐，是由于"数极自然变化"，即社会发展到一定时期（即所谓"数极"）而产生的一种必然的改革，不是人们主观地在"故相反驳"，有意要标新立异，搞得与人家不同。这里作者虽然还没有能解释社会发展变化的根本原因（我们也不能这样来要求），但是已经能指出这种变化是由客观条件来决定的这一真理了。"德政不能救世溷乱，赏罚岂足惩时清浊"，作者紧接着便彻底否定了儒家、法家的政治原则，而这种观点，是与他的历史观相表里的。作者历数了自春秋一直到秦汉的历史事实，来证实他的这个论点，而特别指出秦汉的政治愈加暴虐，人民就更加贫困，把早已推翻的暴秦与当时正在统治着全国的汉王朝相提并论，这不能不说是大胆的诅咒了。作者从历史的事实中，得到了一个真理，一切封建统治阶级，都是"宁计生民之命，唯利己而自足"！作者以十分犀利的笔尖，刺进了封建社会的脓疮。

　　第二段，由"于兹迄今，情伪万方"到"邪夫显进，直士幽藏"。这一节，作者进一步指出在上述那种"唯利己而自足"的政治制度下，造成一种"情伪万方，佞谄日炽"，而正义"消亡"、人心败坏、道德沦丧的社会风气。于是"舐痔"的谄媚者则高车驷马，正直的人只得踽踽独行，如果要反对这种世俗丑态，那末"立致咎殃"；如果你丧了良心与他们同流合污地去追逐私利，就能够立即豪富；如果你既不能昧良也不能反俗，那末在这样的社会里，显然是"邪夫"便"显进"，"直士"只好"幽藏"！

作者用对比的方法，揭露了在黑暗的封建社会的统治下，怎样形成刚直的士人和谄谀的邪夫这两种不同的行径和遭遇，表示了他对佞人邪夫的憎恨鄙视以及他对高尚士人的同情和惋惜！

第三段，从"原斯瘼之攸兴"到"坐积薪而待燃"。这一段，着重指出邪夫所以得势、直士所以失意的原因是由于"执政之匪贤"，是由于"女谒掩其视听兮，近习秉其威权"。即由于外戚宦官的执政和残暴专横。"所好则钻皮出其毛羽，所恶则洗垢求其瘢痕"，作者极端愤慨地指出这些专政者对被统治者的专横，爱之欲其生，恶之令其死，只要专政者威权所及，便可任意摆布别人的命运。这两句话，十分有力地概括了专制主义的残暴本质。作者接着就尖锐地指出了社会危机的一触即发。在这"九重既不可启，又群吠之猖猖"的情况下，汉王朝的封建政权，无异于"涉海之失柂，坐积薪而待燃"！作者从根本上论断皇戚贵族的必然走向灭亡。

第四段，由"荣纳由于闪榆"到"违义虽生而匪存"。这一段，着重指出豪绅权贵们横断乡曲、包办"乡举"的黑暗现实。"荣纳由于闪榆，孰知辨其蚩妍"，只要你能谄媚权贵，便不论好坏，就能得到"荣纳"，皇帝的"恩泽"，从不能到"单门"寒户。作者对于这种现实，表现了自己坚强的态度，"宁饥寒于尧舜之荒岁兮，不饱暖于当今之丰年；乘理虽死而非亡，违义虽生而匪存"，宁愿在正义伸张的社会里饥寒，不愿在邪恶横行的现实中饱暖；为着真理而死，虽死犹生，违背着真理而偷生，虽生犹死！作者的道理多么充分有力，感情多么强烈，多么富于战斗性！

第五段，从"有秦客者乃为诗曰"到"此是命矣夫"。这是全文的总结。是由两首五言诗，通过秦、鲁两人互相问答的方式组织起来的。前一首诗指出封建社会不可能清平，正义不能伸张，只要有钱，便是"贤者"，至于真正的贤者，虽然文籍满腹，却一钱不值，只能倚门乞食而已！作者在这里，对封建社会的黑暗腐败，表示了强烈的愤恨和慨叹。后一首诗对"势家"专横、贤者不得用反为群愚所困的社会现实，表示愤懑和悲哀，但又找不到任何办法来解决。这两首诗是全文的总结，作者在愤怒地揭露了封建社会的种种罪恶、黑暗以后，指出社会不能清平、贤人不能任用的悲哀，有众人皆醉、唯我独醒的忧国思想。

在形式上，这一段显出东汉末年赋这种文学形式的巨大转变，即新起的五言诗，已经开始被作为赋的有机的部分来运用。

通过上面的分析，我们可以看出，这篇作品是比较有层次地而且是比较深刻、尖锐地反映和批判当时社会现实的。它对汉末的社会矛盾和政治腐败情况，作了比较生动概括而且确切的描写，这个作品所以能够如此，这是因为这个作品的作者他切身体验到了这些生活，作品所写的，就是作者自己的悲惨遭遇，它并不是以旁观的态度来写的。本篇中之所以有一股不可遏止的愤慨情绪，也正是因为这个原因。

下边我们谈谈这个作品的进步意义和它的表现手法。

作品首先提出来并加以咒骂和否定的是东汉末年以前整个封建社会的上层建筑，指出了这个上层建筑是维护统治阶级的利益，并且是造成整个社会的腐败和堕落的，接着作品又进一步揭露当时政治的黑暗腐败，用典型的事例，表现东汉末年权贵们怎样把持朝政构成对人民严厉的封建统治，从而把外戚宦官的贪婪残暴、邪夫的卑鄙下流反映出来，把"乡举里选"的虚伪面目和它的流毒揭露出来。作品反映了历史的真实，并向不合理的社会制度施行鞭挞，是有着一定程度的批判精神的。尤其重要的是作品不但蔑视和否定黑暗的封建统治，并且预断这种制度，不可避免地要走向死亡，作者这种愤恨的感情，是与人民的感情相一致的。自然，作品中落后的因素也还是有的，例如作品的结束，透露了某种程度的消极思想，但这是时代所限，是不可避免的。

这个作品在表现手法上是有它自己的特点的。最值得我们注意的是作者在这个作品里能根据内容的需要，创造性地运用各种文体中的句式，来增强作品的表现力量。如第一段用六字七字相对的汉赋体语句，表达了对历史事实慨叹的感情和语调；第二段全用音节短促的四字句使感情渐渐愤怒激烈；第三、四段又转用楚辞式的长句，一方面揭露社会现实，一方面又表达自己忧愤和坚贞的感情，这时的感情便更加深化。第五段又继承汉赋运用问答的旧方式，注入五言诗的新成分，表现出赋的变化。

由于作品的内容是讽刺和揭露，而不是歌功颂德，所以作者的语言是犀利的、精炼的、饱含着愤怒的情绪的。作品的风格刚健清新，充满着战斗的气息，也与一般的汉赋迥然不同，而汉赋这时也正处于趋向蜕化的时期了。

第三节　汉赋的评价及其文学影响

如上所述，像汉赋那样的作品，一般是出于知识分子的"士"之手，其中有不少作品是为统治阶级服务的宫廷的作品，这些作品长时期的为一般复古的封建文人所仿效，以至于形成僵尸，自然这些作品是没有什么大价值的。但是，两汉的许多赋家如贾谊、司马相如、扬雄、班固、张衡、赵壹等，他们并不是仅仅局限于描写帝王的淫乐生活的，他们常常按照自己的观点，也间接地描写了人民生活的侧影，人民的审美观点，以及人民对于统治阶级的辛辣的讽刺。我们在他们的作品中间，间接地看到了当时人民物质文化的高涨、人民生活的繁荣，而且即便是在汉代有一些最初写作的动机还是阿谀主子的作品里，其中有一些作品它们也不仅体现出了汉代帝国物产的富饶，而且体现出了汉代帝国气魄的伟大。我们认为，所有这些作品，都是必须予以肯定的。如果我们简单地认为汉赋只是歌功颂德、粉饰太平的作品，那是不确切的。我们应该采取实事求是的态度，具体作品，具体分析，分别对待。特别值得我们注意的是：对于汉赋中所体现的人民的社会理想，人民的审美观点，还需要我们进一步去发掘，这是一个艰巨而细致的工作。

汉代三四百年中间，赋曾在文坛上占了主要地位，自然，它对于后代的文学是有着一定的影响的。

两汉以后，代表每个时代的文学作品已经不是赋了。魏晋南北朝是古诗、骈文和新体诗，唐宋是诗词，这是大家熟知的事。然而作赋的风气并没有全衰。只是赋这种文体随着各个时代的不同的潮流也发生了变化。两汉以后，比较显著的是赋的发展主要分成了两种不同类型：一种是只汇集典故，如左思的《三都赋》、木华的《海赋》、郭璞的《江赋》，就都是如此，有些类似后世的汇书；另一种是抒写个人感情的，如王粲的《登楼赋》、曹植的《洛神赋》、向秀的《怀旧赋》、陶渊明的《闲情赋》、欧阳修的《秋声赋》、苏轼的前后《赤壁赋》，就都是如此，他们大都是承继了汉代的抒情小赋的衣钵的。

汉代的赋，从辞藻、对仗方面说，影响了魏晋南北朝时的骈文，甚至影响了魏晋南北朝的五言诗。从文体、内容说，影响了后世的诏诰、奏疏、告示及八股文、试贴诗。

铺张堆垛是汉赋影响最大的，而且有许多是不好的。比如魏晋时的有些五言诗，在形式上就是压缩的赋，在内容上也同样缺少真情实感。

后代的长篇小说，如一百二十回本的《水浒传》，里边也往往有大段大段似赋非赋的排比的描写，这也大概是由于书会先生受了赋体的影响的缘故。南北朝的四六骈文的兴起，刘勰用四六文写《文心雕龙》，唐陆贽用四六文写奏疏，不能不说都是汉赋的影响。不过，在谈这个问题的同时，我们也应该看到，赋在语汇上比较丰富，它对后来的文学也是有很大的影响的。赋的语汇和体裁，甚至到唐代李白的许多歌行里，我们还是可以看到它们之间的关联的。

今天有些研究古典文学的人认为汉赋坏的比好的多，影响也是坏的比好的大，这些简单化的结论，可能都是不很恰当的，我们应该好好地进行具体的研究。

第四节　简短的结论

赋是汉帝国政权渐渐巩固经济比较繁荣后的产物。这种文体，它是由楚辞和散文发展而来的。在汉代的文学史上，它曾经占据过主要的地位。

赋在汉代的三四百年中间是有着它自己的变化和发展的。形成时期的代表作家贾谊和枚乘，他们的作品，无论在内容或形式上，都还存在着楚辞的影响的痕迹；全盛时期司马相如、东方朔等人的作品，才完全离弃了楚辞的作风，使汉赋这一种文体完全定型；汉赋的形式格调完全定型之后，在后来的作家中就产生了一种模拟的风气，形成了汉赋的模拟时期，这时的作家，可以扬雄、班固为代表；汉赋的这种模拟的风气，直到东汉中叶以后张衡和赵壹的出现才逐渐开始转变，这种转变和当时的时代的变化是相适应的，这种转变，使得赋从那种堆砌辞藻、模仿别人的积习中摆脱出来，使得赋也能用来批判现实、描写作家自己的胸怀、描写田园的生活和人生的理想。

汉赋对后来文学的影响是很大的。后来的赋如左思、王粲、曹植、陶渊明、欧阳修、苏轼等人的赋作，固然是汉赋的进一步发展；就是像后来魏晋南北朝的骈文、五言诗，以及后来的诏诰、奏疏、八股文、试帖诗等，它们的形式和内容，也都是直接或间接地受到汉赋的影响的；汉赋中的丰富的语汇，也是为历代的作家们不断地吸取的。

第二章　伟大的史家、散文家司马迁
及其《史记》

汉代文学，除了赋以外，散文也有很大的发展。标志着这一时代散文的最高峰，同时也是标志着中国古典文学史上散文的最高峰的，是伟大的历史家和散文家司马迁写的《史记》。

我们说司马迁是一个伟大的历史家，这是因为他把古代的史料作了一次大整理的总结工作；他的《史记》是中国第一部比较有组织有系统的历史书，它是过去所谓"正史"的典范，他开创了后来写《通史》的先例。司马迁，他有着十分丰富的历史知识，能够鉴别材料，能够从大处深处判断历史真相，又能结合实地观察，因此给他的历史著作更增加了科学性。尤其难得的，是他远在两千年前，就已经有了用经济观点去解释历史的卓越见解，是古代世界历史家中所少有的。

就文学方面说，司马迁是春秋战国散文优秀传统的继承者和发扬者。他不仅广泛地吸收了春秋战国散文中那种多种多样的思想所形成的多种多样的风格，进一步熔铸成自己散文的独特的风格；并且还更丰富地掌握了材料，创造性地使用许多崭新的结构形式和表现方式，深刻地发掘了人物的个性，生动地使用了语言，为中国的传记文学开辟了道路。在中国过去所有的历史书中，文学价值之高，是没有超过司马迁的《史记》的。

第一节　《史记》成书的社会因素

汉代文学的社会环境，我们在上章已略有叙述。《史记》的成书和当时的时代也是有着密切的关系的。历史清楚地指明：秦汉以来统一帝国的形势，结束了政治上的分裂局面，也结束了学术上思想上的百家争鸣。在这样的情形之下，总结旧的历史文化并给新的现实以历史的解释，就成为秦汉以来新的历史时代的现实要求。《史记》就是在这种新的历史现实的要求下的产物。

汉武帝时代，勤劳智慧的劳动人民，由于在秦末农民起义之后获得西汉初期六七十年的社会安定，因此恢复和发展了农业、手工业的生产，活跃并发展了商业，因而增长了社会物质财富，壮大了封建统治阶级，以致统治者能对北方劲敌匈奴长期进行战争，并且不断地向外扩张。随着帝国局面的不断开展和巩固，统治者日益严重的压迫和剥削，加深了阶级矛盾，因而对内加强统治也成为迫切的问题了。以雄心勃勃、精力充沛的汉武帝刘彻为代表的汉王朝统治者，为了巩固帝国的统治，一方面极端信任"酷吏"，以加强刑法统治；一方面严厉地罢黜百家，以儒家思想为统治思想，发展了封建的文化教育，搜求天下遗书，立五经博士，从而培养了大批的统治人才，并通过上书、对策、荐举等各种形式，从各方面搜求人才，封建王朝的各色人物也就先后出现了："儒雅则公孙弘、董仲舒、倪宽，笃行则石建、石庆，质直则汲黯、卜式，推贤则韩安国、郑当时，定令则赵禹、张汤，文章则司马迁、相如，滑稽则东方朔、枚皋，应对则严助、朱买臣，历数则唐都、洛下闳，协律则李延年，运筹则桑弘羊，奉使则张骞、苏武，将率则卫青、霍去病，受遗则霍光、金日磾，其余不可胜纪。"(《汉书·公孙弘卜式倪宽传赞》)这就是班固所谓"汉之得人，于兹为盛"之说。秦汉以来统一帝国的经济、政治、文化，到了汉武帝时代，有了进一步的巩固和发展。司马迁生长在封建的经济、政治和文化全面发展的时代，以"近乎卜祝"的卑微史官的地位，出现于当时所有的人才中间。他就是在这样的历史要求和社会基础上，以自己渊博的知识和惊人的天才来完成他的伟大的"究天人之际，通古今之变，成一家之言"的《太史公书》的。

自然，《史记》的产生，除了上面所说的客观的社会因素之外，是有着它自己的艰苦的写作的过程的，我们有必要再在下面谈谈《史记》作者司马迁的生平、思想和他写作《史记》的经过，因为《史记》的写作，和作者司马迁的生活是有着密不可分的关系的。

第二节　司马迁的生平、思想及其写作《史记》的经过

司马迁生于公元前135年(汉武帝建元六年)，约死于公元前90年(汉武帝征和三年)，一共活了约四十六岁。汉武帝登上皇位六年，司马迁出生，约司马迁死后两年，汉武帝的统治结束，他的一生可说是和汉武帝的统治同始终的。

司马迁，字子长，左冯翊夏阳(今陕西韩城县)人。他的世祖历代都为史官。他的父亲司马谈接续了远祖的史官家世，在王朝上作了太史令的官，任职约有三十年之久。司马谈死时(公元前110年)，司马迁已二十六岁，他就从这时开始继承了他父亲的未完的事业。

司马迁曾经有过快乐的童年。十岁以前，他住在老家韩城乡下，和种地人家的孩子们一样，在他的故乡放牛放羊，但这样的时期很快就过去了。十岁时，他父亲为了要培养一个能够继承他的事业的儿子，就把

他送到京师——长安去读书。他听过著名的"春秋"家董仲舒讲《公羊春秋》，他听过著名的"尚书"家孔安国讲古文《尚书》。这些经师们的学说对司马迁著作《史记》的理想和实践都是有影响的。司马迁这一段跟他们的学习，不但学会了读古书的本领，得到了丰富的历史知识，而且受到了儒家的教育，所以他后来能写出像《孔子世家》那样有感情的关于孔子的传记。在他十二岁的时候（公元前124年），卫青率兵征伐匈奴获胜；十四岁时（公元前122年）张骞奉命通西域；这些现实材料，都成了他后来写《卫将军骠骑列传》和《大宛列传》的根据。十六岁时，汉武帝设立乐府，这时著名的赋家司马相如还活着，曾被请去作歌词，后来司马迁曾写了《司马相如列传》，来纪念这位老诗人。司马迁由于他父亲的关系，他得以认识当时的一些有名人物，比如他写得十分生动的《李将军列传》中的主人公——李广，也是他所亲自接触过的。

　　司马迁度过了十年的京师生活，从书本上获得的知识是丰富的，和上层人物的接触也是频繁的。二十岁时，他又开始了大规模的游览，周历全国名山大川。他先到淮阴，访问了淮阴侯韩信的故乡，看了看韩信母亲的墓，他从淮阴父老的口中得到许多宝贵生动的关于淮阴侯的故事。这给他后来写《淮阴侯列传》准备了材料（见《淮阴侯列传》）；又到了会稽（今浙江绍兴东南），调查了越王勾践的故事，并访问了夏禹的遗迹；到姑苏，眺望范蠡泛舟的五湖，参观了春申君黄歇的故城及宏伟的宫室；转到了长沙的汨罗一带，看见了屈原沉江的地方；北上到了鲁国的都城曲阜，这是古代的文化中心，儒家孔子的故乡，他参观了孔子墓和孔子的庙堂，使他对孔子发生了无限的崇敬（《孔子世家》）；折回来，到了徐州，他在这地方曾遭到过饥乏，但却看到了楚、汉相争的战场，又听了一些汉初的故事传说；此后，是归途，在大梁（今河南开封）看了信陵君的史迹，最后回到长安。他就在这样的游历中，把他十多年来从书本里产生的疑问，解决了不少。这一壮游，使他写《孔子世家》、《伯夷列传》、《屈贾列传》、《信陵君列传》以及汉初诸人的传记等等都增加了生动的材料。

司马迁的漫游究竟费了多少时间，现在我们还知道得很不全面，现在一般的推测，大概有三四年的光景。壮游归来以后，大约在公元前112年司马迁二十四岁的时候，他作了近侍的官——郎中，① 郎中是一个侍卫官，没有一定的职务，有事时奉命出师，或者扈驾巡行。司马迁就在他二十四岁作郎中这一年，曾随汉武帝到过西北的扶风、平凉、崆峒；在崆峒，他搜集了关于黄帝的传说。后一年，他二十五岁，奉命到四川和云南，代表汉王朝去视察和安抚西南少数民族地区。这一次出使，补足了司马迁全国规模的旅程，给后来写《西南夷列传》蓄积了资料。

在他二十六岁奉使回来的时候，正是元封元年（公元前110年），汉武帝举行大规模封禅。② 司马迁刚到洛阳，不幸他父亲正在洛阳病危。

---

① 就郎官的系统说，有议郎、中郎、侍郎、郎中四等，皆无一定的名额，可以多至千人。郎中在郎官系统中是最低一级的小郎官。郎官的一般职务主要是掌管门户或出入车骑的。郎官的来头很多，各色各样的人都有。高官担保或富人以家资为郎的特别多。郎官亲近皇帝，一旦外调，往往得为"长吏"。所以郎官是富贵子弟追求做官的目标。司马迁的官虽小，但以一个史官的儿子能够这样，实在已不算容易的了。司马迁究竟因为什么原因做到郎中，我们现在却一点也不知道。司马迁为郎中后，当然和宫廷内其他各色官吏一样，是要侍从皇帝的，武帝走到哪里，他就要跟到哪里，这是他的经常职务之一。

② 封禅是祭祀天地的一种特别隆重的典礼，先要到泰山的顶上去祭天，然后在泰山底下祭地。一个帝王举行了这样的典礼，才表明他是真正的受命天子，完全有资格作为天的唯一代表者，实行其对人间的统治。这种想法，起于战国时代，后来秦始皇在即位的第三年（公元前219年）就曾经上泰山去举行封禅。那次秦始皇从泰山南面上山，走到半山，忽遇暴风雨，随从们都还认为始皇不配举行这种典礼，后来始皇还是上山举行了封禅典礼。至于这种典礼如何举行的，他不许人知道。汉朝初年，汉高祖刘邦因为江山尚未坐得牢，还想不到做这种不切实际的事。文帝、景帝两代，都只求安静无事，自然也就不想做这种事。到了武帝，统一帝国的形势的出现，封建统治不但巩固而且强大发展了，于是就不断地有人劝武帝封禅，司马相如就是一个著名的代表。所以元封元年（公元前110年），汉武帝就东上泰山，真正举行封禅去了。像封禅这样隆重的典礼，自然司马迁也得赶去参加。

司马迁接受了父亲的遗言：要当第二个孔子，要写出第二部《春秋》。司马迁因为职务的关系，便急忙赶到泰山，参加封禅。也就因此，他有了写那滑稽剧似的《封禅书》的真实材料。

二十七岁时他参加了濮阳（在今河南）的塞河工作，这是他写《河渠书》的实地根据。二十八岁时，因为父丧三年之期已满，他便继承父亲的职务—太史令。从此以后，他便执行他父亲的遗嘱，专门从事写作。他在皇家图书馆里，饱览了国家所保存的一切图书、档案，以及各种史料。他整整搜集了五年的资料，才写定了他的著作纲领。到太初元年（公元前 104 年）司马迁三十二岁，便正式开始写他的不朽的名著《史记》了。

司马迁所以在太初元年动笔写《史记》的缘故，是因为这一年有太初历（即现在的农历）的订立，司马迁认为这仿佛是一个新纪元的开始，因而把他的著作——《史记》——郑重地在这一年正式动笔。太初历的订立，司马迁也是参加了的，而且也是重要的一员，他这一方面对于中国人民的贡献，并不次于《史记》。他在《史记》中所写的《天官书》和《历书》，也正表明了他对历数的研究。

然而平静的著述生活，不过五年，他遭到了意外的灾难，天汉二年（公元前 99 年）汉武帝派了他的爱妃李夫人的哥哥李广利为大将征匈奴。这时名将李广的孙子李陵却冒险逞能地带着五千步兵在另一路和十六倍的敌人相遇。由于投降敌人的管敢把实际的劣势告诉了匈奴，李陵终于战败了，他最后便投降了匈奴。这时所有的人都批评李陵。司马迁却出来给他说话，认为李陵是要等待机会报效汉朝（欲得其当而报于汉），因而汉武帝大怒，认为他是给李陵当说客，而且更疑心他是暗中讥讽李广利的作战不利的，因此便把他下狱了。这时他三十七岁。李陵叛国降敌，是民族的罪人。司马迁为李陵辩护，自然是不对的。

司马迁下狱以后，由于没有钱去贿赂，没有朋友去疏通，他只好忍受着酷吏的摧残。这时的廷尉（管京城保卫工作的官）是杜周，在残暴镇压下，京师的囚犯多到六七万人。他也是有名的赃官，最初只有一匹马，还是残废的，自从做了官，家产突然增到好多亿。司马迁这时是很悲愤的，他的《酷吏列传》就是写这一批酷吏的嘴脸的。

但是更不幸的是司马迁下狱后第二年，传说李陵在为敌人练兵，于是司马迁便遭了腐刑。事后证明那为敌人练兵的是李绪，但是已经晚了。司马迁受了这样的大辱，很想自杀，但一想到他的著作尚未完成，他想起屈原，也增加他的力量。所以仍倔强而坚忍地活着，他在《报任安书》里愤愤地说："所以隐忍苟活，幽于粪土之中而不辞者，恨私心有所不尽，鄙陋没世，而文采不表于后世也。"他受刑之后，还是委屈地进行著作，希望以"文采"传诸后世。他受腐刑这件事在他是一生的最大刺激，因而使他对社会的观察更深刻了，对统治阶级面目的了解更透彻了，愤怒的火焰更因此贯串他的全书了，这对于他的书所以能成为一部永远有生命力的反抗作品和抒情作品，恐怕也是一个重要的原因。

司马迁受刑的这年是天汉三年（公元前98年），年三十八。他不但肉体变成了残废，精神也受到了最大的摧残。他往往"居则若有所忘，出则不知所之"，简直有些神经错乱的现象。但为了完成他的不朽的著作，他镇静下来。太始元年（公元前96年）出狱，他已四十岁了。他这时还当了中书令，这事在别人看来也许是"尊宠任职"，但他自己却认为是在最大的侮辱与损害中。所以在他四十三岁，他的朋友任安要他推贤进士的时候，他已经没有刚当太史令时的劝人积极仕官的念头，他认为只有著作是自己的事业，这就是《报任安书》的内容。

征和三年（公元前90年）有李广利又去出征匈奴的事，李广利却终于是战败而降。这是《史记》中最晚的出自司马迁手笔的事。可能司马迁就死在这一年，他可能只活了四十六岁。

总括他的一生，二十六岁以前是少年时代，可说是写作《史记》的准备阶段；自此到三十八岁是他的中年，是基本上完成《史记》的阶段；三十八岁到死，是《史记》加工的阶段。

他的《史记》是完成了的，因为"凡百三十篇，五十二万六千五百字"，连字数也在他的"自序"里计算出来了，必已写全无疑。而且"藏之名山，副在京师"，可见原稿也有多份。他这书的完成大概费了十五年到二十年的功夫。

司马迁留下的作品，除了《史记》和前面所提到的《报任安书》之外，还有《与挚峻书》与不全的《素王妙论》和《悲士不遇赋》。司马迁的著作，无论质，无论量，都是向来有定评的了。

以下我们再谈谈关于司马迁的思想。

司马迁是中国古代朴素唯物主义的伟大思想家之一。司马迁的父亲司马谈是道家，司马迁受他的影响很深，因此在他的思想里也有浓厚的道家成分。道家思想中是有朴素的唯物论成分的。

首先，司马迁对自然是抱着一种朴素的唯物观点的。他懂得天文星历，也参加过武帝时代修订历法的工作。他的世界观是和他的科学知识联结在一起的。在他的时代，阴阳五行一类怪诞的世界观极其嚣张，成了汉代统治阶级御用的理论。坚持唯物的司马迁对这些迷信的思想展开了斗争。他说："星气之书，多杂祆祥，不经。"他著《天官书》就是为了反对这些东西的。

司马迁是反对天人感应的世界观的。他在《伯夷列传》中就曾对那种阴阳灾变的迷信的天道观发出了深刻的讽刺。他在这个作品里，首先讲到古代的好人有的饿死、有的夭亡，为什么"天之报施善人"会是这样？古代的坏人横行杀人却得长寿，这又是什么道理？接着他说到汉代，坏人毫无忌惮地干坏事，却一辈子享受富贵，并把富贵传给子孙；好人谨拘言行，什么不满意的事也不敢轻易做，却多数遭了祸殃。最后他说："余甚惑焉，倘所谓天道，是邪非邪？"从这一段文字中，我们看出司马迁是怎样批判当时居于统治地位的迷信的神学观点了。司马迁就是这样，他介绍他父亲的遗训说："形（物质）神（精神）离则死，死者不可复生，离者不可复反。"这集中地表现了他的朴素的唯物观点。

其次，我们再看司马迁的社会历史观点。我们知道，古代唯物主义者对自然界的观点是唯物主义的，而一进入复杂的社会领域则大都往往陷入唯心主义的观点。司马迁的历史观点，由于他所处的时代的局限，自然也不能不露出属于唯心主义的成分，例如循环论（如说三代若循环）和强调地理条件的说法（如在《货殖列传》中所论的风俗观点）；然而他的社会思想是有鲜明的唯物主义的世界观因素的。他在《货殖列传》中，关于人类物质生活资料的生产史，有如下的名论：

> 待农而食之，虞而出之，工而成之，商而通之，此宁有政教发征期会哉？人各任其能，竭其力，以得所欲。故物贱之征贵，贵之征贱，各劝其业，乐其事，若水之趋下，日夜无休时，不召而自来，不求而民出之。岂非道之所符，而自然之验耶？

很明显，这是把物质生产的历史当作不以人的意志为转移的自然史去看待的，它和自然现象一样，也有规律（道）可寻。这就不是如一般唯心主义者所说的决定于人的意志或政治教育之类。应该指出，这是一种朴素的唯物历史观点。两千多年前对人类社会史的分析方面有这样伟大的思想，的确是杰出而罕见的。因此，他也重视普通人民在历史中的地位，把一个平常从事生产的白圭，居然和古代的大政治家和军事家平列起来。他引述白圭的话说："吾（白圭）治生产，犹伊尹、吕尚之谋，孙、吴用兵，商鞅行法是也。"

司马迁发现由于财富不均而产生的人对人的阶级奴役是一种必然的

现象，和自然的规律一样。他说："凡编户之民，富相什，则卑下之；佰，则畏惮之；千则役，万则仆；物之理也。"他反对经商剥削和巧取豪夺而得来的财富，说："本富（指劳动而富）为上，末富（指商贾而富）次之，奸富（指榨取而富）最下！"这种观点是和那种认为贵贱贫富是"天命"的封建主义正统观点截然对立的。

司马迁大胆地宣告法律是一种统治人民的工具。司马迁对于张汤为汉武帝制定各种法度的具体叙述，可以说是一种暴露。张汤是为武帝立法的能手，他定了不少封建制度的专制法令，只要武帝喜欢，张汤都会附会经义来迎合，因此，当时"天下事皆决于（张）汤"；然而司马迁大胆地说出，正因为这样的法律，张汤在世时，百姓已经不能安生，要"骚动"了，张汤死后，"而民不思"；从这里，我们可以了解司马迁已经看到封建制度的法律的虚伪，即一方面是披着神圣外衣的制度，而另一方面是无耻的非法横夺。他还借汲黯的话形容汉武帝说，"陛下内多欲，而外施仁义"，这是一语道破了统治者所谓"仁义道德"的实质！

在政治上，司马迁也是有他的革命的见解。这表现在他对陈涉的估价之高，虽然只有六个月的革命政权，但司马迁把他列为"世家"，认为起码相当于几百年的一个诸侯。从后人如刘知几、司马贞都主张把陈涉降为列传看，便更衬托出司马迁的政治态度了。在《陈涉世家》里，他不但写了陈涉等人发动革命的经过，而且写了他们的周围，分析了他们成功和失败的原因，并写出和他们同时起义的全国规模的形势，以及他们的巨大影响。基于他这种革命的意识，他在历史书中第一次写到了平民生活（例如《游侠列传》），并写到被侮辱与被损害的人物的伟大（例如《滑稽列传》）。相反，他对那些帝王将相、贪官污吏，则加以讽刺和谴责。他明显地为老百姓说话的，在《蒙恬列传》里可以看到，他要求蒙恬"振百姓之急"，"修众庶之和"，而对蒙恬的"轻百姓力"，深恶痛恨，他明显地反对统治者残酷镇压的，从《酷吏列传》中可以见到,他说:"法令者治之具,而非制治清浊之源。"也借老子的话说:"法令滋章,盗贼多有。"并从事实上也指出酷吏越厉害,人民的反抗却越大。他根本上反对严刑峻法。他注意政治人才,他曾大呼:"贤人乎,贤人乎!"(《楚元王世家》)归根结蒂,他的理想是"无为",也就是不要苛扰,才能做到"与务稼穑,衣食滋殖"(《吕后本纪》)。总之,他在政治见解上,有和他的世界观一致的道家思想体系在。就客观上看,他的政治主张是替当时受残酷压迫的老百姓说了话的,是反对当时的暴政的。因此是有着很大的进步意义的。

司马迁的思想,还有一点很值得我们注意的,是他在当时已经能够运用经济观点来解释历史事件。比如在《货殖列传》里,他把贤人、盗贼、妓女等各种各样形形色色的人物的行为动机,都解释作:"其实皆为财用耳。"在《平准书》里说:"钱益多而轻,物益少而贵。"就发现了通货膨胀,物价昂贵的原因。他在这里指出了汉初的物质艰难,是战争破坏生产力之后的必然现象;指出了汉武帝末年经济凋敝,"盗贼"四起,是长期对外侵略战争的结果。认为因侵略而经济凋敝,因经济凋敝而人民生活不安,因人民生活不安而酷吏任用。在这方面他已经超越唯心史观,而接近科学的唯物史观了。

虽然司马迁在他的思想中是有矛盾的,但是他那种矛盾思想中的进步一面的思想,在当时说来那是十分可贵的思想。

第三节　《史记》体裁的创造性

《史记》,这本来是一般的历史的通称,并不是一国的历史的专门名称。如:"孔子读史记,喟然而叹。"(《盐铁论》)这便不是指司马迁的《史记》,而只是指一般的历史——周史。又如:"仲尼与左丘明观其史记。"（《汉书·艺文志》）这是指的鲁史。再如："秦既得意，烧天下诗书，诸侯史记尤甚。"（《史记·六国年表序》）这里是泛指六国的历史，由此可见，《史记》原来是泛指一般的历史，就和我们现在所说的"历史"相同。

司马迁的《史记》，原来不叫《史记》，而叫《太史公书一百三十篇》，或称《太史公书》，或称《太史公记》，或称《太史记》（《汉书·艺文志》）。到晋朝以后，一般都简称为《史记》。所以《隋书·经籍志》中就将司马迁的一百三十篇称为《史记一百三十卷》。从此，《史记》的名称相延至今。

《史记》，这是一部史无前例的通史。它所包括的内容，上起传说时代的"五帝"，下迄汉武帝，首尾包括三千年发展的历史。全书包括："十二本纪"、"十表"、"八书"、"三十世家"、"七十列传"，凡百三十篇，五十二万六千五百字。这些就是后人如郑樵所说的"五体"。作为古典文学作品看的《史记》，是和《史记》之为历史著作的特点分不开的。《史记》开创了"纪传体"的历史学，同时也就开创了传记文学。

"本纪"、"表"、"书"、"世家"、"列传"，这五种体裁，是司马迁在广泛地研究了材料的基础上，根据不同的内容所创造出来。这几种体裁，在司马迁以前的著作中尚未十分明确地见到，自司马迁开创了这几种体裁以后，后来有许多历史家、作家便沿用这些体裁，因此，他对于后来的创作，尤其是历史著作的影响是很大的。

本纪——近似于政治史。是叙述自黄帝以来直到汉武帝为止的历朝、历代作为一个最高的统治者的政绩的。所谓"纪"，就是编年纪事的意思。这个标目，系司马迁采《禹本纪》之名而立（见大宛传赞），用来专门记载帝王的历史的。

世家——近似于国别史和人物传记。"世家"这个名词在《孟子》中即有，"仲子，齐之世家也"。这里，"世家"的意思是指世禄之家，即指有封禄而世代相传的那些人而言的。司马迁的"世家"之义，大体与此相同，是记述秦以前地方割据的世袭的大小诸侯和贵族的历史的。

列传——近似于人物传记和思想史。它是专门记官僚、士大夫和一般平民百姓的事的。以"传"的名称来记一人或数人的史实，这是从司马迁开始的，这是司马迁的一种创造。

"本纪"记帝皇；"世家"记诸侯和贵族；"列传"记官僚、士大夫和一般平民百姓。这三种，虽然作品中所写人物的政治地位不同，但是以人物作为记事的主体则是相同的。"本纪"、"世家"、"列传"这是《史记》全书的中心，也是思想性和艺术性最强的部分。

《史记》除"本纪"、"世家"、"列传"外，还有"书"和"表"。

书——近似于社会制度史。它的内容，是总述社会经济政治乃至于其他意识形态的，它也可以说是人物列传的总序。《史记》里"书"有八篇。"书"这个名称是在《史记》以前就已经有的，如《尚书》有夏虞书、商书、周书等名目，但是，像《史记》里的"书"这样的体例却是司马迁的创造。八书以叙事为主，是个别事件的始末文献，是全书叙事的单一集中的补充。它所叙述的内容包括一切典章制度。如礼仪（《礼书》）、音乐（《乐书》）、军事（《律书》）、历法（《历书》）、星象（《天官书》）、宗教（《封禅书》）、水利（《河渠书》）、经济（《平准书》）等。这些都集中在"书"中，以专篇记载。

表——近似于年表。是历代的大事记。以简单的记事为主。它是依朝代的顺序并把它们分为几个阶段排列起来的。表的格式和现代的图表相似。表的作用有三：一是揭示大事的纲要；二是统括异国的时事（将六国的大事并列一起，对比对照）；三是补充纪传的不足。所以表的作用是：纪传并纪年。这是我们历史体例上最好的典范，以后的历史著作都用表（如《廿四史》）。

"书"和"表"是《史记》的一个组成部分。从一种历史著作来说，这"八书"和"十表"都是重要的成分，因为它们独立地叙述某些自然现象、文化现象和政治经济现象的始终变化，它们表明了历史的发展观点，是具有一定的科学性的。但在《史记》的体系中，它们却处于次要的地位。书、表在《史记》全书中所占的篇幅是很少的，在《史记》一百三十篇中，本纪、世家、列传共占了一百一十二篇，书、表合计只有十八篇。

从《史记》作品的形式来看，在公元前二世纪的世界著作中无疑地还没有这样比较完整的史学著作，司马迁在这上面的确是一个伟大的创造。

《史记》的内容是非常的丰富而多彩的，它不但叙述了上下几千年间的政治经济等制度的沿革，而且把学术思想、风俗习惯的发展变化，也都包括了进去。而尤其特别精彩的，是对历史人物的传述。

我们不可能把《史记》中各种体裁的作品，全部都拿来一读，下面我们选《项羽本纪》中的"鸿门宴"和《魏公子列传》中的"信陵君救赵"两篇来讲一讲。

先讲从《项羽本纪》中节选的"鸿门宴"。

秦始皇吞并六国，结束了战国混乱分裂的局面，但他的残暴的刑罚和严重的徭役，逼使农民掀起了中国历史上一次规模巨大的起义。秦朝因农民起义而终于土崩瓦解。

这一次农民革命的领袖人物中，陈胜、吴广没有多久就失败了；项羽出身于楚国的旧贵族，随他叔父项梁起兵于吴（今江苏吴县），北上反秦，势力强大；刘邦本来是个农村无赖，曾做过泗上亭长，[①] 因为领导沛地（今江苏沛县）人民起义，便被推为沛公，不久就接受了项梁的

---

① 亭长，秦汉时亭长专门管追捕盗贼的事。《汉书·百官公卿表》载："十里一亭，十亭一卿，亭有亭长。"根据《北堂书抄》说："亭长旧名亭员，后改为长。"泗上，即泗水，亭名，在今江苏省沛县东。

领导。

陈胜死后，项梁听从谋士范增的劝告，扶起了流亡在民间牧羊的楚怀王的孙子名叫心的做楚王，仍号楚怀王。在当时许多的起义军中项梁这一支是力量最为强大的。

后来，项梁和秦将章邯作战，死在定陶（今山东定陶县）。章邯以为楚已败，就渡河北击赵，围困赵国的君臣于巨鹿，（今河北平乡县）这时，项羽与刘邦同受命于楚怀王，楚怀王怀疑项羽，因此一面派项羽、范增等率兵救赵；一面派刘邦西入函谷关，攻打秦国，并且与诸将约定："先入关者王之。"（先入关的人做关中王）项羽率军北向击秦，在巨鹿和秦军大战九次，完全消灭了秦军的主力，取得了决定性的胜利，各国救赵军队拥他为"诸侯上将军"。他击降章邯，又率兵西上。

当项羽在淮河以北作战的时候，刘邦在黄河以南乘虚入关，攻下咸阳，接受了秦王子婴的投降（公元前207年10月），还军霸上（今陕西西安市东），并和秦父老约法三章（杀人者死，伤人及盗抵罪），废除严刑暴政，欲为关中王。刘邦很便宜地得到了胜利的果实，便派兵守关，防诸侯兵侵入。项羽听到这个消息，大为震怒，于是决定入关问罪。他率领四十万大军进了潼关（在今陕西潼关县），至于戏水之西（在今陕西临潼东），准备进击刘邦，当时刘邦军霸上，两军相距四十里。在这种极端紧张的情况下，刘邦自知没有抵抗项羽的力量，便与张良、樊哙及随从百余骑，驰至项羽军中，与项羽会见。项羽和刘邦宴会于鸿门。这便是中国古代史上楚汉之争一段中有名的鸿门宴。这篇文字写出了一个剑拔弩张，寓干戈于宴会的斗争场面。鸿门，在今陕西临潼县，现在叫项王营。

读过《项羽本纪》中"鸿门宴"这一段作品，我们都感到司马迁把项羽和刘邦这两个历史人物的举止、语言，甚至心理，都逼真地勾画出来了。项羽和刘邦两人同是具有政治野心的人物，但这两个人的性格是截然不同的，从鲜明的对比上，他们二人政治斗争的前途我们是可以看得出来的。

刘邦是一个机诈权变，手腕灵活，熟悉人情世故，善于笼络人心的人物。

刘邦攻破咸阳，"欲王关中"，并且"距关，毋内诸侯"，本意是想独吞农民起义的胜利果实，但当项羽率领四十万大军来到鸿门，想要"击破"他的时候，他知道众寡不敌，强弱异势，大祸已经临头，便立刻改变了态度，承认"固不如也"，并且向张良请教说，"为之奈何"。从这里可以看出他的既贪功利而又怯懦，但也写出了他的重视实际和深沉精细。他极力探询张良与项伯的关系。他知道张良对项伯有活命之恩，交谊很深，而项伯是项羽的季父，在项羽面前有讲话的资格，于是马上决定在政治上抓住项伯，要通过项伯的人事关系来向项羽进行联络和疏通。于是对张良说："君为我呼入，吾得兄事之。"等到项伯入见，便立时奉卮酒为寿，约为婚姻。这是他的拉拢联络的手腕。他对项伯说："吾入关，秋毫不敢有所近，籍吏民、封府库，而待将军。所以遣将守关者，备他盗之出入与非常也。日夜望将军至，岂敢反乎？愿伯具言臣之不敢倍德也。"他抓住了彼此矛盾的要点，着重说明自己没有野心，"日夜望将军至，岂敢反乎？"至于"遣将守关"不是为了别的，而是"备他盗之出入与非常"，同时又"籍吏民、封府库，而待将军"，说明他正是为项羽效劳的人。这一番编造出来的假话，充分地表现了他那一副势利小人的无赖相；而这一番话是最能打动项羽的心，消释项羽的疑虑的。后来他一见项羽，又立即谢罪，卑躬屈节，甜言蜜语，先叙述旧事，讲过去二人怎样"戮力攻秦"，怎样合作，引起共患难的友情；然后说到"然不自意能先入关破秦，得复见将军于此"，说明自己无意争先入关，入关是出于意外，这次得与项羽会面，足慰渴想，更表示亲密；最后提到"今者有小人之言令将军与臣有隙"，指出有人从中挑拨，离间感情。完全从彼此的关系上，从感情上说话，既动听，又得体，从这里可以看出他的欺诈虚伪言行背谬，但也可以看出他善于辞令的舌辩才能。刘邦的这一番话，这对项羽是有说服力与诱惑力的。项伯的事前疏通和刘邦谢罪的话，搔着了项羽胸中的痒处，打开了他心头的结，这是使他回心转意、翻然改计的一个主要契机。所以在宴会上尽管范增举所佩玉玦再三示意，而项羽默然不应。这表示着项羽和范增对沛公的看法已有了根本的歧异。范增对刘邦不肯放手，授意项庄藉舞剑杀刘邦，刘邦这时虽然得到项伯的"以身翼蔽"和樊哙的卫护，但感到威胁依然存在，形势未脱险境。他考虑过后，就一面"起如厕"，一面"招樊哙出"，共同商量对策。像这些地方，都表现出刘邦的机警善于应变的本领。从刘邦来谢，带了白璧玉斗，要献给项羽和范增，从樊哙一见张良就问"今日之事何如"，都可以看出刘邦的来是有相当准备的。

刘邦善于用人、善于吸取众人智慧，在"鸿门宴"中也表现得很鲜明，樊哙听到张良说项庄舞剑的情形，立时说："此迫矣！臣请入，与之同命。"一股忠于刘邦愿为舍生效死的精神，跃然纸上。这便是刘邦平日善待部属得到部属忠诚拥戴的最好说明。他碰上问题，问张良说："为之奈何？""固不如也，且为之奈何？"对樊哙说："今者出，未辞也，为之奈何？"这些话是不是表示他无主见，遇事犹豫不决呢？不是的，这正是他善于用人能吸取众人智慧的一种表现。这显出他的领袖才能，和项羽的有一才智出众的范增而不能用，恰成鲜明的对照。刘邦获知曹无伤暗通消息，却不动声色，当机立断，等回到霸上就"立诛杀曹无伤"，拔除了自己内部倾外通敌的人，这样处事是严密的、彻底的。这跟项羽知道项伯私通刘邦而无所谓，又是一个鲜明的对照。

总之，通过作者对于这个人物的描写，我们认识到了他那市井流氓出身的本色，但也不能不承认他那机诈权变，善于耍手腕的才干。作者不否认他的才能，但也暴露了他的丑态，给了极大的讽刺。

项羽是一个主观自大，缺少机智，个人英雄主义非常突出的人物，在鸿门宴斗争中遭到了失败。他性情豪爽、直率，但暴躁卞急，目光短浅，不善用人。

项羽和刘邦二人的主要矛盾是"谁王关中"的问题，也就是争夺天下霸权谁胜谁败的问题。项羽大怒，要兴兵攻刘，正是因为项羽根据曹无伤的情报，知道沛公有争霸天下的意图。他率领四十万大军来到鸿门，"自矜功伐"，不容许刘邦和他并立，"王关中"，所以要击破沛公军。但后来由于刘邦一面托项伯在事前疏通，说明他没有王关中的野心，一面又亲自到军中谢罪，低声下气，表明心迹，使项羽相信刘邦不但不是他政治上的敌人，相反地，是"籍吏民、封府库，而待将军"的有功之人，那又何必杀他呢？这样，刘邦对项羽这种表面恭顺靠拢的政策完全成功。项羽高傲，被胜利冲昏了头脑，他迷信自己的武力，轻视这个亭长出身的刘邦。就兵力方面说，刘邦远非项羽对手。如果项羽意识到刘邦是他政治上的劲敌，将来会夺取他的天下，那么，项羽是绝对不会轻易放过的。即使刘邦从鸿门宴逃了回去，还军霸上，项羽仍然能够派遣大军"击破沛公军"的。刘邦回到汉中巴蜀，用张良的计策，烧了栈道，明白表示没有问鼎中原的意思，这就使项羽更放心。然后他整军经武，逐渐壮大自己的力量。

项羽出自贵族，世为楚将，他刚愎自用，个人英雄主义色彩十分浓厚。这样一个人是不能容许有人跟他争霸权的。可是只要对他低声下气，俯首贴耳，他就非常放心，没有疑虑。而正好刘邦是一个机智权变，能够隐忍的人物。项羽不能理解刘邦的为人，而刘邦却能掌握项羽的性格。刘邦善于吸收别人的意见，对项羽又能卑躬屈膝，使项羽觉得他是一个恭顺懦弱、志气卑下、没有政治野心的人，和自己没有冲突、没有矛盾，因而放松戒备。

项羽豪爽、直率，听了刘邦那几句花言巧语恭顺自己的话，就脱口说出："此沛公左司马曹无伤言之。不然，籍何以至此？"从这里可以看出他的粗疏轻信，活现出一个"直肠汉子"的口吻和性格。在宴会上，范增"举所佩玉玦以示之者三"，项羽这时一则为刘邦的话所愚弄，觉得他对自己表示恭顺，没有再杀他的必要；再则凭恃自己战无不胜攻无不取的威望，觉得区区刘邦也算不得敌手，何必席间杀人，从这里可以看出他的主观自大和意气用事。项庄舞剑，意在沛公，项伯亦拔剑起舞，事机紧急，然而作为宴会的主人公的项羽，却采取了置身局外的旁观态度，不作任何主张，表现了他的优柔寡断。

樊哙闯入军门，"瞋目视项王，头发上指，目眦尽裂"，对项羽侃侃而谈，一种刚强、勇猛、暴躁的莽汉形象写得须眉毕肖。樊哙这样对项羽倨傲不恭，他却非但"未有以应"，相反的，却对他的雄伟英武表示敬爱，称之为"壮士"，并且"赐之卮酒"，"赐之彘肩"，这说明了他是如何的缺乏机智，樊哙的举止那样鲁莽无礼而不触怒项羽，这是有原因的。一方面项羽性格豪迈暴躁，樊哙行动勇猛莽撞，二人性格有若干共同之处。项羽自己是一员勇将，看见樊哙，自有一番欢喜；而另一方面樊哙的言辞又是前面刘邦那两段自白的进一步说明，他重复陈述刘邦"待大王来"，刘邦是"劳苦而功高"的。这对项羽的消除疑虑是起了巩固作用的。同时措词的精神，依然是尊重项羽的霸权，申明刘邦没有异志，项羽不应"听细说"，而"诛有功之人"。这对项羽还是一种规谏的口吻，而不是敌对的言词。项羽不加怪罪，反而赐"坐"，正是这个道理。固然樊哙的一番堂堂正正的言词使项羽理屈词穷，"未有以应"，但项羽不是因为这点才无可奈何地改变计划。实际上项羽听了项伯的话以后就翻然改计了。

刘邦逃席，张良入谢，项羽始终犹豫不决，既不放心刘邦的逃去，又不能作决定性的处理，这说明了他是如何优柔寡断。刘邦已逃，他还受璧置之座上，一点也没有放虎归山留下后患的感觉，所以使范增感到

"竖子不足与谋"，必将招来最后的失败。范增是项羽的得力助手，智虑周密，平时对项羽十分忠诚；但由于项羽的刚愎自用，因此范增的有许多很好的主张也不能被采纳。这跟刘邦的善于吸取众人的智慧，在性格上也是有显著区别的。

总之，从项羽这个人物的描绘，我们看到了一个亢直粗率，具有无比威武的英雄人物，但也看到了他那主观自大，优柔寡断，丧失警惕性的缺点。作者写这个人物，歌颂了他的英雄气概。但对他的缺点和丧失人心也有无限的惋惜。

出现于本篇中的刘邦和项羽两个集团的其他人物也各有其性格的特征。张良、范增，一个谨慎细心，有胆有识，一个深谋远虑，阴狠毒辣。樊哙，忠于刘邦，见危授命。项伯，眼光短浅，受敌人笼络。从刘邦、项羽和这些人物性格的对比上，可以看出他为什么在鸿门宴这一场斗争上，一成一败。

本篇表现了刘邦项羽两个集团中间的复杂的矛盾和斗争的必然结果。

刘邦、项羽之间的根本矛盾是双方都想独吞农民起义的胜利果实，也就是都想争天下；而表现在"鸿门宴"这一历史事件上的，首先就是战与和的问题。刘、项兵力悬殊，战则项必胜，刘必败；和则刘可以待时而动。张良看得清楚，所以建议刘邦求和，而刘邦也完全采纳了张良的献策。项羽看不清楚，所以听信了项伯的进言，不能如范增所说的"急击勿失"。因之刘邦掌握了主动，项羽处于被动，这和与战的矛盾，就以项羽的失败而暂时得到解决。其次，在项羽集团内部产生了杀刘邦与不杀刘邦的问题。刘邦来谢项羽，项羽如果杀了刘邦则消灭了劲敌，天下可得；不杀则放虎归山，后患无穷。这一矛盾先表现在范增和项羽身上，范增主张杀，项羽"默然不应"；矛盾向前发展，又表现在项庄和项伯身上，项庄舞剑，项伯亦拔剑起舞；矛盾再向前发展，又表现在两个集团之间的樊哙与项羽身上，樊哙斥责项羽"欲诛有功之人"，项羽"未有以应"。在项羽犹豫不决的时候，刘邦逃席，张良入谢，这杀与不杀的矛盾又以项羽的失败而告解决。从"鸿门宴"这一场斗争中，我们看到了刘邦、项羽之间的复杂矛盾和他们斗争的必然结果，同时也认识到了刘邦、项羽二人的性格和两个集团内部的统一与矛盾，在这一斗争中起着决定性的作用。

从以上的分析，可以概括出本文的中心思想：通过"鸿门宴"这一历史事件的描述，展示了刘邦、项羽的不同性格和他们之间的复杂矛盾与斗争的必然结果。鸿门宴前楚汉强弱悬殊，但由于双方领袖人物的性格、作风不同，在政治上的措施也不一样，因而它们间的发展趋向和势力消长便起了变化。这段故事恰能显示这两个历史人物的政治前途。

本篇在写作技巧方面比较突出的有两点，很值得我们注意。

第一是它的结构的完整性。

"鸿门宴"虽然是从《项羽本纪》中节选出来的一段，但由于作者对历史材料有围绕主题来选择、组织、安排的高度技巧，所以节选的这一片段就成为一篇独立的作品，并有完整谨严的结构。

本篇作者主要是分三个场面来写的：一是刘邦和项羽会宴前的形势和双方的部署；二是刘邦和项羽会宴时的情况；三是鸿门宴后沛公出走还军霸上的经过。

作品一开头，叙述项羽得到曹无伤密报沛公"欲王关中"的消息，决定出兵进攻沛公军。作者写道："当是时，项羽兵四十万，在新丰鸿门；沛公兵十万，在霸上。"只一句话就把双方的矛盾所在和项强刘弱的形势扼要地介绍出来了。很明确，也有力量。项羽准备用战争来解决矛盾。这是故事的开端，既总括了双方情势，也为下文情节的发展打下了基础。

接下去又详细地写项伯夜告张良，和沛公接见项伯会谈的情况，这是内幕情况的详细交代。没有这一段，会宴的叙述就很难着手，而且也不易使人明了。在这一段里，作者以项伯的活动为线索，写出了刘邦对于项羽准备战争的反应与求和的对策。这是情节的发展，把战与和的矛盾导向解决，以进入宴会的场面，引起故事的高潮。

第二段写出了在宴会场面上逐渐趋于紧张的情节，直到樊哙闯帐这一高潮，并围绕高潮写出樊哙的大段讲演，作为回旋，以导向杀与不杀这一矛盾的解决。这是表现人物性格和矛盾斗争的最突出的最精彩的一段，也是全篇故事的主体。这里充分展示了宴会中明争暗斗、剑拔弩张的紧张局面，非常细致、生动。

接下去写刘邦脱逃，用一个不正常的变化来解决宴会上相持不下的僵局，引导故事逐渐趋向于结束。

最后一段写张良入谢的情况，写这次鸿门宴终了后三个人物不同的反应——项羽接受了礼物，"置之坐上"，毫无惊异与不满之感，范增听到刘邦出走，却"受玉斗，置之地，拔剑撞而破之"，气破了肚皮，并且大发牢骚，说："吾属今为之虏矣！"而刘邦呢，回到军中，"立诛杀曹无伤"，清除了内患。这是鸿门宴的结果。写三个人物的不同反应，正深刻地表现了他们的不同的性格和思想感情。

第二是从人物的语言来表现人物的性格。司马迁是最长于运用语言刻画人物的。本篇在运用人物自己的语言表现他们的性格这一点上，尤为突出。出场于鸿门宴的人物虽然比较多，然而各有各的口吻，也各有各的性格。从项羽的"为击破沛公军"，"此沛公左司马曹无伤言之"，"壮士！赐之卮酒"，可以看到他的骄狂自大、粗疏坦率的英雄气概。从刘邦的"为之奈何"，"愿伯具言臣之不敢倍德也"，"度我至军中，公乃入"，可见他当时处境的危险和窘迫。"若属皆且为所虏"，"唉！竖子不足与谋"，表现了范增这个老谋士的远见和愤慨。"料大王士卒足以当项王乎"，"脱身独去，已至军矣"，表现了张良机智沉着的谋士风度。

樊哙的"此迫矣！臣请入与之同命"，"死且不避，卮酒安足辞"使人对这个忠勇的猛士如见其人，如闻其声。刘邦对张良先则称"君"后则称"公"，使人如见刘邦卑词谀奉以讨好张良求得脱险的情态。我们通过这些人物自己的语言了解了他们的性格，觉得特别生动活跃、有血有肉。这是传记文学中表现人物的最好的方法。

下面我们再讲从《魏公子列传》中节选的"信陵君救赵"。

司马迁在《魏公子列传》里，通过描写信陵君窃符救赵的故事，刻画了一个礼贤下士，从谏如流的爱国志士的谦虚形象，歌颂了信陵君。司马迁笔下所写的信陵君的形象是鲜明的。

司马迁在《魏公子列传》里写信陵君所"下"的"士"是最平常最普通的人，是看城门的侯赢，杀牲畜的朱亥，是隐身在赌徒中的毛公、隐身在卖浆店里的薛公这样的人，信陵君对这些人，却用各种各样的方式去争取他们，丝毫没有摆出公子的架子，信陵君礼贤下士的谦虚作风主要就表现在这里。比如，信陵君争取侯赢，是采取"厚遗"，自迎夷门，陪同侯赢访问屠者朱亥，置酒大会引侯赢上坐等各种方式；争取朱亥，是"往数请之"；争取毛公、薛公，是"间步往从此两人游"；因此，终于得到了这些"士"与他共同合作致力于自己的事业。

信陵君能从谏如流，这是信陵君"下士"的重要表现。信陵君他能够以诚恳待人，以诚恳对待他的门客，所以他的门客对他也是十分忠诚的。比如他访问侯赢，侯赢故意以傲慢的态度对他，他以诚恳的态度来回答侯赢，所以结果博得了侯赢对他的无限忠诚。对于朱亥，也是如此，所以朱亥后来也能为他效力。信陵君对于门客的进谏是尊重的，侯赢劝信陵君访朱亥，他就"往数请之"；侯赢为信陵君计划窃符，他就"从其计"；客劝告信陵君救赵不应有骄色，他就"自责似若无所容者"；毛公、薛公劝信陵君不应见魏国被侵略而坐视不救，他就"立变色，告车趣驾归救魏"。他能这样听从这些"士"的正确的建议，也就是说，他能集中群众的智慧为自己的智慧，所以他既能救赵存魏，又能却秦救魏。

信陵君窃符救赵，在有些细节的描写上，是在一定程度上表现了信陵君的爱国的思想的。比如侯嬴劝他杀晋鄙的时候，他进行了杀与不杀的剧烈的思想斗争，"泣"就是他思想斗争最尖锐的表现。他意识到杀晋鄙是在削弱国家的战斗力量，但是不杀又不能救赵。他终于以救赵存魏为急务，所以他毅然地作出了杀晋鄙的处理。当信陵君窃符救赵成功的时候，他自己产生了回国还是留赵的思想斗争，也产生了把军队带在自己身边还是使将把他的军队归魏的思想斗争。他终于以国家为重，作出自己留赵、军队归魏的大公无私的处理。当秦国出兵伐魏的时候，他经过毛公、薛公的劝告，毅然归国发动五国军队击败秦军，这便是他爱国的具体行动。

信陵君所争取的"士"，这些人虽然都是平凡的普通人，但是却一个个都是智慧、勇敢、能识大体的人物。所以他们能够给信陵君很大的帮助。司马迁写这些人物，虽然笔墨不多，但各人还是有着自己的性格的。侯嬴和朱亥有义气，不讲究世俗之礼，他们不以像信陵君这样的人物往访而使自己卑下，屈膝奉迎，相反却表示了一种高傲的态度，这是他们两人性格相同的地方，像他们这样的性格，如果不是信陵君礼贤下士，那是无论如何也合不来的。侯嬴和朱亥在性格上有相同的地方，但也还有许多是不相同的：朱亥粗鲁豪爽，不拘细节，而侯嬴则十分机灵，善于考虑问题、出主意。而这两个人物在信陵君救赵的大事中却作了很好的配合，当信陵君无法说服魏王出兵救赵，本人"欲以客往赴秦军"的时候，一般的士无以为计，而侯嬴能做出一套非常周密的救赵计划；当信陵君没有把握夺取晋鄙兵权的时候，一般的士也无以为计，而朱亥能随信陵君之后袖大椎击杀晋鄙；当秦国出兵东击魏，信陵君又不愿回国协助魏王图存的时候，一般的士不知劝告，而毛公、薛公以国家为重的理由劝信陵君立即归国救魏。即是说，信陵君每到紧急关头，侯嬴、朱亥、毛公、薛公都能出力协助信陵君渡过，这是信陵君能礼贤下士的结果。

第四节　《史记》的人民性和艺术性

过去有不少人这样说："二十四史是帝王的家谱。"果真是这样，那么《史记》在内容上也就说不上有什么人民性了。实际这是对文化遗产全盘否定的说法。《史记》以帝王的朝代和世系作全书纲领来叙述史事，这是事实。但对待封建时代的历史采用这种方法是很自然的。事实上我国数千年的历史也借这种方法得到了较好的保存而免于断缺。《史记》是否有人民性的问题，我们不应当只从表面去看，而应当从《史记》所反映的具体内容，应当从作者对统治者和人民的态度上去看。

司马迁在《史记》里，叙述了帝王将相、贵族公子、大小官员以及隐士、刺客、游侠、医生、卜筮、商人、艺人等等各种不同阶层不同类型的人物活动的历史。这种极其广泛的、包括各个社会阶层、各种不同社会地位和职业的人物活动的历史，具体而生动地说明了我国古代历史的丰富内容；同时也说明了司马迁对社会和历史的看法：在司马迁的笔下，社会不只是帝王将相等等统治人物高高在上的单独存在，而是有各种人物同时存在的人群整体；历史也不只是帝王将相等等统治人物的历史，而是包含广大阶层的全民的历史。并且更可注意的是，司马迁在"列传"里也写了汉族以外民族的历史，这又说明历史不只是汉民族的单独存在，而是汉族与兄弟民族共同存在的历史。这是司马迁极为先进而卓越的历史观。

《史记》不仅叙述了各种人物活动的历史，而且更为要紧的是，它也明显地表现了作者对那些人物褒贬、爱憎的态度。从许多事实看来，司马迁突出地歌颂了许多不同类型的反抗强暴统治的英雄人物。《游侠列传》是一篇写下层人物的传记。据文献证明，在战国晚期，游侠这类人物已经大量存在。这是从封建社会的下层被挤出来的一个游民阶层。他们脱离劳动，不事生产，专门从事"犯法"的活动。他们重"义气"，可以为"知己"而死，也可以为人家"打不平"。在封建社会里，人民受压迫受冤屈是无穷无尽的，人们经常希望得到所谓"循吏"和"王法"的解救，然而在现实里所遭遇的却是无法无天的酷吏及其爪牙的强暴统治，所以人民的这种希望又经常是幻灭了的。因此，广大的受压迫、受冤屈的人民，在无处申诉的苦境之中，自然地就寄希望于代表正义的乡曲之侠。《游侠列传》里所写的汉武帝时代著名的游侠郭解，是一个"振人之命，不矜其功"的人物，当王朝捕吏跟踪追捕的时候，他望门投宿，得到广大人民的爱护，正说明了人民的愿望。人民爱护游侠，把他们视为一种反抗强暴统治的英雄人物。可见司马迁为游侠作传，大胆地歌颂游侠，是与广大人民的思想感情有联系的；他实际上歌颂了广大人民的愿望。《刺客列传》所写的主要是战国时代的游侠。司马迁所以赞叹荆轲等刺客之"义"，固然在于这些人"言必信"、"行必果"、"己诺必诚"，能够牺牲自己，解人之困，缓人之急，能为"知己"而死，但更重要的还在于他们能以一个"匹夫"身份，敢于和那些强暴的统治者的代表人物进行誓死的反抗。在《荆轲传》里，他详细地描写了荆轲刺秦王的场面，最后又引鲁句践的话："嗟乎惜哉！其不讲于刺剑之术也！"来表明他对荆轲这一英雄人物慷慨就义、大功未成的深切同情。贵族公子信陵君的谦虚下士或慷慨好义是和郭解、荆轲式的牺牲精神有区别的，但司马迁还是给以极高的评价和荣誉。《魏公子列传》是以极大的热情叙述信陵君故事的一篇名文，不难理解，司马迁所以特别歌颂了信陵君，不仅因为这位公子真能放下贵族的架子，"自

169

迎夷门侯生"和"从博徒卖浆者游",而且更为重要的,是因为信陵君能够这样做,终于得到游士、门客的帮助,救赵存魏,抵抗暴秦,因而振奋诸侯,合力抗秦。郭解、荆轲的自我牺牲精神是一种侠义精神;其实司马迁所极力描写的信陵君救赵存魏、蔺相如完璧归赵、鲁仲连抗秦、田横抗汉、公孙杵臼收藏赵氏孤儿等等有名的故事,可以说都是在不同情况下侠义精神的表现。这种侠义精神——强调救人之急,同情弱者,勇于自我牺牲,反抗强暴势力——正是广大人民在封建压迫下希望的寄托。这些英雄人物的故事,所以具有的极大的感人力量,世世代代为人民传颂不绝,家喻户晓,正是因为它们鼓舞了在长期的封建压迫下无数冤屈无告的人民的斗争情绪。一般说来,司马迁总是热情地叙述和赞颂这些人物的侠义精神,他的褒扬人物的标准不是从封建统治者的道德出发,而是从同情广大的被压迫人民的愿望出发的。另外如对举行起义反抗暴秦的英雄人物,司马迁也是给以更高的估价的。陈涉是秦末农民起义军最初的一个领袖,前面我们已经说到,他从起事到失败,一共不到半年。但司马迁却为他写了《陈涉世家》,他说:"桀纣失其道而汤武作,周失其道而春秋作,秦失其政而陈涉发迹。"把陈涉起义比之为"汤武作"和"春秋作",这显然是以极大的热情歌颂了人民对暴力统治的起义反抗的。同样地,他以极端饱满的情绪写《项羽本纪》,给项羽以最高的地位,固然因为项羽"分裂天下而封王侯,政由羽出,号称霸王",而项羽"非有尺寸,乘势起陇亩之中,三年遂将五诸侯灭秦"——这一勇猛无前、摧毁暴力统治的英雄形象,却是他崇敬项羽的一个更为根本的原因。

司马迁在《史记》里从同情广大被压迫人民出发,歌颂了许多反抗强暴统治的英雄人物,这是一方面;另一方面他对那些强暴的统治者及其御用的大小爪牙,也就必然表示了批判的态度。司马迁对于中国历史上著名的暴君桀、纣的残酷,秦始皇、秦二世的暴虐,作了详尽的描述。特别是对于汉武帝专制主义的暴力统治以及他的荒淫奢侈和迷信愚昧，司马迁都作了勇敢的揭露和讽刺。

司马迁在《平准书》和《封禅书》里，对于汉武帝的残酷剥削人民以供他挥霍靡费的事实，作了忠实的记录，并表示了他的不满情绪。由《平准书》可以看出：汉武帝的开拓事业，论范围、时间、费用之浩大，秦始皇是不能和他同日而语的。各种费用，动辄"数十百巨万"，"以亿计，不可胜数"。在《封禅书》里我们可以看到：武帝为了夸耀个人功德，实行对人民的统治，竟耗费了无数金钱举行封禅和巡游。公元前110年（元封元年），他出巡到泰山封禅，用十八万骑兵组成仪仗队，旌旗招展一千多里，所过赏赐，就用去帛百余万匹，钱以巨万计。不仅如此，武帝为了满足个人的荒淫奢侈的生活享受，又大兴土木，修筑了许多宫室、台观，有名的雄伟豪华"千门万户"的建章宫，就是这时建筑的。残暴的统治者为了维持上述种种开支，就不能不尽量搜括人民。仅因"告缗"，便"得民财物以亿计，奴婢以千万数，田大县数百顷，小县百余顷"。于是广大农民以至于中小地主不断丧失土地，经济破产。"海内之土，力耕不足粮饷；女子纺绩，不足衣服。"因之司马迁一再为人民呼吁，"江淮之间萧然烦费矣"，"巴蜀之民罢焉"，"兵连而不解，天下苦其劳"，"山东被水菑，民多饥乏"，"人或相食，方一二千里"。而属于统治阶级的贵族、官僚、大地主们，却依旧"争于奢侈"，尽情地度着"斗鸡、走狗马、弋猎、博戏"的腐化生活，司马迁在《平准书》里，对这种人间生活的不平，也作了深刻的揭露。（以上引文均见《平准书》）

在《酷吏列传》中，司马迁对于统治阶级的横暴也揭发得很多。司马迁在《酷吏列传》中所写的十个酷吏，统统都是汉代的人物。其中除了绰号"苍鹰"的郅都为汉景帝时人外，其余都是武帝的爪牙。他们一个比一个恶毒狠辣。郅都是"独先严酷"的第一人。周阳由"最为暴酷骄恣，所爱者挠法活之，所憎者曲法诛灭之"。赵禹与张汤巧立法令名目，从此武帝"用法益刻"。义纵作了定襄太守，将狱中罪犯二百余人，和来探视这些罪犯的亲戚朋友二百多人，一齐捕鞠，诬以"为死罪解脱"的罪名，统统杀掉。王温舒残忍好杀，杀人"流血十余里"，还嫌杀得不够。减宣也是个"杀者甚众，称为敢决疑"的刽子手。杜周则很会观察主子的意图，"上所欲挤者，因而陷之；上所欲释者，久系待问，而微见其冤状"。司马迁在为这些人作传时，字里行间，充分地流露了他对这些人物和当时整个统治者的憎恶的感情。比如他在写到杜周的时候，他就曾借杜周和别人的嘴，揭穿了汉武帝的制法原则。有人责问杜周，你不遵循法律，专门以人主的好恶来治狱，执法的人是这样的么？杜周说："三尺（法律）安出哉？前主所是，著为律；后主所是，疏为令。当时为是，何古之法乎？"这又暴露了当时所谓神圣的法律原来不过就是任意杀害人民的工具。从《酷吏列传》这篇传记里，我们可以看见汉武帝专制主义的统治的残酷的一斑；同时也可以看见，司马迁对汉武帝这样的统治，流露着无可奈何的悲愤和厌恶的情绪。《酷吏列传》集中地反映了汉武帝时代的现实政治，这种现实政治是"王法"破产的铁证，是人民所以爱护"游侠"的原因。也是司马迁所以歌颂"游侠"的原因。

　　由上面的叙述中可以看出，司马迁叙述各种人物活动的历史，不是以漠不关心的态度，而是有所褒贬、有所爱憎的。他歌颂郭解、荆轲、信陵君、蔺相如、鲁仲连、田横、陈涉、项羽等不同类型的英雄人物，歌颂循吏，反对酷吏，反对汉武帝及其爪牙们的残酷统治，都是从同情广大的被压迫人民、憎恶一切残暴统治这个基本思想出发的。这个基本思想在《史记》的许多篇内得到深刻而鲜明的反映。这是和司马迁时代的现实政治及其个人丰富的生活实践和被压迫的亲身体验直接联系着的。这是司马迁思想中最突出的、富有人民性的一面，也就是司马迁时代广大被压迫人民的思想在伟大《史记》中的反映。

下面我们再简要地谈谈关于《史记》的艺术性。

作为古典文学作品看的《史记》，是和《史记》之为历史著作的特点分不开的。历史著作和文学作品是两种不同的形式；前者是科学的范畴，后者是艺术的范畴。而《史记》的人物传记，则是它们的巧妙的结合和统一。《史记》里的许多人物以及他们的实践活动，都是实有其人和实有其事的，这是它所以区别于传奇小说而为历史著作的特点所规定的。我们说《史记》是一部历史著作，又说它是一部文学作品，这是因为它区别于一般的历史著作，而富有文学性，它具备了文学的特征。

《史记》对于人物的描写具有一定的典型性。司马迁根据他对人物的理解和认识，选取其可信的、重要的事件，加以剪裁和安排，通过生动的故事情节，深刻地刻画了人物的性格，从而反映了社会的复杂生活及其本质面貌。司马迁笔下的许多人物，不但是互不相同的、实有的人物，而且也具有典型意义。这种典型化的创造，不只是突出地反映了个别实有人物的某些重要方面，而且也是广阔地概括了特定社会的某些重要方面，深入地发掘了社会的矛盾。信陵君是战国晚期贵族"养士"的一个典型，他那种"不耻下交"的谦逊风度，反映了战国晚期各国统治者争取、利用各种人才和互相兼并的尖锐矛盾。郭解是汉武帝时代下层社会的一个以复仇为快的典型，他因"振人之命，不矜其功"而为广大被压迫人民所爱护，反映了汉武帝时代在酷吏和豪强的联合统治之下，广大无辜的被压迫人民所受灾祸的严重，因而也就反映了封建统治者和广大被压迫人民之间的深刻矛盾。这种典型化的塑造人物的方法，就是司马迁的现实主义的写作方法。这也就是司马迁的许多人物传记所以区别于后来有些历史著作的人物传记而富有文学性的一个根本原因。

像《史记》这样一部巨著里边所写到的许多人物都具有典型性，司马迁是怎样具体地写那些人物传记的呢？我们认为这里边有许多地方是很值得我们注意的。

　　人物的选择或识别这是他首先要考虑的问题。司马迁写的是历史，一系列的王朝中央和地方的当权的统治人物他必须写，没有选择的余地。除此之外，各样人物还是很多的。不可能也没有必要为他们个个都作传，他必须有选择地写。所以，从上古到西汉，历时两千几百年，司马迁从这许许多多人物中选出了一百多个人来，为他们作传。而这些人物，正是各色人物中的具有代表性的，也是最富于典型性的。这里边有王侯将相，也有屠夫监门，有圣贤豪杰，也有奸邪佞幸。这些人物就代表了各个阶层的各种人物。随着具体人物的选择，当然要有具体事件的选择，司马迁在《太史公自序》中引孔子的话说："我欲载之空言，不如见之于行事之深切著明也。"司马迁写历史人物传记，是自觉地以具体的历史事件来反映是非善恶的。但一个人物的历史事件不可能也没有必要统统写在传记里，还必须适当地加以选择。怎样选择呢？首先是选择那些可信的事。司马迁写的是历史，不是传奇小说，他必须这样做。除了"考信"之外，他还要进一步选择那些重要的事件。所谓重要事件当然指的是那些具有较大的社会意义的事件。对于一个人物的塑造，这类事件的选择是完全必要的。因为通过某些重要的事件的叙述，才能突出这个人物的重要方面。因而使这个人物的特点显著起来，但是这样说并不是说司马迁写人物传记就完全不写小事件，相反，司马迁在许多篇传记里，还是不断地要写些小事件的，而且由于那些小事件的叙述，人物的基本特点往往更为显著。这种例子是很多的。比如《酷吏列传》写张汤小时候的一个故事：

　　　其父为长安丞，出，汤为儿守舍。还而鼠盗肉，其父怒，笞汤。汤掘窟，得盗鼠及余肉，劾鼠掠治，传爰书，讯鞫论报，并取鼠与肉，具狱磔堂下。其父见之，视其文辞如老狱吏，大惊，遂使书狱。

张汤这个儿时故事虽属游戏性质，但我们对于张汤后来善于揣摩汉武帝意旨，巧立法令名目的基本面貌，却由此早得到了初步的印象。司马迁写人物的小故事，不是随意点缀，而是基于对人物的理解，借以更好地塑造人物的形象。

经过选择的步骤，一个人的历史事件可能还是很多的。而且某些重要的事件往往要关系到其他的人。司马迁处理这样的问题，依然是从对各个有关人物的基本认识出发，安排或剪裁某些事件，使它们服务于各个人物形象的塑造。比如《魏公子列传》主要要写出一个谦虚下士的贵族公子形象，因而他就集中地叙述了这位公子怎样"自迎夷门侯生"和"从博徒卖浆者游"的故事。至于信陵君还有因为不肯容纳亡命的虞卿和魏齐，即为侯嬴所指责，终至引起魏齐"怒而自刭"一事，又有说魏安釐王不杀范痤及不可亲秦伐韩等事，都没有写。显而易见，信陵君的这些事，如果都写于本传，就要破坏这篇传记的意图，模糊这位贵族公子的主要特征。相反，前者写于《范雎列传》，却使范雎终于报仇的故事得以完整。后者写于《魏世家》，也充实了昏庸的安釐王的历史。

具体地描写事件，增强故事性。这是司马迁写历史人物传记更为出色的一个方法。这种故事性的描写很多，以至我们可以无须举例。那些家喻户晓的、在文学艺术上发生长远而深刻的影响的历史事件，固然和它们的历史意义有极大关系，但是，不可否认也一定和它们的故事性有重要关系。因为通过那样的有细节有场面的具体描写，才能使那些历史事件更加鲜明起来，使某些人物形象更加生动起来，因而给人以深刻的、难忘的印象。比较一下鸿门宴的几处详略不同的记事，就可以知道简单的梗概叙述和具体的故事描写，它们的动人力量是不能相比的。司马迁的许多篇人物传记的成功是和他在许多事件上的具体描写分不开的。比如《廉颇蔺相如列传》着重写的是廉颇和蔺相如二人怎样从初不相关到友爱团结、齐心抗秦的故事；其中写蔺相如完璧归赵和秦、赵渑池之会，都是有声有色的场面描写。其他如著名的《刺客列传》、《游侠列传》、《魏公子列传》等也都是故事性很强的作品。

模拟或运用口语，在司马迁对他的历史人物典型化的塑造、具体地写事件是起了极大的作用的。司马迁确实是一位最善于掌握并运用语言的作家，关于司马迁的运用语言问题，我们可以再扼要地谈一谈。

首先，他努力整理古代语言，使之通俗化，因而使古代的历史人物的形象能够更加鲜明生动起来。《史记》的语言，在我们今天看来，全部是所谓"文言"，而不是"白话"，但是《史记》的"文言"是在当时的口语基础上产生的，是和当时的通俗语言很接近的。《史记》的语言和我们今天不尽相同，这是因为一千多年以来中国的语言又逐渐有了变化的缘故。拿《史记》的语言和他以前的《尚书》、《鲁颂》、《周颂》所用的雅语来比较，显然《史记》所用的语言是和它们判然不同的。《史记》中在我们今天看来所谓的"文言"，当它出现的时候，正是以"白话"的姿态出现的。而司马迁则是首先意识到古代雅语和当时"文言"的区别，而自觉地使用"文言"的作家。正因为这样，所以当他根据古代的史籍来叙述古代的史事时，他不因袭古史籍的原文，而往往把古人的话翻译了一道。他把《尚书》的史料镕铸到他的著作中时，他就每每加以改写，使它适合于"文言"这种语言形式。如《尧典》："允釐百工，庶绩咸熙。帝曰：畴咨若时登庸？"《史记·五帝本纪》便写成："信饬百官，众功皆兴，尧曰：谁可顺此事？"（据近人从天文历法考订，《尧典》大约是公元前776到前600年之间，即春秋前半期或稍前的作品。）两相比较，《史记》的叙述就完全可以理解了。其他在《史记》中根据《左传》、《战国策》所转述的春秋战国时史事，在语言上也都有变更，而不是照抄原文。司马迁能够有意识地注意这一点，所以这表现在《史记》里无论是一般的叙述语或者是人物的对话，都是非常和谐的。

其次，更出色的是，司马迁努力模拟或利用口语的自然语言来刻画人物的神情态度，使人物的性格更为鲜明、突出。譬如《留侯世家》中写刘邦正在吃饭，他听了张良阻止他不要封六国的计划后，连饭也不吃了，马上把嘴里的东西吐了出来，骂道："竖儒，几败而公事。"又如《郦生陆贾传》写贾时时在刘邦前说诗书，刘邦骂他道："乃公居马上而得之，安事诗书！"此外更为一般人所熟知的，是形容周昌的口吃，汉高祖刘邦欲废太子，周昌知道后大怒，《史记·张丞相列传》中写他谏刘邦，写他答刘邦的问："臣口不能言，然臣期—期知其不可。陛下虽欲废太子，臣期—期不奉诏。"这都是极其传神的口吻。又如《陈涉世家》记陈涉的种田朋友听说陈涉做了"王"赶去看他，陈涉请他进宫去，他看见殿屋帷帐，喊道："夥颐！涉之为王沉沉者！"（者字古音读笃）"夥颐"是惊羡的口气。"者"略如苏州话的（笃）字尾。像这些简单的语句，却都生动地刻画了人物形象。从这里，我们不但清楚地看到了司马迁笔下所写的人物的说话内容，而且清楚地看到了人物的神情态度。《史记》里像这样的例子，是举不胜举的。

再次，是采用歌谣、谚语、俗语等等来叙事或论赞，因而丰富了作品的内容，增强了对于事件或人物的认识。这种例子也是很多的。歌谣、谚语等等，都是不断产生、流传和修改的民间口头创作，它们概括了广大的社会生活，是特别富有战斗性和表现力的精粹的语言。这种语言的采取，是司马迁深入生活，留心生活的口头语言的自然结果。司马迁运用语言的这些努力，无疑地对他的历史人物典型化的塑造是起了的重要作用的。

综上所述，司马迁写《史记》，他从根本的"实录"精神出发，首先他要选择或识别人物，从而选取和这个人物有关的可信的重要的事件。适当的加以安排、剪裁，并加以一定的具体描写，这是司马迁写作历史人物传纪的一个创造性的、典型化的过程。他给历史人物不是写履历表，而是塑造形象，他写的许多人物，不仅是实有的、互不相同的个别人物，而且是一定社会条件下具有典型的意义的。他突出地写出了人物的重要方面，反映了复杂的丰富的历史内容。由于他努力模拟或运用口语来描写人物，许多人物的个性和典型性更明显了，更加强了。因此，他的许多篇历史人物传记，不只是可信的、卓越的历史文献，而且也是可欣赏的、优秀的古典文学作品。司马迁的《史记》真是可以说是第一次把文史巧妙地结合起来了。

第五节　《史记》的评价及其文学影响

司马迁的《史记》充满了强烈的人民性和思想性。这部书，它不但总结了前代学者的成果，所谓"六经以后，唯有此作（《史记》）"，而且长远教育了中国人民。司马迁的这部富有创造性的著作，使中国两千多年来的学者没有不给予他以崇高的评价，并从他的宝贵经验里吸取精神的营养的。顾亭林在《日知录》卷二十六中说："古人作史有不待论断而序事之中即见其指者，惟太史公能之。"这正是说明了司马迁用文学笔调写历史的独到的成就。鲁迅先生在《汉文学史纲要》里，说《史记》是"史家之绝唱，无韵之离骚"，这可以说是对《史记》最概括的评价。自然，由于司马迁在《史记》里大胆地暴露了封建社会内部的矛盾和黑暗，封建正统派代表的学者也确实感到这是一种威胁，他们对《史记》的评价，当然是不会跟我们一样的。他们或者公开地诬蔑《史记》为"谤书"，或者曲解它的思想为"异端"。比如班彪父子就曾严厉地批评司马迁，说他"是非颇谬于圣人"。我们知道，在封建时代，所谓圣人的是非是代表着统治阶级的道德观点的，是维护统治阶级的利益压迫广大的人民的。司马迁作为一个正直的史学家和文学家，自然他的"实录"的《史记》是和圣人的"是非"永远要发生矛盾的。班彪父子的批评，正是表明了他们自己的立场，同时说明了《史记》的伟大。统治阶级的文人，有意想毁谤司马迁。但是，尽管如是，司马迁天才纵横，他能够对上下三千年的历史图景，作出前人所不能作的总结，特别是把汉兴以来的当代社会图景，创制出当代学者所不敢做的"实录"这一点，连那不同意司马迁思想的班固，也还是不能不借他人的口吻而承认的："自刘向扬雄博极群书，皆称迁有良史之材。服其善序事理，辨而不华，质而不俚。其文直，其事核，不虚美，不隐善，故谓之实录"。班彪父子肯定司马迁的实录精神，而批评他"是非颇谬于圣人"，这显然是一个矛盾。从主观出发的统治阶级的道德观点，当它和一种客观现实相碰，自然就会发生矛盾，遭到事实的有力的打击的。

司马迁在史学方面的成就和贡献，两千多年来，是最为世人称颂不绝的。《史记》记录了自然现象和社会、文化现象的许多重要方面，它的内容的广泛性，表明了全面的历史观点；而对每一现象的记录，"原始察终，见盛观衰"，表明了发展的历史观点；它的本纪、表、书、世家、列传等五种体例，互相独立而又互相联系和补充，表明了完备的历史方法。伟大的《史记》，从内容到形式，反映了科学的系统性、复杂性和深刻性。它以后世所谓"纪传体"的形式，第一次整理了中国三千年的发展的历史。这是司马迁的伟大创作。

从散文的发展上看，司马迁把中国的历史散文推向了一个新的高峰。在《史记》以前，历史的叙事散文而有文学性的是《左传》。它往往把《春秋》里一条简单的新闻记事，铺张而为有细节和场面的委婉曲折的描写，反映了历史事件发展的具体过程，增强了形象性，这是《左传》散文的一个发展。但《左传》的叙事为年月所分割，还不能充分发挥散文叙事连贯性的特质，因而，限制了叙事的完整。尤其感觉不足的是，《左传》于叙事之中虽然也刻画了人物口吻，但毕竟还没有塑造出十分生动、鲜明的形象。后来的《战国策》，叙事、人物形象虽然比较生动了，但也还只是片段的，不是很完整的。《史记》的散文，恰恰弥补了《左传》和《战国策》所存在的这些缺点，向前发展了一步。它的"八书"，大多是完整地反映事件的发展过程的。它的许多篇人物传记，不但个性鲜明，而且也富有典型性。它们反映了广阔的深刻的社会历史的内容。它们的文学性是可以和后来的某些现实主义的小说相提并论的。从散文的发展史上看，《史记》无疑是一个新的高峰。

谈到《史记》的文学影响，这是很难充分估量的，它的影响是多方面的。

班彪父子从封建统治者的观点出发，否定了司马迁在《史记》里面表现出来的某些人民性的内容，但是他们所作的《汉书》，在体裁形式上，甚至于有许多材料上基本是因袭和抄袭《史记》的，对于《汉书》，我们认为它的价值是不能和《史记》相提并论的。《史记》包含了作者丰满的感情，富有人民的意识，有强烈的反抗性；而《汉书》，由于作者站在封建正统的立场，用封建统治者的观点来处理问题，虽然偶尔也还用朴素的文章塑造了一些具有爱国思想的、具有正义感的历史人物的艺术形象，但这是很少很少的，比起《史记》，很显然，它的反抗性是大大的减退了。例如司马迁在《史记》里有用切齿痛恨的心情来鞭挞的酷吏张汤、杜周等人，《汉书》的作者就把它们抽掉了；《史记》歌颂项羽、陈涉，而《汉书》则贬责他们；《史记》以写社会作中心，刻画了从黄帝以至西汉武帝时代的社会活动，刻画了社会上各阶层的人物个性，而《汉书》则是以写帝王为中心，虽然也刻画了一些人物，但那些人物绝大部分是服从于统治阶级的。这显然都是《汉书》所不如《史记》的地方。另外，《汉书》在文字上，由于作者有意要求整齐，作者的感情是凝固的，因此他也不可能有像《史记》那样的生动性，它对于《史记》也只是形式上的模仿而已。自然《汉书》的材料丰富，记载事实较为详尽，对于我们研究古代的历史还是十分重要的。

《史记》以后，从班氏父子的《汉书》起，一切所谓"正史"，不仅在体裁形式上因袭《史记》，就是在历史散文的叙事上也是以《史记》为规范的。后来的那些"正史"里，写了无数的历史人物，但是能够像《史记》里所写的那些生动鲜明，有个性和典型性的，实在很不多见。

除历史散文以外，《史记》对后来一般散文的影响也是很大的。从唐宋的八大家，直到清代的桐城派，他们简直把《史记》作为他们写作的唯一的规范，他们都莫不以《史记》作为自己学习的最高的准则。不过这一些作者，大半只学到《史记》中一些表现技巧，对《史记》中那种对现实的批判的精神总是理解得不够的。

《史记》对后世的戏剧和小说也发生了很大的影响。从唐代直到现在，《史记》里的若干故事人物，不断地被戏剧家搬上舞台。唐代歌舞戏中有"樊哙排君难"戏（见王国维《宋元戏曲史》），元人杂剧中的"赵氏孤儿"、"萧何追韩信"、"渑池会"、"冻苏秦"等，都是取材于《史记》，京剧"霸王别姬"、"将相和"、"赚蒯通"，也都取材于《史记》，郭沫若创作的《虎符》，也还是取材于《史记》。《史记》对某些通俗演义小说，它自然也有一定的影响。讲史小说如《西汉通俗演义》、《东周列国志》，在内容上有许多是取材于《史记》的。

由此可见，司马迁对中国文学的贡献，是多方面的，而且是卓越的；他的《史记》的文学影响是广阔的，而且是长远的！司马迁在中国文学史上是有其崇高的、光辉的、不可磨灭的地位的，司马迁是中国的文化伟人，也是世界的文化伟人。

第六节　简短的结论

司马迁是中国伟大的历史家和散文家。他创造了纪传体的历史学，同时也创造了传记文学。

司马迁在中国史学上是一个真正的开山的人物。他对中国史学的伟大贡献，在于他明确了全面的、发展的历史观点，建立了一种有组织、有系统的、完备的历史方法，他以被后世称为"纪传体"的形式，第一次整理了中国从远古到汉武帝时代的三千年的历史。

《史记》是一部伟大的历史著作，也是一部杰出的文学著作，它细致地描写了历史事件的过程，创造了人物的典型，并通过这些人物和事件，表达出了作者司马迁对现实社会的批判的精神。从散文的发展史上看，《史记》无论在内容上或形式上所达到的成就，都无疑是一个新的高峰。

《史记》对后世文学的影响是很大的。不仅后来的"正史"在体裁上因袭《史记》，就是一般的散文也往往以《史记》为规范。唐宋以来的许多散文家，他们受《史记》的影响也是很深的。由于《史记》本身具有很强的故事性，后来的戏剧和小说，从这里取材的也是不少的。

第三章　两汉乐府民歌

什么叫"乐府"？"乐府"本来是由汉武帝起开始设立的一个官署的名称，是专管音乐的机关。它的具体任务是制定乐谱，搜集歌辞和训练乐员。以备当时朝廷祭祀及朝会宴饮时演奏所用，后来就将乐府所采的诗也叫乐府。

汉代的乐府民歌，这是中国文学史上一宗珍贵的文学遗产。这不只因为它本身是反映广大人民生活，从民间产生或者直接受民间文学影响而产生的艺术果实，而且这些诗对于中国诗歌里现实主义传统的形成起了极大的作用。

前面我们曾讲过《诗经》，《诗经》可以说是汉以前的"乐府"，"乐府"也可以说就是周以后的《诗经》。《诗经》以民歌为菁华，"乐府"也以民歌为菁华，它们主要的部分都是"感于哀乐，缘事而发"的里巷歌谣。都是富有现实性的文学珠玉。诗经时代和乐府时代相隔大约四百年，这四百年间人民的歌声，从表面看来好像显得非常寂寞。其实这并不是人民都不歌唱了，里巷之间"饥者歌其食，劳者歌其事"（见何休《公羊传注》）还是照常的，只是没有被人们采集记录下来罢了。汉代民歌能够得到保存和流传，这是乐府建立以后的事，乐府对于整理和保存民间的歌谣，这在中国文学史上是一件贡献极大的事。乐府诗里所收集的作品和《诗经》一样，除了民间口头流传的作品，也有贵族文人的作品。例如《郊庙歌辞》、《燕射歌辞》，正如《诗经》中雅、颂的作品一样，有许多是缺少文学价值的。

第一节　乐府的设立和民歌的收集

"乐府"这个机关的设立。根据东汉历史家班固的记载，我们知道汉武帝刘彻是"始立乐府"的人。

西汉建国，经过汉初六十年的休养生息，中国人口增加了不少，经济文化各方面都发展了，国库也比较富足，好大喜功的汉武帝刘彻，凭着这些本钱，一方面开疆拓土，向外伸展势力，一方面采用儒术，建立种种制度，来巩固他的统治。由于前者，西北邻族的音乐便有机会传到中国来，引起皇帝和贵族们对"新声"的兴趣；由于后者，"制礼作乐"便成为应有的设施。这两点都是和促使武帝设立乐府有关的。班固《两都赋序》说：

> 大汉初定，日不暇给。至于武宣之世，乃崇礼官，考文章。内设金马、石渠之署，外兴乐府、协律之事。

这说明了刘彻这时才有立乐府的需要，也才有立乐府的条件。《汉书·礼乐志》说：

> 至武帝定郊祀之礼，……乃立乐府，采诗夜诵。有赵（山西）、代（河北）、秦（陕西）、楚（湖北湖南）之讴。以

　　李延年为协律都尉。多举司马相如等数十人造为诗赋，略论律
　　吕以合八音之调，作十九章之歌。

这里说明了乐府的任务，其中最重要的当然是"采诗"，就是搜集民歌，包括歌辞和乐调。《汉书·艺文志》说：

　　自孝武立乐府而采歌谣，于是有赵、代之讴，秦、楚之
　　风，皆感于哀乐，缘事而发。亦可以观风俗，知薄厚云。

这里说明了采集歌谣的意义，同时说明了那些歌谣的特色。汉武帝立乐府采歌谣的目的是为了兴"乐教"、"观风俗"，还是为了宫廷娱乐或点缀升平，且不去管它，单就这个制度说是值得称赞的。因为他这样的做法，一则当时的民歌因此才有被采集写定的机会，才有广泛流传和长远保存的可能。二则因此构成汉朝重视歌谣的传统，使此后三百多年间的歌谣存录了不少。这从文学史的角度来看，汉武帝确实是做了一件好事。

　　汉武帝设立的乐府，这个机关的规模是相当庞大的，工作人员多到八百二十九人，其中还有专唱各地民歌及奏各地土乐的人。乐府中的官吏，有"令"、"音监"、"游徼"等名目。（见顾炎武《日知录》卷二十八《乐府》条）当时采诗的地域也是很广的。除了"赵、代、秦、楚"，其他各地的民歌也都有，《汉书·艺文志》著录的各地民歌，它所涉及的地域是很广的，但《艺文志》所载总数不过一百三十八篇。这篇数当然并不算多，大约此外还有些不曾入乐的歌谣。也许与汉哀帝刘欣"罢乐府官"这件事也有关系，因为他"罢乐府官"，自然就不免会使乐府里的民歌有所散失。《汉书·礼乐志》有一段记载，说刘欣不好音乐，尤其不好那些民歌俗乐，称之为"郑卫之声"。而偏偏当时朝廷

上下爱好这种"郑卫之声"成了风气,贵族公卿"至与人主争女乐",使刘欣看着不顺眼,便决心由政府来做榜样,把乐府里的俗乐一概罢去,只留下那些有关廊庙的雅乐。而且革掉了四百四十个演奏各地俗乐的"讴员"的职务。此后乐府不再传习民歌,想来散失是难免的了。

东汉乐府是否恢复到汉武帝时代的规模制度,史无明文,但现存的古民间乐府诗其中有许多是东汉的。可能东汉的乐府是采诗的,至少东汉政府曾为了政治目的访听歌谣。据范晔《后汉书》的记载,光武帝刘秀曾"广求民瘼,观纳风谣"(《循吏传叙》)。和帝刘肇曾"分遣使者,皆微服单行,各至州县,观采风谣"(《后汉书·李郃传》)。灵帝刘宏也曾"诏公卿以谣言举二千石为民蠹害者"(注云:谣言,谓听百姓风谣善恶,而黜陟之也)(见《后汉书·刘陶传》)。由此也可推想当时歌谣必有存录,而乐工采来合乐也就很方便了。

从上述事实看来,两汉乐府民歌的采集、写定和保存,乐府机关所起的作用确实是不小的。

第二节　乐府民歌在音乐上的分类

汉代三四百年中间所产生的乐府诗,为数是难以估计的。到现在还能考定篇名的,大概有三百曲,不过实际还保存着的作品,不过约其中的三分之一而已。

乐府诗在音乐上的分类,历来就有各种各样的分法。《宋书·乐志》、《隋书·音乐志》等都曾叙述到关于乐府诗分类的问题。宋代的郑樵,在《通志乐略》里把乐府分了五大类,每大类下又分了若干小类,共五十余小类,令人感到过分琐碎。郭茂倩的分类法在过去的所有分类法中是影响较大的,他所编的《乐府诗集》就是按照他的分类法来编排的。他把乐府诗按乐调的不同共分为十二类，即：《郊庙歌辞》、《燕射歌辞》、《鼓吹曲辞》、《横吹曲辞》、《相和歌辞》、《清商曲辞》、《舞曲歌辞》、《琴曲歌辞》、《杂曲歌辞》、《近代曲辞》、《杂歌谣辞》、《新乐府辞》。这十二类中，《琴曲》、《杂歌谣》、《新乐府》和《近代曲》应该除外，因为《琴曲》本有声无辞，其辞大多为后人所依托，《杂歌谣》及《新乐府》皆为徒诗，并不入乐，而《近代曲》即隋唐新曲，非汉代作品。十二类去掉四类，只剩八类，而汉乐府中的《燕射歌辞》和《横吹曲辞》已全部亡佚，现在能够供我们研究的汉代的乐府实际上只有六类，约一百多个作品。

（一）郊庙歌辞是祭祀时的乐章，现存的有汉高祖姬妾唐山夫人作的《安世房中歌》十七章，和司马相如等人作的《郊祀歌》十九章（二十首）。这些作品的性质近乎《诗经》中的周颂，价值较差。

（二）舞曲歌辞是祭祀和宴会舞蹈时用的乐章。现存的有《公莫舞歌》、《铎舞歌》及《俳歌辞》。前两篇因为词句中夹杂了一些乐谱里的字，而这些字现在又无法分辨，所以弄得反而使人不易理解了。《俳歌辞》一名"侏儒导"，短短的几句却能够生动地描绘倡优们的杂技，这是比较能反映当时的一定的生活的。

以上两类，虽然绝大部分可以说是统治阶级的作品，但是披沙淘金，里边还是不无可取之处的。

（三）鼓吹曲辞是一种汉初传入的《北狄乐》，是专用于朝会、田猎和游行等场合的。它本是一种军乐。所用的乐器有笳和角。笳就是胡笳，是一种像喇叭或唢呐之类的乐器，它原不是中国的古乐；角就是号角，用兽角制成，显然这都是羌胡之乐，是从西北传来的。鼓吹曲辞今存《铙歌》十八篇。大约铙歌本来从北狄传入时有声无辞，后来才由汉人陆续补进歌辞，所以时代不一，内容也十分庞杂。有咏物的，如咏鼓的《朱鹭》；有咏田猎的，如《艾如张》；有诅咒战争的，如《战城南》；有形容旅途的愁苦的，如《巫山高》；有纪游的，如《君马黄》；也有叙说男女恋爱之情的，如《上邪》、《有所思》。这些作品，有民间歌谣，也有文人创作，有武帝时的作品，也有宣帝时的作品。铙歌的文字，现在还有许多不容易看懂，甚至不能句读的。这一方面因为里边夹杂了一些乐谱里的字，"字多讹误"，另外如朱谦之在《音乐文学史》里所说的"胡汉相混"，恐怕也是有关系的。同时，铙歌的歌辞，《汉书》不载，到《宋书》才有著录，传写之间的错字自然也是难免的。

（四）相和歌，这是汉朝乐府机关从全国各地采集来的俗乐，大约以楚声为主。歌辞多出民间。《宋书·乐志》说："凡乐章古词今之存者，并汉世街陌谣讴，《江南可采莲》，《乌生》，《十五子》，《白头吟》之属也。"便是指相和歌说的。所谓"相和"是什么意思呢？《宋书·乐志》说："相和，汉旧歌也，丝竹更相和，执节者歌。"《乐府诗集》引《古今乐录》说："凡相和，其乐器有笙、笛、节、鼓、琴、瑟、琵琶等七种。"这说明相和歌是一种丝竹合奏的乐曲。相和歌的内容，有抒情，有说理，有叙事，叙事一类占着主要的地位（叙事诗是汉乐府的特色所在）。所叙的以社会故事和风俗最多，历史及游仙的故事也占一部分。此外便是男女相思和离别之作，格言式的教训，人生的慨叹等等。其中的大部分作品是为今天一般的乐府选本所选的，作品都还比较好找。

（五）清商曲也是汉代的古曲名。现存作品共约有三十首，其中绝大部分是民间歌辞。这些作品反映了当时的社会现实，不仅内容好，而且技巧高，影响大。因此在两汉的乐府诗中占有极重要的地位。清商曲的音节优美，这是最为后人所欣赏的，后人古诗中提到乐府时往往都提清商曲。例如："清商随风发，中曲正徘徊。一弹再三叹，慷慨有余哀。"（《古诗十九首》第五首"西北有高楼"。）"被服罗裳衣，当户理清曲。音响一何悲，弦急知柱促。"（《古诗十九首》第十二首"东城高且长。")由此也可以看出，清商曲音节的美妙，是最为一般文人所赏识的。清商曲，《宋书·乐志》还把它分作五类，即平调、清调、瑟调、大曲及楚调。近人梁启超又加上侧调曲和吟叹曲，共为七类。关于这七类的具体内容，现在的看法也并不完全一致，我们暂不论及。

（六）杂曲歌辞，因为它的乐调"不知所起"，"无类可归"，宋代郭茂倩把它合在一起，谓之杂曲。杂曲所写的内容也是很杂的。离别相思之情，宴游行乐之欢，战争行役之苦，杂曲的作品里都有。杂曲里有文人的作品，也有民间的诗歌，这些作品大部分都是写得很好的。汉代的杂曲，经近人考订可以确信的共约十二首，其中包括大家所熟知的张衡的《同声歌》，辛延年的《羽林郎》，以及《驱车上东门行》、《悲歌行》和《冉冉孤生竹》等作品。

以上所讲的乐府的六类，如果我们再就他们的内容和性质来研究，大致还可分为三种类型：1. 郊庙歌辞和舞曲是一种，大部分是贵族文人的作品；2. 鼓吹曲可立为一种，它是外来的乐调，本土的歌辞，有文人制作，也有民间诗歌；3. 其他相和歌、清商曲、杂曲可另立为一种，这大部分是人民的创作，虽然其中有许多作品在被收集或写定时已被统治者有所修改，但毕竟还是乐府中最为优秀的。

第三节　乐府民歌所反映的社会内容及其艺术特色

两汉乐府民歌，它的题材的范围是很广泛的。其中绝大部分的作品，由于是人民"感于哀乐，缘事而发"的，所以都富有感情。就现存的乐府民歌来看，它所反映的社会生活的内容是多方面的，在这些作品中，有暴露战争的罪恶、反映战争给人民生活带来的痛苦的；有反抗强暴权贵对于人民的欺压的；有揭露统治者的生活的荒淫奢侈的；有表现

189

封建礼教压迫下婚姻的悲剧的，也有大胆地歌颂青年男女热烈的爱情的。从这些作品里，我们可以清楚地看到汉代社会的真实面貌。

下面我们就作品的内容分成几类选一些作品来讲讲，以见"乐府民歌"的一斑。

（一）暴露战争的残酷及其所加给人民的痛苦的诗篇

前面我们已经说过，汉代初期，统治阶级采取了"与民休息"的宽松政策，各方面都比较放松。这样过了六七十年，社会经济果然好转。国家府库充足，人民生活也稍为安定，但汉武帝上台以后，由于他好大喜功，对外开疆拓土，发动侵略战争，对内大兴土木，消耗大量资财。劳动人民在这样的情况之下，不但要受严重的赋税剥削，而且还要被迫参加战争，殉命战场。据史书记载，汉代在对外的战争中，人民死亡的有几百万，在这种情况下，人民是厌恶战争、憎恨战争的。鼓吹曲辞里的《战城南》，杂曲中的《十五从军征》和《古歌》，就是表现这种内容的。

先讲《战城南》：

> 战城南，死郭北，野死不葬乌可食。
> 为我谓乌："且为客豪，野死谅不葬，腐肉安能去子逃？"
> 水深激激，蒲苇冥冥，枭骑战斗死，驽马徘徊鸣。
> 梁筑室，何以南？何以北？禾黍不获君何食？愿为忠臣安
> 可得？
> 思子良臣，良臣诚可思，朝行出攻，暮不夜归。

本篇通过遍地死尸，被乌鸦啄食，和水深草长，战士有出无归的荒凉恐怖的画面，暴露了战争的罪恶。诗人向啄食战士尸体的乌鸦祈求说：

"这些战死的战士的尸体是不会有人给他们埋葬的，他们的肉总逃不出你们的口的。希望你们先为战士们嚎哭哀悼一番再下嘴吃吧！"这里充分表露了诗人对已死战士的深切同情。"水深激激"以下四句，写出了战场凄惨荒凉的景象，在那蒲苇丛生河水清清的小河旁边，英雄战死了，而战士的马还在徘徊，从第四节开始，诗人又写那些服工役的人们，他责问：为什么那些服工役的人们也要像兵士一样南北征调呢？壮丁都不能在乡从事生产，自然禾黍不能收获了，禾黍既然不能收获，那么国君吃什么呢？那些应役筑室而南北奔走劳苦致死的人，即使愿意痛快地战死，落个忠臣的名号还得不着呢。最后一节诗人还是希望能够有"良臣"出来，纵然免不了打仗，也还是可以减少死伤，早晨出征，晚上不等天黑也就能够平安归来。

这个作品，作者虽然没有明白提出反对进行侵略战争的意见，但是在骨子里却是蕴藏着一种反对非正义战争的情绪的。

《十五从军征》，也是一篇反对非正义的战争的诗：

> 十五从军征，八十始得归。道逢乡里人，家中有阿谁？遥望是君家，松柏冢累累。
>
> 兔从狗窦入，雉从梁上飞。中庭生旅谷，井上生旅葵。舂谷持作饭，采葵持作羹。
>
> 羹饭一时熟，不知贻阿谁。出门东向望，泪落沾我衣。

这个作品，写一个战士少小从征，暮年还乡，他在军队里不知盼了多少年，走了多少路，才走到了家，谁知他回到故乡时，他的家已被战争毁灭了，那滋味，无论时代相隔多久，生活距离多远，总是能体味的。诗人着重刻画征人故乡的残破、冷落和萧条的方面，人亡室空，这是直接对战争的诅咒。杜甫在三吏三别中所写的《无家别》，在题材上、意境

191

上和这个作品有着异曲同工之妙。这个作品可能是东汉末年军阀混战时代的反映。

我们再读《古歌》：

> 秋风萧萧愁杀人，出亦愁，入亦愁。座中何人，谁不怀忧？令我白头。
>
> 胡地多飙风，树木何修修。离家日趋远。衣带日趋缓。心思不能言，肠中车轮转。

本篇最早见于沈德潜的《古诗源》，郭茂倩的《乐府诗集》中没有收入，余冠英《乐府诗选》中把它列入杂曲中，这是一首写战士出征胡地思念故乡的痛苦心情的诗。秋风萧萧的时节，本来是最容易引起人们离愁别恨的，凡是远客他乡的人是没有一个不是如此的，所以说"座中何人，谁不怀忧"这样的生活，自然是催人白头的。何况是在多飙风的胡地，所以离家日子一多，人也变瘦了，急切的想念故乡的心情，使他不能平息。这首诗在写法上所用的调子是比较急迫的，正像余冠英先生所说的"急风暴雨"，"苍苍莽莽"，有一种令人不可抑止之感。

（二）反映官僚贵族生活的豪华、人民的苦难以及统治者对人民的压迫的诗篇

汉代初年，虽然由于统治者采取了一些恢复生产和缓和阶级矛盾的措施，使生产力有所提高，人民生活在某种程度上也略有改善，但是处在阶级剥削的社会里，毕竟这种情况是不可能长久的。在汉代，尤其在武帝以后，由于连年的侵略战争，军费浩大，统治阶级的骄奢淫逸，挥金如土，因此这不得不加重对人民的剥削，广大人民在这样的社会里，"卖田宅，鬻子孙以偿债"，甚至与牛马同栏，卖身做奴婢。汉代的乐府诗，对这种社会现实是有着深刻的反映的。

反映官僚贵族的豪华生活，描写富贵之家的种种享受的，我们可读一读清商曲里的《相逢行》：

> 相逢狭路间，道隘不容车。不知何年少，夹毂问君家。君家诚易知，易知复难忘。
>
> 黄金为君门，白玉为君堂。堂上置樽酒，作使邯郸倡。中庭生桂树，华灯何煌煌。
>
> 兄弟两三人，中子为侍郎，五日一来归，道上自生光，黄金络马头，观者盈道旁。
>
> 入门时左顾，但见双鸳鸯，鸳鸯七十二，罗列自成行。音声何嘈嘈，鹤鸣东西厢。
>
> 大妇织绮罗，中妇织流黄，小妇无所为，挟瑟上高堂。丈人且安坐，调丝方未央。

这诗极力描写富贵之家的种种享受，如黄金为屋，白玉为堂，酒筵歌舞，华灯丝竹，还有用黄金络头的马，以及不易多得的珍禽。这里反映了当时上层社会一部分奢侈生活的情况。这个作品就它的文字技巧以及它的形式看来，它可能是经过乐官修饰过的，或许是文人的创作也说不定。它可能是娱乐豪贵的歌曲。这个作品在写法上的特点，最显著的一点就是它用铺陈的写法，通过具体的事物，真实而形象地揭露富贵人家的豪华和奢侈，作者自己虽不做评语，但是它却仍能给读者一种感受，引起读者对这种生活的反感。

自然，统治阶级的生活过得越奢侈豪华，劳动人民的生活必然就越沉重痛苦。在统治阶级花天酒地的生活背后，是蕴藏着千千万万无衣无食的劳动人民的血泪的。乐府中反映劳动人民苦难生活的诗篇是很多的。

我们先读一读相和歌辞里的《东门行》：

　　出东门，不顾归，来入门，怅欲悲。盎（瓦盆）中无斗
米储，还视架上无悬衣。拔剑东门去，舍中儿母牵衣啼："他
家但愿富贵，贱妾与君共哺糜（食粥）。上用（以）仓浪（青
色）天故，下当用（以）此黄口（幼）儿。今非！（现在的行
为不对）""咄！行！吾去为迟！白发时下（落）难久居。"

这诗写一个男子因为无法生活，想到东门外作非法的事，但挂念妻子，
又回来了一次。看到家里无衣无食的情形，遂不顾妻子的劝阻，又下定
决心要走了。诗中写出了一对贫穷夫妻在紧张关头的对话，简劲有力地
表现了当时社会中善良人民被迫走上悲惨道路的情景，读了是不能不引
起人的愤慨的。翦伯赞先生在他的《中国史纲》里曾经说："赋税，徭
役，武装的压迫和刑法的威吓，这就是东汉政府对于当时农民的恩典。
在这种浩荡的皇恩之下，当时的农民，如果不愿一声不响地饿死，那就
只有两条出路，不是自卖为奴婢，便是合伙为盗贼。"《东门行》反映
的正是人民所选择的后一条道路。这个作品，在写法上最值得我们注意
的，是诗人抓住了穷人为生计所迫铤而走险前的刹那，诗人在简短的文
字里，写出了这个男人在临走前的思想斗争、妻子的劝告，以及他所以
要出去"犯法"的原因。

我们再读一读相和歌辞里的《孤儿行》：

　　孤儿生，孤子遇生，命独当苦！父母在时，乘坚车，驾驷
马。父母已去，兄嫂令我行贾。南到九江，东到齐与鲁。腊月
来归，不敢自言苦。头多玑虱，面目多尘土。大兄言办饭，大

嫂言视马。上高堂，行取殿下堂。孤儿泪下如雨。

使我朝行汲，暮得水来归。手为错，足下无菲。怆怆履霜，中多蒺藜。拔断蒺藜肠肉中，怆欲悲。泪下渫渫，清涕累累。冬无复襦，夏无单衣。居生不乐，不如早去，下从地下黄泉！

春气动，草萌芽。三月蚕桑，六月收瓜。将是瓜车，来到还家。瓜车反覆，助我者少，啖瓜者多。愿还我蒂，兄与嫂严，独且急归，当兴校计。

乱曰：里中一何譊譊，愿欲寄尺书，将与地下父母：兄嫂难与久居！

这首诗写的是一个孤儿在父母双亡后受兄嫂虐待的遭遇，也反映出了当时奴婢生活的情形。它通过这个孤儿的遭遇，暴露出在不合理的私有制度下，可以使亲兄弟的骨肉之情也变成陌路人，并加以无情的压迫。

诗中写孤儿生活之苦，和奴隶是没有什么两样的。什么"行贾"、"办饭"、"视马"、"行汲"、"蚕桑"、"收瓜"等工作，他都得去做，手上的皮破了，天冷了脚上没有草鞋也得赤着脚在霜地里和蒺藜堆里走，冬天没有一件短夹袄，夏天没有一件单衣服，孤儿的生活，真是苦不堪言，所以他想到生着受苦，倒不如死了痛快。这些事实，充分暴露了孤儿兄嫂待人的残忍和毒辣。在写法上，诗人用孤儿畏惧兄嫂最突出的部分，来形容兄嫂的严厉。用孤儿对生之厌倦，来衬托孤儿痛苦之深。诗中又把父母在时的生活舒适与父母死后的生活辛酸两两对比，更显出孤儿的辛酸与苦痛；而宗法社会中的大家庭制度的罪恶也显示了出来，在一定程度上，还反映了封建社会人剥削人的基本问题。清代沈德潜在《说诗晬语》里批评这首诗时说它"极琐碎，极古奥，断续无端，起落无迹，泪痕血点，结缀而成"。他说这首诗"泪痕血点，结缀而成",这是正确的,但他说这首诗"极琐碎,极古奥,断续无端,起落无迹",他不知道这正是这首诗在句法音节上最鲜明的特点,他借此描摹出了孤儿哽咽难语、泣不成声、欲言又止、断续难接的真情。

(三) 反映男女爱情生活的诗篇

在汉代的乐府诗里,关于反映男女之间的爱情的诗篇,所占的篇幅是不少的。在汉代,封建的旧礼教虽然桎梏着青年男女的爱情,但是当时的恋爱风气却还是很浓厚的,文君"私奔",这是大家所熟知的故事,所谓"大家闺秀",尚且如此,当然其余也就可以想见一斑了。

我们先看看女子对她的情人所表示的爱情的坚决。《鼓吹曲辞·汉铙歌·上邪》:

> 上邪!我欲与君相知,长命无绝衰。
> 山无陵,江水为竭,冬雷震震,夏雨雪,天地合,乃敢与
> 君绝!

这是一个女子对她的情人表白坚定的爱情的誓言。透过这誓言,我们分明看到一个古代女子勇敢和无比热情的性格:毫无忸怩、毫无做作,热烈地表白自己的愿望,产生了简直像自然涌出的夸张和联想。(她说:直到高山塌为平地、江水枯干、深冬响起隆隆的雷声、炎炎的夏日大雪纷纷、天和地合而为一,她的爱情才会断绝)而且因为是誓言,语言的旋律是急促、坚决又充满了激动的;更不用说语言的运用是如何精练的了。这首短诗的表现形式是如此健康朴实有力,和诗的内容达到无可挑剔的和谐一致。

再读写夫妇爱情的相和歌辞中的《饮马长城窟行》:

青青河畔草，绵绵思远道，远道不可思，宿昔梦见之。

梦见在我傍，忽觉在他乡。他乡各异县，辗转不相见。

枯桑知天风，海水知天寒，入门各自媚，谁肯相为言。

客从远方来，遗我双鲤鱼。呼儿烹鲤鱼，中有尺素书。

长跪读素书，书中竟何如？上言加餐饭，下言长相忆。

这个作品，写丈夫做客出门了，妻子在家里想念自己的丈夫。她晚上做梦，梦见丈夫在自己身旁，但忽然梦醒又发觉丈夫不在身旁而在他乡。她反复地想，天各一方，不易相见，她想，枯桑虽然无叶，对于风不会感不到。海水虽然不结冰，对于冷也不会感不到。那在远方的人，纵然感情淡薄，也不至于不知道我的孤凄、我的想念吧！她埋怨别人都只喜欢自己管自己，不愿意给别人捎个信儿。她把自己的丈夫没有音信归咎于别人不肯代为带信，但是想着想着，忽然有客人捎着书信来了。她立刻拆信想知道信里说些什么，喔！原来他也一直在想念我，而且希望我注意饮食、保重身体。诗人在诗里边把这个妻子在家里边想念丈夫的感情都惟妙惟肖地表达出来了。

反映爱情的诗里也有这样的作品：有权有势的官僚贵族，诱惑民间妇女，妇女忠于爱情，不受诱惑，抗拒这种非礼行为。《陌上桑》和《羽林郎》就是这样的作品。

《陌上桑》最早见于《玉台新咏》，古辞已亡，现在的《陌上桑》歌辞是借用《艳歌罗敷行》的歌辞，所以又名《艳歌罗敷行》。这个歌辞的故事，可能是东汉民间的传说。《乐府诗集》把它列入清商曲。

日出东南隅，照我秦氏楼，秦氏有好女，自名为罗敷。罗敷善蚕桑，采桑城南隅；青丝为笼系，桂枝为笼钩，头上倭堕髻，耳中明月珠；缃绮为下裙，紫绮为上襦，行者见罗敷，下

担挢髭须。少年见罗敷，脱帽着帩头。耕者忘其犁，锄者忘其
锄；来归相怨怒，但坐观罗敷。

使君从南来，五马立踟蹰。使君遣吏往，问是谁家姝。秦
氏有好女，自名为罗敷。罗敷年几何？二十尚不足，十五颇有
余。使君谢罗敷，宁可共载不？

罗敷前致辞：使君一何愚！使君自有妇，罗敷自有夫。东
方千余骑，夫婿居上头。何用识夫婿？白马从骊驹，青丝系马
尾，黄金络马头；腰中鹿卢剑，可值千万余。十五府小吏，二
十朝大夫，三十侍中郎，四十专城居。为人洁白晰，鬓鬓颇有
须，盈盈公府步，冉冉府中趋。坐中数千人，皆言夫婿殊。

《陌上桑》中有妇之夫的使君看到有夫之妇的罗敷的娇好，想倚仗权势
地位，把罗敷车载而去。这故事反映了在封建社会制度下，有钱有势的
人随意调戏妇女的丑态。诗中创造的女主人公罗敷，是一个美丽、智
慧、坚贞，忠于爱情和不受权势诱惑的少女。使君调戏她，问她"宁可
共载不"？她用"使君一何愚"一语直斥使君，同时提出"使君自有
妇，罗敷自有夫"的理由来严加拒绝。接着又盛夸自己丈夫的威风、英
俊、漂亮的不凡气派和远大前途来压倒使君，以揶揄的口吻予权贵者以
蔑视和讥讽，使权贵者在罗敷的辞锋下自惭形秽，收到反击的效果。

这诗在写作方法上的一个最显著的特点就是运用烘托。作者在一开
始先布置了一个美的氛围，极力刻画罗敷之美。前几句刻画她在朝阳初
上楼台时的整容的姿态，刻画她到城南采桑的形象，这是从环境的描写
烘托出美人的美丽的。

接着就刻画服装的美，从头部的装饰，写到身上的装饰，藉装饰之
美暗示出体态之美；接着又写行人、少年、耕者、锄者看见罗敷后的表
情和动作。作者强调他们的神情，而实际仍然是显示罗敷之美的。这些

地方不着一美字而其美自见，这是一种侧面烘托的方法。

使君之来，也有烘托罗敷之美的作用，其中"五马立踟蹰"一句，写使君见到罗敷而徘徊不前，尤为有力。这种侧面烘托的写法，往往比直接的描写更耐人寻味。

诗中也运用了铺陈的写法。铺陈的不一定完全符合于事实，如本诗有人从罗敷的穿戴上提罗敷是不是劳动人民的问题，说民间女子并不会穿戴得如此豪华等等，其实这是民间文学的夸张手法，不能死看，因为这样来写，既可以大力衬托出女主人公之美，又起了更好的肯定了正面人物的作用。又如罗敷的丈夫，她不一定有这样的丈夫，即使有也不一定如她夸饰的那样，但作者运用了铺陈的写法，使罗敷的气势压倒了使君的气势，进一步起了回击的作用。这种写法，不但加深了读者的印象，同时也增强了艺术的效果。

《陌上桑》这一首诗，就它的内容和形式来看，它的素材，可能曾在民间广泛的流传，后来经民间诗人编成诗歌传诵。虽其后又经文人润色，成为今天的面貌，但仍然还保存着民歌的特色，依然还具有健康的感情和明朗的风采。

再讲《羽林郎》。

《羽林郎》最早也是见于《玉台新咏》的，《乐府诗集》把它收在杂曲歌辞里面。作者为东汉辛延年，身世不详。有人研究，认为辛延年可能是一位民间诗人，也有人认为《羽林郎》是本来在民间流传的一首民歌，辛延年只是做了加工和润色的工作，这些我们可不去管它。且读它的歌辞：

　　昔有霍家奴，姓冯名子都，依倚将军势，调笑酒家胡。胡姬年十五，春日独当垆。长裾连理带，广袖合欢襦；头上蓝田玉，耳后大秦珠；两鬟何窈窕，一世良所无，一鬟五百万，两

199

鬟千万余。

　　不意金吾子，娉婷过我庐，银鞍何煜爚，翠盖空踟蹰。就我求清酒，丝绳提玉壶；就我求珍肴，金盘脍鲤鱼。贻我青铜镜，结我红罗裾。不惜红罗裂，何论轻贱躯！男儿爱后妇，女子重前夫；人生有新故，贵贱不相踰。多谢金吾子，私爱徒区区！

《羽林郎》中豪强的家奴仗势欺人，无耻地诱惑调笑胡姬，而胡姬则表现得更勇敢、更坚决，她对豪奴的馈赠和殷勤，坚决加以拒绝，甚至如果豪奴要再进一步时，就不惜以一死来反抗，并且声明"贵贱不相踰"，又指出"男儿爱后妇，女子重前夫"。这里说明她拒绝的理由，一则是因为不负自己的丈夫，要忠实于自己的丈夫，二则也因为是贵贱的界限不相踰越，含有着一种自发的贵贱之别的敌意。豪奴喜新厌旧，她却不忘故旧；豪奴夸耀豪华，自比贵人，她却甘为平民，不慕富贵。最后再表示谢绝的意思，说这种私爱即使诚恳，也是白费的。

　　从以上简明的分析，可以归纳出它的主题思想：通过胡姬卖酒的故事，歌颂了古代妇女的美丽、智慧和对于爱情的坚贞，胡姬不受有权有势者的诱惑，坚决抗拒非礼，这种精神是可贵的，而豪奴的可耻行为，正是暴露了封建官僚的专横无礼。这个作品的主题和上篇《陌上桑》是相似的。

　　这首诗的层次是非常清楚的。从起句到"调笑酒家胡"是故事的总叙，点出本事，展开下文；以下到"两鬟千万余"极写胡姬之美；以下到结尾，写豪奴对胡姬的调笑及胡姬的断然拒绝，故事达到高潮，点明了主题。

　　此诗的表现手法，可注意的有三点。

　　（一）人称的变换，开头是第三人称，从人民眼里，也就是从作者眼里，看出冯子都是怎样的一个人，胡姬又是怎样的一个人，写得爱憎分明。从"不意金吾子"起到末了，用第一人称，就胡姬的眼里心里写出她的看法想法。这种人称的转变，表现在对冯子都这人的看法上：前者称他为霍家奴，称他调笑酒家胡；后者称他为金吾子，称他的态度娉婷。这两种人称造成强烈的对比，显示冯子都一方面是个仗势欺人的豪奴，一方面又装得像个豪华的贵人；胡姬一方面是个美而品格高贵的女子，一方面又是个被压迫阶级的平民。这种人称的转变，也表现在后者用五个"我"字，更显得是胡姬的看法想法。

（二）含蓄和明显的对比写法用得很恰当。开头虽借古喻今，不指明当时的人，但也指出冯子都是豪门家奴，指出他的仗势欺人，即除了借喻一点外，其他的话还是比较显露的。后面的话写得就含蓄了。把冯子都说成金吾子，写出他车马的豪华，写出他的赠送东西，拉拉扯扯；写胡姬品格高贵，她坚决拒绝金吾子的非礼，但是却从不正面去指斥他的调笑。这样含蓄的写法，正写出豪奴的威势煊赫，欺压善良。写豪奴的威势煊赫，又正是写出胡姬的不受引诱，不慕富贵，愈显出她的品格来。所以此诗虽名为《羽林郎》，主要却在写那个胡姬的高贵品格。

（三）字句的对称，音节和谐。如"长裾连理带，广袖合欢襦。头上蓝田玉，耳后大秦珠"等等，都是上句跟下句相对。"就我求清酒，丝绳提玉壶；就我求珍肴，金盘脍鲤鱼。"上两句跟下两句相对。在一首诗里用上这种不同的对称句，在对称句里又夹上不对称的句子，使句子有对称的好处而不呆板，可以加强描写的力量，可以使音节谐和。这些都是民歌所具有的好处。

乐府里也有叙述女子与她爱人决绝的诗。《鼓吹曲辞·汉铙歌》十八曲之一的《有所思》，是一首写得很好的诗：

有所思，乃在大海南。何用（以）问遗（馈赠）君，双

201

珠瑇瑁簪，用玉绍缭（缠绕）之。闻君有他心，拉杂摧烧之。摧烧之，当风扬其灰。从今以往，勿复相思！相思与君绝！鸡鸣狗吠，兄嫂当知之（追忆当初定情时光景）。妃呼豨（表示声音动作的字）。秋风肃肃（风声）晨风（鸟名）飔（疾速），东方须臾高（读如皥字，皥同皓，指天明）知之。

这是一首叙述女子与她爱人决绝的诗。由最后二句，知道这位女郎正在深夜独思，她对她的爱人是一往情深的；但在知道对方"有他心"以后，便勇敢激烈地说出"从今以往，勿复相思"的话来。全篇曲折反复，深沉地写出了女子内心的痛苦。关于《有所思》，近人研究，认为这可能是乐府机关把两首恋歌错编在一起的。认为在"勿复相思"以前是一首诗，"相思与君绝"开头又是一首诗。前一首诗在描写女子对爱人有"他心"的那种愤慨的心理状态。一个女子当她想念远在"大海南"的爱人的时候，准备拿起珍贵的赠品——一支镶着两颗明珠的玳瑁簪送给爱人，造成浓厚的爱情气氛。后来听到远在"大海南"的爱人有"他心"的时候，便将自己准备送给爱人的赠品焚毁。作者着力刻画了女子的愤怒，用重复一遍"摧烧之"表示女子愤恨不已，仅仅"摧烧之"还不够，还要加上"当风扬其灰"，这一句更显示出女子心中愤怒之甚。从对待赠品的态度前后不同，表现她的爱憎分明、强烈。她以刚强的态度斩钉截铁地发出"从今以后，勿复相思"的诅咒。后一首诗是在描写一个女子正在热爱一位男子而又不敢热爱的那种恐慌的心理情态。她担心偷偷相会时惊动了鸡犬，担心兄嫂知道他们来往的秘密时来加干涉，担心他们来往的秘密在乡里中很快传遍时遭受奚落，而被迫地发出"相思与君绝"的沉痛声。活画出一个女子对枕边情人低语、一片惊慌的神态，大有《诗经》中《将仲子》的风味。《有所思》作为两首诗来读，是比较合理的。

第三章　两汉乐府民歌

《铙歌》中的诗，内容很杂，有叙战争的，有表武功的，也有写别的事的，句法都是杂言——就是句法长短不齐；用韵也无限制，风格多半是慷慨悲壮的。

反映男女爱情生活的诗篇里，写男子喜新厌旧，后来又回心转意忽然懊悔的，杂曲歌辞中的《上山采蘼芜》一首是很生动的。

> 上山采蘼芜，下山逢故夫。长跪问故夫：新人复何如？新人虽言好，未若故人姝。颜色类相似，手爪不相如。新人从门入，故人从阁去。新人工织缣，故人工织素。织缣日一匹，织素五丈余，将缣来比素，新人不如故。

这篇《乐府诗集》未收，《太平御览》引作《古乐府》。这诗开头三句第三者叙述口气，第四句弃妇发问。下四句夫答。问题是意料中的问题，答语却出乎读者预料，因为这女子既然被弃，她的丈夫当然是喜新厌旧的。"新人从门入，故人从阁去"这两句，有人把它仍作为是夫答的话，研究起来，这两句似作为弃妇的话才更有味，因为故夫说新不如故，是含有念旧的感情的，使她听了立刻觉得要诉诉当初的委屈，同时她不能即刻相信故夫的话是真话，她还要试探试探。这两句话等于说：既然故人比新人好，你还记得当初怎样对待故人吗？也等于说：你说新人不如故人，我还不信呢，要真是这样，你就不会那样对待我了。这么一来，就逼出男人说出一番具体比较。

对于这首待，有些研究者也有这样的看法：认为这首诗表现了封建礼教压迫下婚姻的悲剧，认为诗中的男主人公虽已有了"新人"，但这个"新人"可能不是他自己找的，所以对"故人"还有念旧的感情。认为这诗的背后可能存在着像《孔雀东南飞》一类的悲剧，两人的分离，乃是被迫的。而且说这个"故夫"虽不能像焦仲卿那样坚持到底，

203

但他轻视"颜色"，重视"手爪"，也还有可取之处。这种看法，自然我们大家还可以去研究的。

此诗在表现手法上值得我们注意的，就是全诗除了头三句是用第三者所作的叙述性的句子外，其余全是对话，通过对话来表现主题。尤为难得的是这些对话容纳在短短的八十个字的篇章里，写弃妇和"故夫"几分钟的谈话，却反映了封建社会里的一个极其重要的问题。诗人摄取镜头的这种本领是值得我们重视的。

从上面我们所讲的为数不多的十二个作品，我们可以看到，汉代乐府诗中反映社会生活的内容是多方面的，其中有反映战争给人民带来的苦难的作品，有反映统治者生活荒淫奢侈、人民生活艰难的作品，有反映男女爱情生活的作品，通过这些作品，我们已足以看到汉代社会的面貌。

以上我们谈乐府中所反映的社会内容，下面我们再谈谈乐府诗的艺术特色，因为前面有一些作品的表现手法已在讲具体作品时讲了，所以这里只能概括地谈一谈。

乐府诗因为它原来是一种民间歌唱的诗体，因此内容一般也带有浓厚的社会性和叙事性。在中国诗歌史上，最有成就的当推抒情诗，而叙事诗的发达比较迟，作品也是较少的。乐府诗里一些具有叙事性的民间作品，可以说是叙事诗的先声。在我们前面讲过的作品里，如《孤儿行》、《十五从军征》、《上山采蘼芜》、《陌上桑》、《羽林郎》等作品，都是具有较强的叙事性的。这些叙事诗的一个最显明的艺术特色，就是它们都具有较鲜明的形象。比如《孤儿行》，诗人就通过孤儿的遭遇、一年四季从早到晚的生活的叙述，突出了一个受兄嫂虐待、生活十分痛苦的孤儿的形象。《陌上桑》，诗人就用铺张和侧面烘托的描写手法，画出了罗敷的美丽；同时罗敷夫婿的形象也借罗敷的夸耀而被表现出来。《羽林郎》中所写的胡姬，及调笑胡姬的金吾子，形象也是十分鲜明的。

乐府民歌的艺术特色，除了它的叙事性和具有鲜明的形象，它的朴素多样的语言也是独具风格的。乐府民歌中通俗朴素的语言是从人民中来的，大多具有口头性。我们讲过的作品中，有一些作品在运用语言上是十分经济而且生动的，比如《上邪》所用的语言，语言的旋律急促而且充满了激动，全诗不过三十五个字，就把这位女子热情的性格和她对情人爱情的坚定完全表现出来了。《战城南》中，诗人对战死的战士的同情，以及他对于凄凉的劫后战场的描写，所用语言也是既经济而又生动的。我们读这些作品，可以体会到它们的语言，真是惊心动魄、耸人听闻的。

乐府民歌还有一个艺术特色，就是它的富于戏剧性的独白和对话。在乐府民歌里，不论抒情诗或叙事诗，近似于戏剧中独白的第一人称的说话的语气往往是经常被运用的，像《上邪》、《古歌》、《有所思》、《饮马长城窟行》、《孤儿行》就是用的第一人称的独白。《羽林郎》没有全篇用独白，但后半篇却是胡姬独白写法。至于对话，也往往是经常被运用的。《十五从军征》、《东门行》、《陌上桑》夹杂了对话，而《上山采蘼芜》就几乎全篇都是对话。

另外，在乐府民歌中，宇宙事物的人格化，也可以说是它的一个特色，这部分作品我们没有选入。如《乌生》、《蛱蝶行》、《豫章行》、《枯鱼过河泣》等诗篇，就都是用这种写法来写的，我们如果读一读这些作品，就可以体会到它们的新鲜活泼的幻想，带有一种童话的色彩。

第四节　乐府民歌对后来诗歌的影响

从前面所讲，我们知道两汉乐府诗的精华部分都是当时的人民口头创作，内容反映了人民生活的各方面，有很丰富的现实性；艺术风格也是新鲜朴素的。汉代乐府民歌的被搜集，正是当时诗歌中衰的时代，那时文人的歌咏是没有力量的。将乐府民歌和李斯《刻石铭》、韦孟《讽谏诗》或司马相如等人的《郊祀歌》来比较，就发现一面是无生命的纸花，一面是活鲜的蓓蕾。乐府之丰富了汉代诗歌，简直是使荒漠变成了花园，这是有目共睹的事实，是无须多作说明的。

乐府诗就它的基本精神说是和《诗经》相同的，它在基本精神方面是直接继承了《诗经》的。但是就具体的诗来说，乐府诗绝不是《诗经》所能范围的。虽然传统的看法是《诗经》的地位高得多，但里巷歌谣也是发展进步的，《诗经》以后四百年所产生的歌谣，必然是有其新的变化的。这表现在诗的形式上，最显著的就是五言的、七言的、杂言的乐府诗体普遍出现，这种诗体比以四言为主的《诗经》体当然是一个进步。再就题材说，像《孤儿行》、《东门行》、《雉子斑》、《蛱蝶行》、《步出夏门行》、《妇病行》等等无一不是新鲜的。就是拿乐府中和《诗经》题材相同的诗来比，乐府还照样给人新鲜之感。将写爱情的《上邪》比《柏舟》，写战争的《战城南》比《击鼓》，写弃妇的《上山采蘼芜》比《氓》和《谷风》，或各有所长，或后来居上，绝不是陈陈相因的。假如把最能见汉乐府特色的叙事诗单提出来说，像《陌上桑》、《孤儿行》、《羽林郎》、《陇西行》那样，相应着社会人事和一般传记文学的发展而发展起来的曲折淋漓的诗篇，当然更不是诗经时代所能有的。

总之，从乐府回顾汉武帝以前的文学，可以见出乐府诗的推陈出新。如再看看建安以后的文学，又可以发现乐府诗的巨大影响。

中国诗歌史上有两个突出的时代，一个是建安到黄初（196—226），另一个是天宝到元和（742—820）。这两个时代，也就是曹植、王粲的时代和杜甫、白居易的时代。董卓之乱和安史之乱使这两个时代的人饱经忧患。在文学上这两个时代有各自的特色，也有共同的特色。一个主要的共同特色，就是它们的"为时而著，为事而作"的现实主义精神。"为时而著"是白居易提出的口号。他把自己为时为事而作的诗题做"新乐府"，而将作诗的标准推源于《诗经》（白居易《与元九书》）。现在我们应该指出，中国文学的现实主义精神虽然早就表现在《诗经》中，但是发展成为一个延续不断的，更丰富、更有力的现实主义传统，却不能不归功于汉乐府。关于这个问题，我们就需要从建安黄初所受汉乐府的影响来看。

建安黄初最有价值的文学，就是那些记述时事，同情疾苦，描写乱离的诗。例如曹操的《薤露行》、《蒿里行》，以乐府述时事，写出汉末政治的紊乱和战祸的惨酷。王粲的《七哀诗》也描写出当时的乱离景象。陈琳的《饮马长城窟行》、阮瑀的《驾出北郭门行》和曹植的《泰山梁甫行》又各自写出社会苦难的一面。也有不用乱离疾苦做题材，而从另一方面反映社会的诗，如曹植的《名都篇》，暴露都市贵游子弟的生活。这也是有现实性的。这些例子表明这一个时代的文学精神，这精神是直接从汉乐府承受来的。这些诗百分之九十用乐府题，用五言句，用叙事体，用浅俗的语言，在形式上已经可以看出汉乐府的影响。如再把《东门行》、《孤儿行》、《妇病行》等篇和曹操、曹植、王粲、陈琳、阮瑀等的社会诗比较，更可以看出他们之间的渊源。这些诗人一面受西汉以来乐府诗影响，当然或许一面也是受当时民众的影响的。

由于曹操父子的提倡，邺中文士大都勇于接受从乐府发展出来的通俗形式，也承受乐府诗"缘事而发"的精神。他们身经乱离，遭受或目睹许多苦难，所以肯正视当前血淋淋的现实，不但把社会真相摄入笔底，而且灌注丰富的感情。这样的文学自有其进步性。晋宋诗人没有不受建安影响的。傅玄、鲍照独能继承上述的文学精神。但是，到南齐、梁、陈、"众作等蝉噪"（韩愈诗），文学被贵族和宫廷包办。许多作者生活腐烂，许多作品流于病态。建安以来的优良传统几乎斩断。幸而为时不久，唐代诗人从各阶层涌出，文学又有转变，"汉魏风骨"再被推崇。陈子昂的《感遇诗》，大半讽刺武后朝政，格调和精神都"可使建安作者相视而笑"（陈子昂《修竹篇序》），而且为"杜陵之先导"（陈沆《诗比兴笺》）。到杜甫时代，社会苦难加深。杜甫有痛苦的流离经验，有深厚的社会感情，了解人生实在情况，他继承汉魏以来的文学精神，并且大大地发扬了它。元稹、白居易佩服他的"三吏"、"三别"一类诗，尤其元稹在《古题乐府序》里称赞他"即事名篇，无复依傍"，就是说他做乐府诗而能摆脱乐府古题，写当前的社会。元稹和白居易，他们也学杜甫的样子，做"因事立题"的社会诗，称为"新题乐府"或"新乐府"。不过这种叙事写实的诗体还是从汉乐府来的，这种诗的精神也是从汉乐府来的，不是创自元、白，也不是创自杜甫。仇兆鳌在《杜少陵集详注》里，说杜甫的《新婚别》"全祖乐府遗意"，为了指明传统，这样说法是有意义的。

这个时代里许多作者如元结、韦应物、顾况、张籍等都有反映社会、描写现实的诗（大部用乐府题目和形式）。元、白两人且大张旗鼓来宣传提倡。他们事实上继承了汉乐府和建安诗人的传统，但同时抬出《诗经》来做旗帜。这时的诗人对《诗经》的看法已经和汉朝的人不同，他们已经认识"风雅比兴"的真精神了。不过说到影响，比较起来，汉乐府对于他们还是较切近较直接的。在中国文学史上里巷歌谣影响文人创作并不止这一回，但是在内容上发生这么大作用的例子还不多，汉乐府在文学史上的价值可以从这里去估量。

第五节　五言诗的起源

（一）五言诗的起源

五言诗的起源，沿波溯源，则应该上溯到汉代的乐府诗。在汉乐府的《鼓吹曲》、《横吹曲》里，就已经有五言诗句的出现，如《鼓吹曲》里的《上陵》，其词云：

> 上陵何美美，下津风以寒。问客从何来，言从水中央。桂树为君船，青丝为君笮，木兰为君棹，黄金错其间。

以上是《上陵》的开头八句，纯是五言，以下还有一段杂言。《古今乐录》说："汉章帝元和中，有宗庙食举六曲，加《重来》、《上陵》二曲，为《上陵》食举。"《后汉书·礼仪志》说："正月上丁祠南郊，礼毕，次北郊、明堂、高庙、世祖庙，谓之五供。五供毕，以次上陵。西都旧有上陵。东都之仪……太官上食，太常乐奏食举。"可知《上陵》是汉代祭祠用的乐歌。此词虽然前八句以后是杂言，但已开始了整齐的五言八句，可见五言之滥觞，其时间是在东汉前期。

还有《相和歌》中的《鸡鸣》，词云：

> 鸡鸣高树巅，狗吠深宫中。荡子何所之，天下方太平。刑法非有贷，柔协正乱名。黄金为君门，璧玉为轩堂。上有双樽酒，作使邯郸倡。刘王碧青甍，后出郭门王。舍后有方池，池中双鸳鸯。鸳鸯七十二，罗列自成行。鸣声何啾啾，闻我殿东厢。兄弟四五人，皆为侍中郎。五日一时来，观者满路傍。黄

金络马头，颍颍何煌煌。桃生露井上，李树生桃傍。虫来啮桃根，李树代桃僵。树木身相代，兄弟还相忘。

此诗《乐府解题》曰："古词云：'鸡鸣高树巅，狗吠深宫中。'初言'天下方太平，荡子何所之。'次言'黄金为门，白玉为堂，置酒作倡乐为乐。'终言桃伤而李仆，喻兄弟当相为表里。兄弟三人近侍，荣耀道路，与《相逢狭路间行》同。"此诗《乐府诗集》于题下亦注明"古辞"。此诗词意古奥，末用比喻，当不可明说。或谓是东汉之作。

又乐府《相和歌辞》中有《江南》一首，题下注明"古辞"。按《晋书·乐志下》云："凡乐章古辞，今之存者，并汉世街陌谣讴。《江南可采莲》、《乌生》、《十五子》、《白头吟》之属。"其后渐被于弦管，即相和诸曲是也。《乐府解题》曰："江南古辞，盖美芳晨丽景，嬉游时得。"以上两种解释，并不矛盾。《江南》一首其词云：

江南可采莲，莲叶何田田。鱼戏莲叶东，鱼戏莲叶西，鱼戏莲叶南，鱼戏莲叶北。

此诗词意通晓，句法拙朴，具有明显的民歌风格，《乐府解题》最能得其意。

以上所引，是乐府歌辞，是合乐之作，且都是汉世之作，以东汉中后期为多，这些曲辞，还不是文人脱离乐曲完全以诗的形式创作的五言诗。但实际上当这些乐曲歌词被演奏流传的时候，真正文人创作的五言诗也已经产生了。

（二）文人创作的五言诗

文人创作的五言诗，也有一个发展过程，《汉书·贡禹传》引武帝时俗语："何以孝弟为？财多而光荣。"共六句五言，已脱离乐曲，但不协韵，只是民间俗谚，不能算诗。武帝后一百年，到成帝时，《汉书·五行志》载《黄爵谣》云：

> 邪径败良田，谗口乱善人。桂树华不实，黄爵巢其颠。故为人所羡，今为人所怜。

又《尹赏传》有成帝时《长安歌》云：

> 安所求子死。桓东少年场。生时谅不谨。枯骨后何葬？

此两诗，已开始协韵而初具五言诗之体制。可见五言诗之进展，但此类诗，尚都无主名。

现存最早文人写的五言诗，要推班固的《咏史》，诗云：

> 三王德弥薄，惟后用肉刑。太仓令有罪，就逮长安城。自恨身无子，困急独茕茕。小女痛父言，死者不可生。上书诣阙下，思古歌《鸡鸣》。忧心摧折裂，晨风扬激声。圣汉孝文帝，恻然感至情。百男何愦愦，不如一缇萦。

班固是明帝时人，比上引《黄爵谣》、《长安歌》晚六十余年。可见当乐府诗中的五言诗渐趋成熟的时候，也就是文人创作脱离乐曲纯以五言文字为诗的开始。钟嵘《诗品》说此诗"质木无文"，这正是文人五言诗开端时的状况，此后才有张衡《同声诗》、秦嘉《留郡赠妇诗》和赵壹的《疾邪诗》等渐趋成熟之作。秦嘉《留郡赠妇诗》云：

人生譬朝露，居世多屯蹇。忧艰常早至，欢会常苦晚。念当奉时役，去尔日遥远。遣车迎子还，空往复空返。省书情凄怆，临食不能饭。独坐空房中，谁与相劝勉。长夜不能眠，伏枕独展转。忧来如循环，匪席不可转。（其一，余略）

赵壹《疾邪诗》云：

河清不可俟，人命不可延。顺风激靡草，富贵者称贤。文籍虽满腹，不如一囊钱。伊优北堂上，肮脏倚门边。

势家多所宜，咳吐自成珠。被褐怀金玉，兰蕙化为刍。贤者虽独悟，所困在群愚。且各守尔分，勿复空驰驱。哀哉复哀哉，此是命矣夫。

观以上三诗，可见五言诗始于乐府歌词，约当汉武之世，其后经成帝时期，至明帝及更后，便完全成熟，遂有蔡琰的《悲愤诗》，无名氏的《孔雀东南飞》等长篇巨著的出现。

（三）《古诗十九首》

《古诗十九首》最早见于梁萧统之《文选》，题曰《古诗》，共十九首，故后世即称《古诗十九首》，其原有多少首，作者为谁，均不可考。沈德潜《说诗晬语》云：

《古诗十九首》，不必一人之辞，一时之作。大率逐臣弃妻、朋友阔别、游子他乡、死生新故之感，或寓言，或显言，或反覆言，初无奇辟之思，惊险之句，而西京古诗，皆在其下。是为《国风》之遗。

沈德潜所论，能得其要旨。陈祚明《采菽堂古诗选》说：

> 《十九首》所以为千古至文者，以能言人同有之情也。人情莫不思得志，而得志者有几？虽处富贵，慊慊犹有不足，况贫贱乎？志不可得而年命如流，谁不感慨？人情于所爱，莫不欲终身相守，然谁不有别离？以我之怀思，猜彼之见弃，亦其常也。夫终身相守者，不知有愁，亦复不知其乐；乍一别离，则此愁难已。逐臣、弃妻与朋友阔绝，皆同此旨。故《十九首》惟此二意，而低回反复，人人读之皆若伤我心者，此诗所以为性情之物。而同有之情，人人各具，则人人本自有诗也；但人人有情而不能言，即能言而言不能尽，故特推《十九首》以为至极。

陈祚明的解释，又较沈德潜深入一步，要之两家之说，均能阐《十九首》之深意。

《古诗十九首》概括来说，一是伤乱世人生之无常，二是游子思乡之苦，三是思妇念远之愁，四是亦有咏歌欢乐豪华者，惟为数甚少，而诗意终带伤感。现在我们即以此四类举而释之。

第一类，伤乱世人生之无常：

> 回车驾言迈，悠悠涉长道。四顾何茫茫，东风摇百草。所遇无故物，焉得不速老。盛衰各有时，立身苦不早。人生非金石，岂能长寿考。奄忽随物化，荣名以为宝。（原第十一首）

　　驱车上东门，遥望郭北墓。白杨何萧萧，松柏夹广路。下有陈死人，杳杳即长暮。潜寐黄泉下，千载永不寤。浩浩阴阳移，年命如朝露。人生忽如寄，寿无金石固。万岁更相送，圣贤莫能度。服食求神仙，多为药所误。不如饮美酒，被服纨与素。（第十三）

　　去者日以疏，生者日以亲。出郭门直视，但见丘与坟。古墓犁为田，松柏摧为薪。白杨多悲风，萧萧愁杀人。思还故里闾，欲归道无因。（第十四）

　　生年不满百，常怀千岁忧。昼短苦夜长，何不秉烛游。为乐当及时，何能待来兹。愚者爱惜费，但为后世嗤。仙人王子乔，难可与等期。（第十五）

以上四首，其主要意旨，都是哀叹人生之无常，生命之短促。"四顾何茫茫，东风摇百草。所遇无故物，焉得不速老"，"人生忽如寄，寿无金石固"，"白杨多悲风，萧萧愁杀人"等诗句，都是感叹人生之短促，自身之无力自保（"奄忽随物化"）也。

　　第二类，游子思乡之苦：

　　行行重行行，与君生别离。相去万余里，各在天一涯。道路阻且长，会面安可知。胡马依北风，越鸟巢南枝。相去日已远，衣带日已缓。浮云蔽白日，游子不顾返。思君令人老，岁月忽已晚。弃捐勿复道，努力加餐饭。（第一首）

此诗历来歧解甚多，或谓是思妇念游子之诗似亦可通，然实非。盖此诗实乃游子思乡念妇之作，兹略作疏解。

首两句"行行重行行，与君生别离"，行者之词也，故曰"行行重行行"也。"君"者，指其所别之"妻"也。第二两句，"相去万余里，各在天一涯"，是"重行行"之果也，越走越远也。"各在天一涯"者，相互之词也。行者视居者则在天之一涯，居者视行者亦在天之一涯，故曰"各在"也。以下两句"道路阻且长，会面安可知"，行者之词也。道路之"阻且长"是行者之身经，尤其是"阻"，居者不可亲知，只有身历者亲知关山之险且阻也。因路阻且长，行者知会面无期矣。以下"胡马依北风"四句，行者捶胸痛心之词也。意者胡马尚知依恋北风，越鸟尚能筑巢南枝，他乡游子岂能不念故乡亲人乎？惟因如此，故离家日远，衣带日宽，人因思乡念妻而消瘦也。"浮云"两句，是诉游子不是不愿回乡，是回乡受阻，无力回乡，因浮云蔽日，有人阻梗使坏也。"思君令人老，岁月忽已晚"两句，是说游子不得回乡，日夜想念妻子，人亦老瘦憔悴矣，可见游子相思之深，相思之苦，相思之伤神也。因为思君（其妻）人亦老矣，岁月亦蹉跎矣，奈何奈何！末两句"弃捐勿复道，努力加餐饭"，上句是说不要再说这些伤心话了，所"弃捐"者以上这些伤心话也，"勿复道"者，也是不再说这些伤心话也。大家都不要再说这些伤心话了，徒伤无益，还是保重身体，努力"加餐饭"吧！

此诗词意畅通，并无阻滞，所歧解者，一个是"君"字，往者此诗作为居者之词，故"君"指离家远行者，是妻子与丈夫"生别离"也。于是全诗即从居者眼中解之。故"君"字之确解，是解此诗之第一关键词也。第二是"游子"，以往常以"游子"两字作为居者称行者之词，再与前"君"字相联，则此诗纯成为居者念行者之诗矣。其实"游子"是行者自称之词，因"游子"之受阻无力返回，故"思君（思妻）令人老"也。以"游子"作为行者自称之辞，乐府古辞中亦都有之，如

《乐府诗集》卷三十"相和歌辞"五"平调曲"中之《长歌行》下题"古辞"，诗云：

> 岧岧山上亭，皎皎云间星。远望使心思，游子恋所生。驱车出北门，遥观洛阳城。凯风吹长棘，夭夭枝叶倾。黄鸟飞相追，咬咬弄音声。伫立望西河，泣下沾罗缨。

这首"古辞"里的"游子恋所生"，很明显的是游子自称。此外，拟作于东汉灵帝、献帝时的苏武、李陵诗（载萧统《文选》），逯钦立先生列举四点，认为是汉末灵、献时期的拟作，若然，则与《古诗十九首》约作于东汉之说时代极相近，而李诗中有"携手上河梁，游子暮何之"，而苏诗中亦有"请为游子吟，泠泠一何悲"、"征夫怀远路，游子恋故乡"之句。苏、李诗中之"游子"皆指游子自身，诗虽是拟托，其用词却是其同时代的用词。甚至到西晋的陆机，还有拟古诗《拟行行重行行》之作，诗中也用到"游子眇天末"之句，直到唐孟郊的《游子吟》，则更是以游子自指。所以《古诗十九首》中的第一首《行行重行行》中的"游子"，我以为是以游子自称，方能贴切诗意，而全诗遂成为一首完整的反映东汉末年乱离之世游子的凄楚情怀的杰作。

第三类，思妇念远之愁：

《古诗十九首》中，以此类诗居多，如第二、第五、第六、第八、第九、第十、第十二、十六、十七、十八、十九共十一首都属此类作品，现举二、六、八首为例：

> 青青河畔草，郁郁园中柳，盈盈楼上女，皎皎当窗牖。娥娥红粉妆，纤纤出素手。昔为倡家女，今为荡子妇，荡子行不归，空床难独守。

涉江采芙蓉，兰泽多芳草，采之欲遗谁，所思在远道。还顾望旧乡，长路漫浩浩。同心而离居，忧伤以终老。

冉冉孤生竹，结根泰山阿，与君为新婚，菟丝附女萝。菟丝生有时，夫妇会有宜。千里远结婚，悠悠隔山陂。思君令人老，轩车来何迟。伤彼蕙兰花，含英扬光辉。过时而不采，将随秋草萎。君亮执高节，贱妾亦何为？

以上这些思妇诗，并不难解，但要注意的是这些思妇诗，实际上都还隐含着游子在内，因为没有游子，也就没有思妇。反之游子诗里，自然也隐着思妇，只是各自的表现方式不同，因此诗的思想感情，语气和生活内容也就不同。还有，在这些诗里出现的"荡子"、"所思"、"君"、"故人"等词，也都是思妇所思念的"游子"的代称。这些思妇诗，都是以女性的身份和口气写的，故所表现的情致特别婉转缠绵，忧伤哀怨而动人。可以说令人百读不厌，因为它所表现的是乱离之世人人共有的感情。

第四类，咏歌游戏宴乐：

此类诗，十九首中只有两首，即《青青陵上柏》和《今日良宴会》两首。兹举如下：

青青陵上柏，磊磊涧中石，人生天地间，忽如远行客。斗酒相娱乐，聊厚不为薄。驱车策驽马，游戏宛与洛。洛中何郁郁，冠带自相索。长衢罗夹巷，王侯多第宅。两宫遥相望，双阙百余尺。极宴娱心意，戚戚何所迫。

217

今日良宴会，欢乐难具陈，弹筝奋逸响，新声妙入神。令德唱高言，识曲听其真。齐心同所愿，含意俱未申。人生寄一世，奄忽若飚尘。何不策高足，先据要路津。无为守穷贱，轗轲长苦辛！

这两首诗，极言欢乐宴会之盛事，还写到洛中郁郁，两宫相望，游戏及于宛洛，宛就是现在的南阳，在洛阳的南面，东汉时亦是繁华城市，从这两首诗看，还未及战乱和离别，其写作时间，或较以上各诗略早，但要注意在这两首极写欢乐游戏的诗里，已杂有人生无常之感。如"人生寄一世，奄忽若飚尘"、"人生天地间，忽如远行客"等等，已自然地反映出末世的思想情绪。

《古诗十九首》所表现的思想情绪，很明显已不是一般的伤离伤别、朋友思念之类的普通生活内容，而有鲜明的时代特色，这就是乱世所造成的人生无常的末世之感。

而这一特征，也可以帮助我们判断它的时代，应该在东汉后期到汉末。再从它的艺术来看，五言诗的发展也只有到这时才能达到如此成熟完美的境界。

《古诗十九首》是从乐府诗的叙事到诗歌走向人生的咏叹和抒情的一大历史性的跨越。《古诗十九首》正是以它的人生咏叹及对生命和爱情的珍惜为其最大特征开启后人的。《古诗十九首》对后世诗歌的发展，其影响是巨大的，甚至可以说无可比拟的。也可以说后世的许多大诗人无不受其影响，如阮籍的《咏怀》，陆机的《拟古诗》以及李白的《古风》，杜甫的《秦州杂诗》等等。

第六节 简短的结论

汉代诗歌流传下来的，主要是乐府诗。"乐府"本来是汉武帝设立的一个采诗配乐的官署，这个官署，大规模地采集民歌，保存了人民口头的诗歌创作，在中国文学史上是有极大的贡献的。

乐府诗也是诗歌的一种体裁，其中有民间歌谣和文人创作。两汉乐府诗大多是"感于哀乐，缘事而发"的作品，它的基本精神是直接继承《诗经》的，它的精华部分都是当时的人民口头创作，内容反映了人民生活的各方面，有很丰富的现实性；艺术风格也是非常新鲜朴素的。

两汉乐府诗在中国文学发展的历史上，对于后来诗歌的影响是很大的。不只中国诗的主要形式五七言的诗体都是由乐府发展而来，而且很多有成就的著名的诗人也都从这里吸收了刚健清新的文学营养，形成了他们创作中的有机部分，从而推动了文学的向前进展。建安诗歌以人民的乱离和苦难为题材，和以通俗形式来表现，这正是乐府的特色。杜甫的许多诗篇有着明显的学习乐府的痕迹。白居易的"新乐府"和中唐其他诗人的优秀作品，运用乐府题目和形式来写社会生活，在有许多地方也是显著地受了乐府的影响的。

除乐府诗之外，五言诗从发展到成熟，也是汉代文学的重要方面，五言诗成熟的标志和艺术的完美，境界之高远，是以《古诗十九首》为代表的，而《古诗十九首》又是从乐府诗的叙事走向人生的咏叹和抒情的一大跨越。而《古诗十九首》对后世诗歌发展的影响也是无可估量的。

第三编　魏晋南北朝文学

绪　论

东汉末年，由于统治阶级残酷地压迫剥削人民，不断地发动对外战争，强迫人民远戍服役，农民大多破产，被迫到处流亡，生活陷于绝境。在荒年的时候，竟至有人吃人的悲惨景象发生，如灵帝时就有"河内（河南武陟）人，妇食夫；洛阳人，夫食妇"的惨事。但同时统治阶级竟还在纵情奢侈，大兴土木，灵帝在河间（河北河间）买田宅，起第观，宦官侯览前后夺人宅三百八十一所，田十八顷，起立第宅十六区。一方面是统治阶级的荒淫无耻和残酷剥削，一方面却是广大人民的流离失所，夫妻相食，这种尖锐的社会矛盾，终于爆发了以黄巾为首的全国性的农民大起义。黄巾军虽然在官兵和地主武装的残酷的镇压和屠杀下失败了，但是农民起义，却是此伏彼起，始终不绝。加上统治集团内部矛盾的日益尖锐化，终于使东汉的政权陷于崩溃。形成公元三世纪初期地方势力割据混战的局面。

在地方势力割据混战中，人民大量被屠杀。如董卓的军队到阳城（河南登封县）时，刚遇春季乡村大庙会，卓兵即将人民四面包围，男子的头全部割下，挂在车辕车轴上，载妇女财物回洛阳，声称攻贼大胜。卓迁都长安时，命先烧洛阳周围二百里内城市村庄，又烧城内宫殿宗庙府库民家，驱人口数百万入关，饥饿困顿，积尸满路。曹操破陶谦时，屠徐州五县，杀男女数十万，尸投泗水，泗水为之不流。战争和屠杀的结果，生产破坏，户口骤减，造成"出门无所见，白骨蔽平原"（王粲诗），"铠甲生虮虱，万姓以死亡，白骨露于野，千里无鸡鸣"（曹操诗）的荒凉悲惨的景象。这些武装集团互相混战火并到最后，曹操占据了黄河流域，刘备占据了四川，孙权占据了长江中下游地区，成立了魏、蜀、吴三国鼎立的局面。这一时期的残破社会和人民痛苦的生活，充分反映在建安一代的文学里。

从三国到南北朝，形成长期的混战与分裂，人民仍旧得不到比较长期的和平生活。尤其是西晋灭吴，结束了三国分立的局面，建立了统一的政权以后仅仅十余年，就爆发了"八王之乱"，接着是西北各族进入中原，晋政权又被迫南迁，于是北中国又陷入分崩离析的大混乱的状态。由于少数民族政权长期统治中原，造成南北的分割与社会基础发展不平衡的现象，北中国陷入少数民族政权统治以后，北方的人民便纷纷南流，带来了北方进步的农业技术，这对于江南的开发，起了重大作用。

自东晋至陈朝，江南的城市经济有着显著的发展，长江沿岸出现了许多商业都市，经过南朝约三百年的开发，长江流域的经济发展到略次于中原地区的地位。北中国在少数民族政权的统治下，战乱频仍，经济的发展，远不如江南发达。在文学上也形成南北不同的精神面貌，这在民歌中反映得尤为显著。南方的民歌充满着大胆热烈的恋情和水边船上的情调以及商人旅客的别情，其音节声调，比较婉转流畅，北方的民歌，较多的是反映战争或者畜牧生活，婚姻苦闷的，它的音调高亢，风格粗犷雄壮。

因为南方经济发展的迅速，同时北方具有较高文化的士族又纷纷渡江南下，进行文化传播，因此，从四世纪到六世纪的建康（南京），不仅是南朝的政治中心，也是当时中国的文化中心。当时的诗人、画家、学者都集中在这里。文学艺术有很大的发展，科学方面也有发明。南方文化在当时取得了绝对领导的地位。东晋以来，在汉末的推举征辟以及曹魏的九品中正制的基础上建立起来的士族制度，保障了贵族阶级政治和经济上的特权。到了南朝，这些士族，不仅仍是特权阶级、剥削阶级，而且已成为完全无用的寄生阶级。他们的奢侈浪费、荒淫无耻和腐化堕落都达到了极点。当时一些玩弄文墨的士族子弟，依附宫廷，大量制造出形式华丽、内容空虚的贵族文学。

由于汉末的农民大起义，老庄学说中的一些不满现实，提倡人与人平等的成分，又在社会上流行起来，士大夫阶级及上层知识分子中的一些人，则手执麈尾，清淡名理，崇尚通脱放达，反对礼教的束缚，再加上佛教、道教的传布，玄学便盛极一时。甚至卫玠与谢鲲谈玄，相互辩难，一夜不眠，卫玠竟因此疲劳过度而死（玠原有痨病），支遁、殷浩两人各负重名于当世，竟相互躲避，不敢见面。由于农民革命和社会长期地动荡纷乱，统治阶级便失去了统治的威力，因此在思想界，儒学也失去了统治的力量。当时的文人谈玄学，倡放达，主要是对于封建束缚与黑暗现实的反抗，但也有不少是掩饰他们自己的腐化没落生活的。这种玄风，对当代文学也有很大的影响。

魏晋南北朝时代，文化、艺术也很发达，大书法家钟繇、王羲之、王献之、师宜官，大画家顾恺之、宗炳、顾景秀、谢赫、萧绎、张僧繇，大雕塑家戴逵、戴颙等都是生长在这个时代。王羲之并成为中国书法史上不可企及的高峰，顾恺之则成为人物画中的大师。他在金陵瓦棺寺壁上画的维摩诘像，画成之后，竟一时光照全寺，引得全城人都来看，几天就得布施钱百万。文化艺术的飞速发展，对于文学的影响也是很深刻的。

这一时期的文学，诗歌占了主要地位，在汉乐府的基础上，经过汉魏文人的努力，五言诗巩固和发展起来了，产生了曹植、王粲、嵇康、阮籍、陶潜、谢灵运、谢朓、鲍照等重要诗人，在总的倾向上，他们对黑暗的政治和社会现实，对礼教及门阀制度，都表示了不满和反抗。齐梁时代，沈约、王融等又创四声八病说，加之自曹植起，经过陆机、陆云、范晔、谢庄等人对声律的研究，至此声律论便兴起，由于宫廷贵族的提倡，骈体文便盛极一时，而新体诗也在这一时期酝酿产生。

这一时期文学的另一特征，是文学批评的发展，由曹丕、陆机到刘勰、钟嵘，表现了辉煌的成就。

这一时期的文学是丰富的，而且形成了南北两种不同的风格，各自反映着不同的社会生活和面貌。

散文在这一时期，比起诗歌来虽然产量要少得多，但如曹丕、曹植、孔融、嵇康、王羲之、陶渊明等也是颇有成就的，而郦道元的《水经注》，杨衒之的《洛阳伽蓝记》，尤为这一时期散文的杰作。

小说在这一时期也有了萌芽和发展。如干宝的《搜神记》，通过神怪的题材，反映出封建社会里人民对于统治阶级的反抗情绪，以及对于幸福的追求。裴启的《语林》，郭澄之的《郭子》则记录了文人们的言谈逸事，而这方面的作品，尤其以刘义庆的《世说新语》最为出色，他往往能用三言两语，就极生动地勾画出一个人的轮廓或言谈时的音容笑貌来，而且有些言语，颇能发人深省。

对于这一时期的文学作品，我们将于下面分章来叙述。

第一章　建安正始文学

从汉末建安到魏末正始、嘉平，共历六十多年，在这六十多年中，经过了两次易代的变乱，人民生活十分痛苦，生命无常，朝不保夕，尤其是正始时，司马懿专权，一些接近于魏王室的文人，备受迫害，造成文人们愤世嫉俗，对统治者的不合作态度，这个时代政治的黑暗，社会的动乱，人民生活的痛苦，造成了这一时代文学的特色，即所谓"建安风骨"和"正始之音"。下面我们分五节来讲。

第一节　建安文学的特征

建安时代的文学，在我国文学史上，占有极重要的地位，钟嵘《诗品》说：

> 自王扬枚马之徒，词赋竞爽，而吟咏靡闻。……诗人之风，顿已缺丧。东京二百载中，惟有班固咏史，质木无文。降及建安，曹公父子，笃好斯文，平原兄弟，郁为文栋，刘桢王

227

粲为其羽翼。次有攀龙托凤，自致於属车者，盖将百计，彬彬
之盛，大备于时矣。

刘勰《文心雕龙·时序》篇也说：

> 自献帝播迁，文学蓬转，建安之末，区宇方辑。魏武以相
> 王之尊，雅爱诗章；文帝以副君之重，妙善辞赋；陈思以公子
> 之豪，下笔琳琅，并体貌英逸，故俊才云蒸……观其时文，雅
> 好慷慨，良由世积乱离，风衰俗怨，并志深而笔长，故梗概而
> 多气也。

从上面两部当时有名的文学批评著作来看，我们也可看出这一时期的文学的盛况来。建安文学的特征之一，就是在乐府诗的基础上，五言诗的繁荣和巩固，特别是这一时期由于社会的动荡不安，文人们在流离搬迁中，较广泛地接触了社会现实，因此他们的作品，普遍地接受了民歌的影响，并能够比较普遍而深刻地反映出这一时代悲惨的社会面貌，发出一种慷慨悲凉的声音，或者感慨于民生的疾苦，或者恐惧生命易逝而功业未立，这种声音，是感慨的但却是积极的，在对现实的不满和慨叹之中蕴藏着改造现实的意愿和要求，而不是那种颓废的无力的叹息，所以能形成后来常为人们赞扬的"建安风骨"的文学特征。

建安文学的特征之二，是文学批评的开展，当时在政治上和文学上都居于领导地位的曹丕，在他的《典论·论文》中说：

> 盖文章经国之大业，不朽之盛事。年寿有时而尽，荣乐止
> 乎其身，二者必至之常期，未若文章之无穷。

他正确地指出了文学的价值，对于当时文学的繁荣，是起着推动作用的，而且从此便开展了文学批评的风气，对于文学创作的提高，也是有积极影响的。

建安文学特征之三，是偏重于形式的宏丽典雅的汉赋，发展到这时，产生了一些流利生动的抒情小赋，使赋这一文学形式，得到了一定的改造和新生，因而出现了一些不朽的名篇。

第二节　《悲愤诗》和《孔雀东南飞》

（一）蔡琰的《悲愤诗》

蔡琰，字文姬，是当时的大文学家蔡邕的女儿，博学有才辩，又精于音律。初嫁卫仲道，夫死无子，回到娘家，遇董卓兵乱，被胡兵掳去，为匈奴左贤王妻。留十二年，生二子。后来曹操因念与蔡邕的交情，即派人用金璧把她赎回来了，重嫁给董祀。祀为屯田都尉，犯法当死，蔡琰蓬首徒行，叩头为请曹操赦免，后来为曹操传抄家中藏书。因为感伤昔年的离乱之苦，写了《悲愤诗》两章。

建安时代，正是五言诗在乐府民歌的基础上酝酿发展的时候。在此以前的文人，如班固、蔡邕、秦嘉、郦炎、赵壹、高彪等，都曾做过尝试，写出过一些五言诗来。但是在艺术上都还不能算是成功的作品。蔡琰的《悲愤诗》第一章，全是用五言写的，全篇共一百零八句五百四十字，可说是初期五言诗创作中的一篇巨著。它对五言诗这个形式的巩固和发展，对后代作家的影响，是很大的。沈德潜曾说："段落分明而灭去脱卸转接痕迹，若断若续，不碎不乱。少陵《奉先咏怀》、《北征》等作，往往似之。"我们固然不必拘泥于沈说，认为杜甫的《赴奉先咏怀五百字》和《北征》等是直接受了《悲愤诗》的影响；但他指出

《悲愤诗》的艺术成就和给后世的影响这一点，无疑是正确的。

《悲愤诗》一开始即用真实的描写，揭露了汉末社会的动乱和军阀们拥兵专权，骄横自强的黑暗现实。真实地描写了人民在军阀们践踏下的痛苦生活：

> 卓众来东下，金甲耀日光。平土人脆弱，来兵皆胡羌。猎野围城邑，所向悉破亡。斩截无孑遗，尸骸相撑拒。马边悬男头，马后载妇女。长驱西入关，迥路险且阻。

接着便描写了作者被俘以后思念乡里，思念父母的真切的感情：

> 感时念父母，哀叹无穷已。有客从外来，闻之常欢喜。迎问其消息，辄复非乡里。

作者在写到自己能侥幸被赎回乡，而又不得不抛弃自己的儿子的时候，那种乡土之恋与亲子之爱的矛盾，被表现得异常深刻动人。

> 天属缀人心，念别无还期。存亡永乖隔，不忍与之辞。儿前抱我颈，问"母欲何之？人言母当去，岂复有还时？阿母常仁恻，今何更不慈？我尚未成人，奈何不顾思？"见此崩五内，恍惚生狂痴。号呼手抚摩，当发复回疑。

《悲愤诗》深刻地暴露了汉末社会的动乱，军阀们的罪恶和人民的颠沛流离，尤其是深刻地描写了作者自身流离在边荒异域的痛苦环境下怀念祖国的热情和亲子之爱的矛盾。这种真切而动人的描写，使这首诗具有强烈的感人力量。

《悲愤诗》深刻而尖锐地揭露社会现实，同情人民的悲惨生活，在语言上比较通俗，并且常常运用对话等的表现方法，是它继承乐府民歌的精神的表现。

（二）《孔雀东南飞》

《孔雀东南飞》最早见于陈朝徐陵所编的《玉台新咏》，在这首长诗的前面，有这样一段小序：

> 汉末建安中，庐江府小吏焦仲卿妻刘氏，为仲卿母所遣，自誓不嫁。其家逼之，乃没水而死。仲卿闻之，亦自缢于庭树。时人伤之，为诗云尔。

这段小序很重要，它告诉我们这首诗的故事发生于东汉末建安时代，当时人为了悼念他们，把它写成了诗。根据这段小序的语气，可知这段小序是徐陵或徐陵以前的人加上去的。即使迟到是徐陵编《玉台新咏》时加上去的，那末当时离开汉末建安时代，也还只有三百多年，因此这个记录，也还是比较可信的。有人因为诗中有些词汇，是六朝时的词汇，因此怀疑此诗是六朝时的作品，这个意见，恐怕不可靠。大致这诗在汉末产生以后，经过长时间的流传，因而也经过不同时代的好多人（包括文人在内）的修改润色，这可能是事实。

《孔雀东南飞》是古典民间叙事诗中最伟大的诗篇，是乐府民歌发展的高峰，全篇共长三百五十三句，一千七百六十五字。这首诗详尽深刻地描写了一对青年夫妇在封建家长制的迫害下的爱情悲剧，尖锐地揭露了封建社会的残酷性，对于用生命来坚决反抗封建社会压迫的刘兰芝和焦仲卿，则给予了深刻的同情和赞扬。通过刘兰芝和焦仲卿对于封建家长制的权威的反抗，也反映出汉末社会的动摇，儒家的伦理思想失去了人们的信仰。

这首诗的艺术特色，是对主要人物的心理、性格，作了深刻的描写，创造了刘兰芝、焦母、焦仲卿等典型的艺术形象。

诗中对刘兰芝的性格的刻画和形象的描写，是十分鲜明突出的。"鸡鸣入机织，夜夜不得息。三日断五匹，大人故嫌迟。"作者在赞扬了兰芝的勤劳以后，却随即将矛盾揭示了出来。这种写法，有助于我们对兰芝的了解和同情，特别有助于开展兰芝的性格。在焦母的专横逼迫之下，在古代社会里的妇女，一般可以有两种态度：一种是按照封建社会的标准道德，顺从到底；另一种是争取自由和保护个人的尊严。然而后者毕竟是艰难的、悲惨的。然而刘兰芝竟自选择了后者。这就不是一个顺从的驯服的性格而是具有反抗精神的性格。作者把握了这个性格，而又使它在具体的情节中发展着、上升着。"妾不堪驱使，徒留无所施，便可白公姥，及时相遣归。"这是不堪百般的侮辱逼迫而又强制地压抑着自己的满腔愤怒的说话。我们听到了这种带有反抗意味而又是含蓄的声音，也就开始摸到了她的颇有一些棱角的个性。这样的话，无怪乎封建时代的士大夫要认为是"悍然求去"，"负气诟谇"了。而到事情已经发展到不得不夫妻分离的时候，懦弱而善良的仲卿，还在期望着破镜重圆，但是兰芝却看得很清楚，说："勿复重纷纭！往昔初阳岁，谢家来贵门。奉事循公姥，进止敢自专？昼夜勤作息，伶俜萦苦辛。谓言无罪过，供养卒大恩。仍更被驱遣，何言复来还？"本来一个人的性格的坚定、明确、勇敢，是必须建立在对客观事件、环境有透彻明确的了解上的。这一节描写，使我们知道兰芝对事情发展的判断多么有根据，多么清晰、明确啊！因此下面几句描写她对自己的衣物的安排，临别时的梳妆，也就能格外显示出她的从容不迫和沉着坚强的性格。她临别时辞别焦母的说话，依旧是沉着的含蓄的，然而作者用"却与小姑别，泪落连珠子"两句话，尽力地宣泄了这位深深地受着压抑和侮辱的新妇的内心沸腾的感情。对着权利和强暴，她的态度是坚强的，她丝毫也不表露出自己受伤的感情；但是对着同情自己的人，她抑制不住盈眶的热泪。这里我们可以悟到"昔作女儿时"以下八句四十字的描写，原来是与下面"却与小姑别，泪落连珠子"两句互为呼应，互相陪衬的。正是由于这种描写，才能鲜明地揭示出刘兰芝的性格的两方面：坚定沉着而又有深厚的感情。这种态度，也是刘兰芝当时内心矛盾的反映。通过这段描写，使我们看到内心实在不愿分离而事实上又不得不分离的刘兰芝在压抑着无限的悲痛挥泪登车的惨状。

尽管客观环境已经陷入了绝境，但是寄希望于万一的心情，恐怕任何人都还是会有的。更何况兰芝和仲卿两人的事情，还未发展到山穷水尽。所以送别途中仲卿的叮咛，自然地会使兰芝产生一种希望："感君区区怀……不久望君来。"然而即使在怀着希望的同时，她也早就预感到处境的困难了。"我有亲父兄，性行暴如雷，恐不任我意，逆以煎我怀。"这里作者一方面进一步描写了兰芝的预见和忧虑，同时也巧妙地为情节的发展，安排了线索。

果然回家以后，母亲的误会，已经使她痛苦；而媒人和阿兄的逼迫，终于使她没有立足之地了。"不嫁义郎体，其往欲何云？"阿兄的责问多么尖锐！你不愿出嫁，还想打算什么呢？也就是告诉兰芝说，只有出嫁一条路，不愿出嫁，要想留在家里是不行的。既不愿出嫁，又不能留下来，这时的刘兰芝，还有什么路可走呢？在下定了"死"的决心以后，她仍旧强制着自己做成了绣裙单衫，为的是避人嫌疑。终于她在与仲卿又一次的见面相约同死以后，她毅然地"揽裙脱丝履，举身赴清池"了。作者在全诗中对刘兰芝的性格描写，是十分细致的，因此她的性格也确实被描写得十分深刻而突出。

诗中对焦母的刻画，也十分生动。"此妇无礼节，举动自专由。吾意久怀忿，汝岂得自由！……便可速遣之，遣去慎莫留！""阿母得闻之，搥床便大怒：'小子无所畏，何敢助妇语！吾已失恩义，会不相从许！'"寥寥数笔，对一个凶恶横蛮的老妇人的形象，刻画得多么生动啊！诗中对焦仲卿的软弱而善良的性格的描写，也是十分真实的。

在表现方法上，诗一开头就用了"孔雀东南飞，五里一徘徊"两句作为起兴。这是从乐府古辞"燕歌何尝行"诗里变化来的，该诗原是描写夫妇离别的哀感缠绵的作品。这个基调，对于"孔雀东南飞"的悲惨的故事，是十分合适的。作者在全诗中，运用了不少的对话，这对描写各人不同的心理状态和性格特征，有很大的作用。结尾用一个意义深长的带有浪漫主义色彩的神话来结束，就更强调了兰芝和仲卿的爱情的真挚和可贵，表达了人民的普遍愿望。

这个作品，虽然经过文人们的修改，但民歌的风格，仍很显著。全篇的语言，也很通俗质朴。结构也十分严整，是叙事诗中一首伟大的杰作。

第三节　曹氏父子

曹氏父子，在建安文学中，是居于领导地位的。这不仅因为他们自己都是天才的诗人。《三国志·魏志·武帝纪》注引《魏书》说：曹操"手不舍书，昼则讲武策，夜则思经传，登高必赋"。又说：操所"造新诗，被之管弦，皆成乐章"。该书注引《曹瞒传》又说他"好音乐，倡优在侧，常日以达夕"。可见得曹操是雅好诗赋的人。曹植与《杨德祖书》又说："昔仲宣独步于汉南，孔璋鹰扬于河朔，伟长擅名于青土，公幹振藻于海隅，德琏发迹于此魏，足下高视于上京，当此之时，人人自谓握灵蛇之珠，家家自谓抱荆山之玉。吾王于是设天网以该之，顿八纮以掩之，今悉集兹国矣。"《三国志·王粲传》说：曹操"及平江汉，引其贤俊而置之列位，使海内回心，望风而愿治，文武并用，英雄毕力，此三王之举也。"《三国志·魏志·荀彧传》引《魏氏春秋》也说：曹操"外定武功，内兴文学"。根据这些记载，可见曹操不仅自己喜欢创作诗歌，而且又极力利用他的政治力量，尽量提拔人才，延揽文士。所以许多文学之士，会"悉集兹国"，造成"彬彬之盛"的盛况。

曹丕也是一个诗人，而且对文学十分重视。他在《典论·论文》中说："盖文章经国之大业，不朽之盛事。年寿有时而尽，荣乐止乎其身，二者必至之常期，未若文章之无穷。"以他的地位和身份，把文学的价值提得这样高，这对当时文人们的创作未尝不是一种有力的提倡和鼓励，他又在《与吴质书》中说："徐、陈、应、刘，一时俱逝，痛可言邪！昔日游处，行则连舆，止则接席，何曾须臾相失！每至觞酌流行，丝竹并奏，酒酣耳热，仰而赋诗，当此之时，忽然不自知乐也。"这一段文字，真实地记录了他与当时文人们的密切关系，也说明了他在当时文坛上的地位。

曹植则更是当时一位杰出的诗人，他在邺中文人集团诗酒流连的生活里，也是十分活跃的一个。特别是他的后期生活，饱尝了政治压迫和物质生活贫困的痛苦，因而写出了不少有名的诗篇，使他在建安时代的诗坛上占据了主要的地位。

他们父子三人的诗，都有一种激昂慷慨的格调，都深刻地接受过乐府民歌的影响，尤其是曹植，他认为："街谈巷说必有可采，击辕之歌有应风雅。"他们重视民间文学，在诗歌创作中力求乐府民歌化的精神，对当时的诗歌创作，也不是没有影响的。钟嵘《诗品》说："降及建安，曹公父子笃好斯文，平原兄弟郁为文栋，刘桢王粲为其羽翼。次有攀龙托凤，自致于属车者，盖将百计，彬彬之盛，大备于时矣。"这位距离建安时代三百多年的优秀的文学批评家，早就已经正确地指出曹氏父子在建安文坛上的领导地位了。现在我们即来分别谈谈这父子三位诗人。

（一）曹操的诗

曹操生于 155 年，卒于 220 年，沛国谯县（安徽亳县）人。字孟德，他的祖父曹腾是汉桓帝时的宦官。曹腾在桓帝时以迎立之功封费亭侯，并在灵帝中平四年出钱一万万文买到位列三公之一的太尉之官来做。在当时颇有势力，但是曹操的父亲曹嵩却是曹腾的养子。《三国志》上也说："莫能审其生出本末。"曹操的家世既是宦官出身，父亲又是没有来历的人，在东汉门阀制度颇盛的时代里，可见得他的先世在社会上的地位是不高的。曹操二十岁举孝廉，在灵帝朝曾因"能明古学"被任命为议郎。又曾以骑都尉的军职参加镇压黄巾起义。献帝初，地方"豪右"起兵讨董卓，曹操因陈留人卫兹的资助，招募了五千人，加入讨董联军。后来因为收编了青州黄巾三十余万，实力雄厚起来，便成为"逐鹿"中原的"群雄"之一。等到他击破了他最大竞争对手袁绍之后，就以"相王之尊"挟天子以令诸侯，成为北方的实际统治者。

曹操虽以镇压黄巾起家，但他对于当时的社会形势有清醒的认识。深知黄巾军虽被镇压下去，农民的反抗力量仍然不可轻视。所以他采取了对农民让步的政策，他的政治措施在当时军阀中是比较开明的。由于他的家世出身，由于他在镇压农民起义中对农民的反抗力量有一定的认识，也由于他的新的统治势力逐渐壮大和巩固，所以他对于旧统治阶层的传统也就不予尊重。他在政治设施和文学倾向上都表现为一个反对两汉传统的人物。他强调用人唯才，打破了传统的家世门第的限制，从各阶层提拔人才以帮助他"治国用兵"。因此对当时四方知名的文士竭力延揽，几乎网罗无遗。造成一时文学之士"彬彬之盛"的盛况。而且他自己也是一个诗人，《三国志》注引《魏书》说他"登高必赋，及造新诗，被之管弦，皆成乐章"。《文心雕龙·时序篇》说："魏武以相王之尊雅爱诗章。"他在《秋胡行》（《愿登》篇）中说："不戚年往，忧世不治。"他的这种关怀民生疾苦，向往于丰功伟业的积极的入世态度是有进步的意义的。

曹操的文学事业，就是乐府歌辞的制作。他本是多才多艺的人物，他爱好音乐，《三国志·魏书》说他"倡优在侧，常日以达夕"。他所爱好的音乐是本来产生于民间的相和歌，他自己就在这些乐府民歌的影响之下写作了许多歌辞。现存二十几首他的诗中全部是乐府歌辞，大部分运用出于乐府民歌的五言体和杂言体。

曹操的乐府诗是用旧调旧题写新的内容。《薤露行》、《蒿里行》以挽歌写时事，前者叙何进误国与董卓殃民，后者写群雄私争使兵灾延续。这两首批评政治，反映现实的诗，风格高古，揭露出人民的疾苦，被后人称为"汉末实录"，称为"诗史"。例如作者写董卓焚烧洛阳，居民被驱入关的情形道：

> 播越西迁移，号泣而且行。瞻彼洛城郭，微子为哀伤。（《薤露行》）

写当时兵祸的惨状道：

> 铠甲生虮虱，万姓以死亡，白骨露于野，千里无鸡鸣。生民百遗一，念之断人肠。（《蒿里行》）

这些诗真实地反映了那个丧乱时代人民的苦难。他的《短歌行》、《龟虽寿》是抒情诗的佳作。《短歌行》是四言的名篇，反映了这个时代人们普遍的感慨，"人生无常"，以及对朋友的怀念，伤时局的离乱等等。《龟虽寿》中"老骥伏枥，志在千里，烈士暮年，壮心不已"等诗句，是不朽的名句。它十分深刻地描写了英雄人物的心理，反映了有志进取的人不因年岁的衰老而颓废消极的积极乐观的精神。晋朝王敦常在酒后吟咏这四句，用如意敲唾壶击节，竟至壶口尽缺，可见这首诗历来激动人们的情况。

曹操诗歌的特色，是富有慷慨悲凉的声音，反映着这个时代的精神。钟嵘曾指出曹操"颇有悲凉之句"，这是很正确的。其次他的诗受民歌的影响很深，他不受古典诗歌的束缚，尽量地从民间文学里吸取营养，创作出新的作品来，因此他的诗具有强烈的独创性。

（二）曹丕的诗与文学批评

曹丕字子桓，生于 187 年，卒于 226 年。他是曹操的次子，他的哥哥曹昂早死，所以由他继承曹操的爵位。由于曹操造成的局势，他在 220 年接受汉朝"禅让"，做了大魏皇帝，在位七年，在政治上还有一些开明的措施，他的《典论·自叙》说：

> 余时年五岁。上以世方扰乱，教余学射，六岁而知射。又教余骑马，八岁而能骑射矣。以时之多难，每征，余常从。……
>
> 予又学击剑，阅师多矣。……尝与平虏将军刘勋、奋威将军邓展等共饮。宿闻展善有手臂，晓五兵，又称其能空手入白刃。……求与余对。时酒酣耳热．方食竿蔗，便以为杖，下殿数交，三中其臂。左右大笑。……余于他戏弄之事少所喜，唯弹棋略尽其巧，……
>
> 余是以少诵诗论。及长而备历五经四部、史、汉、诸子百家之言，靡不毕览。

《三国志·魏志》也说："初帝好文学，以著述为务，自所勒成垂百篇。"可见曹丕是一个文武兼长的人物，他的文学著作现存辞赋或全或残共约三十篇，诗歌完整的约四十首，据钟嵘《诗品》说原有百余首。

曹丕在当时邺中文人集团里，是居于领导地位的，从他与吴质的信里，可知他与那些文人结成很亲密的朋友，他悼念他们的话恻恻动人，有真实的感情。他对他们的评论，见解既公正，言辞又很谦逊，也确具有领袖的风度。

曹丕的诗的特色，是受民歌的影响很显著，例如他的《钓竿行》、《临高台》、《陌上桑》、《艳歌何尝行》、《上留田》等诗都保留着浓厚的乐府民歌的风格。他的诗在形式上也是多样性的，有四言的如《短歌行》、《善哉行》等，有六言的如《令诗》和《黎阳作》，有七言的如《燕歌行》，也有杂言的如《大墙上蒿行》，此诗长到三百六十字，气魄很大，句子短的三字，长的到十三字，参差变化，形式新异。王夫之评这首诗道："长句长篇，斯为开山第一祖。鲍照、李白领此宗风，遂为乐府狮象。"可见这诗对后代的影响是很大的，五言诗在曹丕的集中最多，差不多占全集的一半。在曹丕的诗中，值得特别注意的是他的七言诗《燕歌行》，这是现存的最古的七言诗。七言体在汉代歌谣中是普遍的，但在文人笔下出现，当时还是凤毛麟角。这首诗在我们研究七言诗的发展史上是很重要的材料，《燕歌行》：

秋风萧瑟天气凉，草木摇落露为霜。群燕辞归雁南翔，念君客游思断肠。慊慊思归恋故乡，君何淹留寄他方？贱妾茕茕守空房，忧来思君不能忘。不觉泪下沾衣裳。援琴鸣弦发清商，短歌微吟不能长。明月皎皎照我床，星汉西流夜未央。牵牛织女遥相望，尔独何辜限河梁。

关于七言诗的起源问题，目前有两种说法：一种认为七言诗是由"楚辞"演变而来的，另一种则认为七言诗是从民间歌谣变化而来的。我们认为后一说比较妥当一些，重要的是由于曹丕的《燕歌行》的出现，证明了七言诗到曹丕的手里，已经孕育成熟，出现了成熟的作品。也就是说这种新体诗，已开始登上诗坛，来开创它的光辉前途了。无疑的曹丕的《燕歌行》在艺术上的成就：声调的婉转流利，凄清动人，以及内容的缠绵激荡，内容和形式的协调一致，使这首诗成为七言诗发展过程中的一个重要的推动力量，也是为新体诗树立的一面占领阵地的大旗。

曹丕诗的语言，也很通俗，钟嵘《诗品》说他的诗"百许篇率皆鄙质如偶语"，这就是说他的诗歌语言不加雕饰，如同白话。这也是他接受乐府民歌影响的具体表现，例如：

富人食稻与粱，贫子食糟与糠。（《上留田》）
长兄为二千石，中兄被貂裘，小弟虽无官爵，鞍马驮驮，
往来王侯长者游。（《燕歌何尝行》）

像这些诗句，确是近乎口语，和汉乐府民歌的语言几乎没有分别。

曹丕诗的内容，较多的是写男女相恋和劳人思妇的相思等等。也有反映贫富不均，伤离别，悲行役的社会悲惨现象的。这些作品都有现实性和社会意义。如《清河见挽船士新婚与妻别作》：

与君结新婚，宿昔当别离。凉风动秋草，蟋蟀鸣相随。冽冽寒蝉吟，蝉吟抱枯枝。枯枝时飞扬，身体忽迁移。不悲身迁移，但惜岁月驰。岁月无穷极，会合安可知？愿为双黄鹄，比翼戏清池。

这里所写的挽船士及其妻，当然是属于劳动人民。他们新婚后的离别，

显然是不得已的，而且这一别竟会使他们"会合安可知"，可见得这个分别还可能是强制性的如服役之类，诗中用蟋蟀的悲鸣，来描写这个将要失去丈夫的妇女的悲伤；用寒蝉的飘零，来形容她们悲惨的离别，写得十分感人，而末尾又写出了会合的愿望，更显出现在分离的凄惨。其他如前面所引到的《上留田》等，也都是有深刻的社会意义的。

曹丕的另一个重要方面，是他在文学批评上的贡献，他写过《典论》一书，其中《论文》一篇是文学批评的重要文献。这篇文章在文学批评史上的重要性：第一，他指出了文学的价值，他说：

> 盖文章，经国之大业，不朽之盛事。年寿有时而尽，荣乐止乎其身，二者必至之常期，未若文章之无穷。是以古之作者，寄身于翰墨，见意于篇籍，不假良史之辞，不托飞驰之势，而声名自传于后。

他把文章看作是"经国之大业，不朽之盛事"的一种十分重要的事业。这里他重要的是指出了文章的政治和社会的作用，也即是"经国"的作用。这对于当时及后来的文学事业的发展是有积极影响的。第二，他初步提出了文体的几种区分。他说：

> 盖奏议宜雅，书论宜理，铭诔尚实，诗赋欲丽。此四科不同。

他根据文章的不同性质和不同功用，把文体分为四类，这是文体分类的开始，这也是他的一个重要贡献。第三，他注意到了作者的个性与文学的风格的关系。他说：

241

> 文以气为主，气之清浊有体，不可力强而致。譬诸音乐，曲度虽均，节奏同检，至于引气不齐，巧拙有素，虽在父兄，不能以移子弟。

这里所说的"气"，是指作者的风格和才气，这是与作者的个性有关系的，个性不同，才气不同，文章的风格也自然不同。这就进一步的使我们了解到文章的风格与作者的个性、才气的关系，这是他在文学批评上的又一个重要贡献。

由此看来，曹丕在文学史上，不论是文学创作或文艺理论上，都有他不可磨灭的功绩。

（三）曹植及其作品

曹植字子建，生于 192 年，卒于 232 年，他也是"生于乱，长于军"的。《三国志·魏志·本传》说他"年十岁余，诵读诗论及辞赋数十万言，善属文"。"性简易，不治威仪。舆马服饰，不尚华丽。""任性而行，不自雕励，饮酒不节。"根据这些记载，可知曹植是个博学而个性比较随便任性的人。从公元 204 年曹操打倒袁绍，取得邺城的根据地时起（这时曹植十三岁），到公元 220 年曹操死时为止（这时曹植二十九岁），在这一段时间里，曹植的生活比较安定。他活跃在邺中文人集团诗酒流连的生活里，与当时的文人们结成了朋友。

他在兄弟中表现得最有才能。曹操看重他不仅因为他长于文学，并且认为他"最可定大事"（见《三国志》注引《魏武故事》），所以曾考虑立他做太子，但因为他"任性而行，饮酒不节"，终于使曹操对他失了信任，但却因此引起了曹丕对他的猜忌。因此在 220 年曹丕即位后便不断打击他，杀掉他的亲信丁仪和丁廙，贬他的爵位。过了七年曹丕死后，明帝曹叡即位，对他仍旧猜忌不信任，甚至对他限制得越来越严格，连兄弟亲戚之间都不准见面会谈，他在太和五年（231 年）上的疏说：

> 至于臣者，人道绝绪，禁锢明时，臣窃自伤也。……近且婚媾不通，兄弟乖绝，吉凶之问塞，庆吊之礼废，恩纪之违，甚于路人，隔阂之异，殊于胡越。

从这里可见他当时虽名为藩国之王，实际上等于被软禁了起来，也就是他在《求自试表》里所说的"圈牢之养物"。但是尽管遭遇如此，他还是有自己的政治抱负，曾在壮年时给杨修的书里说过：

> 吾虽薄德，位为藩侯，犹庶几戮力上国，流惠下民，建永世之业，流金石之功，岂徒以翰墨为勋绩，辞赋为君子哉！

而当他继续遭到明帝曹叡对他的猜忌、不信任和限制时，他仍然没有放弃这个抱负，在《求自试表》里说：

> 志在效命，庶立毛发之功，以报所受之恩。若使陛下出不世之诏，效臣锥刀之用，……必乘危蹈险，骋舟奋骊，突刃触锋，为士卒先，……使名挂史笔，事列朝册。虽身分蜀境，首悬吴阙，犹生之年也。如微才弗试，没世无闻，……非臣之所志也。

他的政治抱负和建功立业的要求，仍然在内心中激荡着，使他不甘心于白首无闻，但是尽管他这样地热衷于愿效"锥刀之用"，却始终没有得到这位侄儿明帝曹叡的信任，他只能辗转于"衣食不继"（《迁都赋》）、

243

"饥寒备尝"（《社颂序》）的痛苦生活里。不过，却正是由于这种痛苦生活，使他能写出《赠白马王彪》等一类慷慨不平的名诗来，但也正是这种痛苦的生活，使他在盛年的时候，就"汲汲无欢"地死去了，他死时才只有四十二岁。

曹植诗歌的现实意义，总体说来是在政治上受迫害和精神上受压抑的痛苦生活的折磨下，能暴露出统治阶级内部的黑暗与矛盾，表现出对封建统治者的愤恨和那种要求自由解放的精神，不过，由于他一生前后生活遭遇的截然不同，所以他的诗也显然表现着前后不同的特色，他生活上的变迁，可以以公元220年10月为界，这一年是他父亲死和哥哥曹丕继位的一年，从此以后，他的命运，便坠入了困苦和灾难的深渊，但在这以前的一段生活，是比较安定和自由的，生活内容大抵不外乎公谦、遨游，以及与邺中文人们诗酒流连往返。所以这一时期的作品，也确如谢灵运在《拟邺中集序》里所说的："但美遨游，不及世事。"然而这一时期的作品，也是有值得称道的，如乐府诗《名都篇》描写了繁荣时期洛阳的贵族少年豪华骄逸的生活，他们终日走马斗鸡，将光阴虚掷过去，不思有所作为，而写他们的宴会时：

> 我归（一作归来）宴平乐，美酒斗十千。
> 脍鲤臇胎虾，炮（一作寒）鳖炙熊蹯。
> 鸣俦啸匹侣，列坐竟长筵。
> 连翩击鞠壤，巧捷惟万端。

他们的生活，可以说是奢华到了极点，然而接下去却忽然说：

> 白日西南驰，光景不可攀。

这就表示出对于这种贵游子弟们不向往于功名事业，而把光景虚耗在豪筵逸游上面的行为的讽刺，而他的另一首《送应氏诗》，恰好真实地描写了兵乱以后的洛阳的面貌，与前面成为一个鲜明的对照，这首诗除首两句和末两句外，全部都是描写洛阳的残破面貌的：

> 洛阳何寂寞！宫室尽烧焚。
>
> 垣墙皆顿擗，荆棘上参天。
>
> 不见旧耆老，但睹新少年。
>
> 侧足无行径，荒畴不复田。
>
> 游子久不归，不识陌与阡。
>
> 中野何萧条，千里无人烟。

洛阳是在初平元年（190年）被董卓焚烧的，但到了建安十六年（211年），作者写这首诗时，洛阳还荒芜得"荆棘上参天"、"千里无人烟"，可见当时社会荒乱和人民生活的困难了。这些诗，都反映了当时的社会现实生活，其他如《白马篇》用歌颂游侠，歌颂"捐躯赴国难，视死忽如归"的精神，来抒写他热衷于功名事业的跃跃欲动的壮志和热情。《美女篇》则通过"盛年处房室，中夜起长叹"的盛年未嫁的美女，来咏叹自己怀才而无可施展的苦闷。《赠徐幹》则一面叹息徐幹怀才不遇，贫困可怜，自己有责任荐举他，但另一面又转念到自己也是同样的怀才而无可施展。这些诗篇，都可以使我们认识曹植前期的生活、思想和感情。

曹植后期的诗是在痛苦的政治上受压迫，精神上受折磨的灾难生活中磨炼出来的。所以这一时期的诗，较之前期有显著的不同，诗中对现实的不满和反抗，要求自由的精神，比前期更为强烈，更富有慷慨悲凉的声音。他的名作《赠白马王彪》，也是这一时期的作品，这首诗的小叙说：

　　黄初四年五月，白马王、任城王与余俱朝京师，会节气。到洛阳，任城王薨。至七月与白马王还国。后有司以二王归藩，道路宜异宿止。意每恨之。盖以大别在数日，是用自剖，与王辞焉。愤而成篇。

这首诗可知作于黄初四年（223 年），据《世说新语》说：任城王到洛阳后，因文帝忌惮曹彰（即任城王）骁壮善用兵，故将毒药放在枣蒂里，将他毒死。《三国志》注引《魏氏春秋》则说曹彰到洛阳后因文帝不即时召见，故“忿怒暴薨”。一怒而至于立即就死，这种情况终究是少的，那末《世说新语》之说，颇有可信的成分。这首诗一方面痛悼曹彰不明不白地死亡，同时又愤恨“有司”不准他兄弟同路，虽然是生离，实等于死别。全诗共七章，交织着哀伤、恐惧、愤慨等复杂的感情，诗中“鸱枭鸣衡轭，豺狼当路衢。苍蝇间白黑，谗巧令亲疏”几句，愤恨地斥责了离间他们兄弟骨肉之爱的小人。“奈何念同生，一往形不归。孤魂翔故域，灵柩寄京师。存者忽复过，亡没身自衰”几句，沉痛地悼伤了任城王的暴死，又感伤到自己前途的渺茫和不测。全诗各节，采用前后连环重复的句法，使这首诗的旋律，格外显得低徊哀伤、悲愤交织，从这首诗里，我们可以感触到作者压抑不住的愤慨悲痛的感情，这种感情的迸涌，较之其他诗更为显著。脍炙人口的《七步诗》，虽然有人因为它不见于本集里，因而怀疑是后人的假托，但也只能是一种怀疑而已。这首诗用其豆相煎来比喻骨肉相残，具有强烈的感人力量。《野田黄雀行》借用篱雀投罗的比喻，来痛悼朋友的被曹丕残杀，“利剑不在掌，结友何须多”表露了曹植无力援救朋友时的那种无可奈何的沉痛负疚的心情。“少年见雀悲，拔剑捎罗网。黄雀得飞飞，飞飞摩苍天，来下谢少年。"这虽然是作者在无可奈何中的一种想象，但却表现了他渴求自由和解放的要求。《泰山梁甫行》真实地反映了边海贫民的困苦生活："剧哉边海民，寄身于草墅。妻子象禽兽，行止依林阻。柴门何萧条，狐兔翔我宇。"栖身草野，与狐兔为伍，妻子像禽兽一样，这也是当时社会生活现象的一部分。其他的诗，如《门有万里客》，则写出了流浪人的悲哀；《转蓬离本根》描写了"从戎"者的飘泊不定，也用以自况。关于申述他的飘泊无定的流离生活的，还有《吁嗟篇》，以"转蓬"比喻自己，东、西、南、北飘泊不定，一会儿"经七陌"，一会儿"越九阡"，忽然又"入云间"，忽然又"下沉泉"。他这种"飘飘周八泽，连翩历五山。流转无恒处"的生活，确实是"谁知吾苦艰"，无处可申诉的。以上这些诗，都表现了他的现实主义的精神。

曹植诗歌的艺术特色。钟嵘《诗品》评曹植的诗道："骨气奇高，词采华茂，情兼雅怨，体被文质。"这里所说的"骨气"，是指由作品的内容和作者的创作特色所形成的一种风格，对于曹植的诗来说，就是指那种慷慨悲凉的格调，如前面所举的那些诗以及《薤露行》里的"怀此王佐才，慷慨独不群"等等的诗句，确实是具有慷慨悲凉的情调的。他的诗歌的语言，十分清新洗练，也就是钟嵘所说的"词采华茂"。他的这种清新洗练的诗歌语言，是在乐府民歌的基础上提炼创造出来的，曹植的许多诗篇，如《白马篇》、《五游咏》、《七哀》、《杂诗》等都还显著地保留着民歌的色彩，而尤其显著的是《美女篇》，这首诗显然是受了古辞《陌上桑》的影响而创作的，而且有许多具体描写的层次，差不多还和《陌上桑》一致的。然而曹植的《美女篇》仍旧有着自己的独特的光彩，并不因为有了《陌上桑》而使这首诗减色。这个具体的例子，说明曹植在学习乐府民歌方面，是下过功夫的。而且他自己在"与杨德祖书"里也说：

街谈巷说必有可采，击辕之歌有应风雅。

可见他对民歌确实是十分重视，曾经有意识地向民歌学习过的。

五言诗到了建安时代，经过曹氏父子的创作实践，特别是经过曹丕、曹植兄弟两人成功的创作（其中曹植创作的五言诗最多，也最成功），才使这个新兴的诗歌形式最后地巩固下来，而且使五言诗既能叙事，又能抒情和写景。五言诗被用来抒情和写景，这是从建安时代开始的一种特色，也是一种发展。在两汉时代，辞赋是以颂扬鉴戒为主的，而乐府则是以叙事为主的。到了建安时代，辞赋固然有了抒情的作品，而在乐府民歌的基础上发展起来，又被"三曹"特别是曹丕、曹植二人的创作所巩固和发展了的五言诗，更多地被用来抒写作者们内心的感情，因而也就提高和丰富了五言诗，造成建安诗歌的慷慨悲凉的抒情性的特色。

曹植除了在诗歌方面的贡献外，他也写过许多赋，其中最有名的是《洛神赋》。关于传说中的曹子建与甄后的一段迷离恍惚的事迹，我们固然不必去深究，但是曹植在《洛神赋》里所创造的一个"翩若惊鸿，婉若游龙"般的光艳绝世的洛水神女的美丽形象，也可以看出曹子建的创造力的充沛和想象的丰富：

> 翩若惊鸿，婉若游龙。荣曜秋菊，华茂春松。仿佛兮若轻云之蔽月，飘飖兮若流风之迴雪。远而望之，皎若太阳升朝霞；迫而察之，灼若芙蕖出渌波。……叹匏瓜之无匹兮，咏牵牛之独处。扬轻袿之猗靡兮，翳修袖以延伫。体迅飞凫，飘忽若神，陵波微步，罗袜生尘。动无常则，若危若安。进止难期，若往若还。

作者所创造的这个神女形象，确实是体态轻盈和娇艳绝世的。从：

> 动朱唇以徐言，陈交接之大纲。恨人神之道殊兮，怨盛年
> 之莫当。抗罗袂以掩涕兮，泪流襟之浪浪。悼良会之永绝兮，
> 哀一逝而异乡。

这些词句中，可见作者的确是寄托着自己某种被压抑的感情上的痛苦的。因而这首赋，仍然具有流动的抒情的特色。

第四节　建安七子

曹丕《典论·论文》说：

> 今之文人：鲁国孔融文举、广陵陈琳孔璋、山阳王粲仲
> 宣、北海徐幹伟长、陈留阮瑀元瑜、汝南应场德琏、东平刘桢
> 公幹。斯七子者，于学无所遗，于辞无所假，咸以自骋骥骥于
> 千里，仰齐足而并驰。

这是第一次提到"七子"这个名词并且列举出七个人的名字来的。从此以后，"建安七子"，便成为文学史上的一个通用的说法。"七子"的一般成就，是致力于乐府诗和五言诗的创作，然而他们的成就和专长，也并不是一样的。例如孔融、陈琳、阮瑀是长于表章书记的。如孔融的《荐祢表》、《论盛孝章书》，陈琳的《为袁绍檄豫州》、《为曹洪与魏文帝书》，阮瑀的《为曹公作书与孙权》、《为曹公与韩遂书》，都是当时著名的作品。王粲则尤其长于辞赋，曹丕的《典论·论文》中也说：

"王粲长于辞赋，……如粲之《初征》、《登楼》、《槐赋》、《征思》，……虽张、蔡不过也。"不过其中如陈琳、阮瑀、徐幹、刘桢、王粲等人在诗歌的创作上，也都有成就的。如陈琳的《饮马长城窟行》，写人民被迫去筑长城，无数人死在长城下的悲惨情景，十分感人。

> 男儿宁当格斗死，何能怫郁筑长城？

这是筑城壮丁何等愤恨的抗议。

> 边城多健少，内舍多寡妇。作书与内舍："便嫁莫留住！善事新姑嫜，时时念我故夫子！"

因为筑城，而不得不人亡家破，这是多么凄惨的景象和痛心的语言。这种残酷的现实，终至使人民怨愤到喊出：

> 生男慎莫举，生女哺用脯。君独不见长城下，死人骸骨相撑拄？

这首诗尖锐地揭露和斥责了统治阶级的暴行，喊出了人民心头普遍的怨愤，具有强烈的现实主义精神和人民性，它成为以后杜甫、白居易等诗人的先声。

阮瑀的《驾出北郭门》，也是一首较好的作品：

> 亲母舍我殁，后母憎孤儿。饥寒无衣食，举动鞭捶施。骨消肌肉尽，体若枯树皮。藏我空室中，父还不能知。上冢察故处，存亡永别离。亲母何可见？泪下声正嘶。

这一节描写孤儿被虐待的惨状，十分沉痛，当时社会在动荡不安之中，兵戈时起，所以作者所反映的这一情况，也是当时带有普遍意义的社会现象之一。

徐幹的诗，现存九首，其中《室思》六首是他的优秀的作品。六首都是写女子对于丈夫的想念，情致缠绵深刻，现引两首：

> 浮云何洋洋，愿因通吾辞。飘飘不可寄，徙倚徒相思。人离皆复会，君独无返期。自君之出矣，明镜暗不治。思君如流水，何有穷已时。

> 人靡不有初，想君能终之。别来历年岁，旧恩何可期。重新而忘故，君子所尤讥。寄身虽在远，岂忘君须臾。既厚不为薄，想君时见思。

前一首说："自君之出矣，明镜暗不治。思君如流水，何有穷已时。"感情十分真挚细密，深刻地描写了闺中思妇的心理。后一首写这个女子的忧虑怀念，"寄身虽在远，岂忘君须臾。既厚不为薄，想君时见思"四句，一方面从正面表达了这个女子殷切的怀想，另方面"想君时见思"一句，又从设想中进一步的描写了这个女子辗转怀念的心情，这在表现这个"思妇"的内心活动上，是有极强的效果的。

刘桢的诗，曹丕在《与吴质书》评论说：

> 公幹有逸气，但未遒耳，至其五言诗之善者，妙绝时人。

钟嵘的《诗品》也说：

其源出于古诗，仗气爱奇，动多振绝，真骨凌霜，高风跨俗，但气过其文，雕润恨少。然自陈思以下，桢称独步。

从这些评论中，可见当时人对他是十分推崇的，他的诗现在留下来的也只有十五首，其中《赠从弟》三首为代表作，其中第二首写的尤其好。

亭亭山上松，瑟瑟谷中风。风声一何盛，松枝一何劲。冰霜正惨凄，终岁常端正。岂不罹凝寒，松柏有本性。

这里作者极力描写松柏的刚直坚贞的品格与个性，来勉励他的从弟，诗写得十分质朴清新，也是具有"建安风骨"的作品，诗的思想性和艺术性也达到了和谐和统一。

"建安七子"中最有代表意义的是王粲。王粲字仲宣，生于公元177年，卒于公元217年，山阳高平（今河南修武附近）人，他博闻强记，善于属文，举笔立成，无所改定。有集十一卷，现存诗二十六首，他长期在外流离，比较接近于人民群众的生活。他的著名的诗是《七哀诗》。第一首叙述初平三年（192年）李傕、郭汜在长安作乱时代的惨状，十分凄惨：

出门无所见，白骨蔽平原。路有饥妇人，抱子弃草间。顾闻号泣声，挥涕独不还。未知生死处，何能两相完。驱马弃之去，不忍听此言。

作者将自己亲身经历和目睹的惨状，用他的诗笔，描画出了一幅乱世的流民图。"未知身死处，何能两相完"，为人民发出了悲惨的呼号，第二首：

> 荆蛮非我乡，何为久滞淫。方舟溯大江，日暮愁我心。山冈有余映，岩阿增重阴。……独夜不能寐，摄衣起抚琴。丝桐感人情，为我发悲音。羁旅无终极，忧思壮难任。

这一首是写他的飘零无定的流离生活，感情非常悲切，异乡飘零的孤独之感，对故乡的怀念，"丝桐感人情，为我发悲音"。凭着这悲哀的琴声，宣泄了出来，从这首诗，我们可以理解他的名作《登楼赋》。

王粲的《登楼赋》，反映了在乱离悲惨的社会里人民怀念乡土的感情，也反映了这个社会的动乱面貌，这首赋开头"登兹楼以四望兮，聊暇日以销忧"两句说明登楼的目的是为了销忧，接下去极力描写景物的美丽和物产的丰富，然而忽然语气一转，说："虽信美而非吾土兮，曾何足以少留。"环境如此好而仍旧不愿少留，这就十分有力地写出了他的思乡之感。接下去便直诉其播迁流离之苦和思乡之情，感情愈转愈深，直到"人情同于怀土兮，岂穷达而异心"，从个人怀念之情而推广到所有的人对乡土的怀恋，这就反映出了当时在流离中的人们的普遍的思乡之感，也即是渴望和平之感，最后，写出了他恐惧岁月易逝而河清未及，自己有才而不能施展，在他这种悲惨的心情的感染下，四周围的景色也变得十分萧瑟悲凉，具有强烈的感染力：

> 登兹楼以四望兮，聊暇日以销忧。览斯宇之所处兮，实显敞而寡仇。挟清漳之通浦兮，倚曲沮之长洲。背坟衍之广陆兮，临皋隰之沃流。北弥陶牧，西接昭丘。华实蔽野，黍稷盈畴。虽信美而非吾土兮，曾何足以少留！
> 遭纷浊而迁逝兮，漫逾纪以迄今。情眷眷而怀归兮，孰忧

思之可任！凭轩槛以遥望兮，向北风而开襟。平原远而极目兮，蔽荆山之高岑。路逶迤而修迥兮，川既漾而济深。悲旧乡之壅隔兮，涕横坠而弗禁。昔尼父之在陈兮，有"归欤"之叹音，钟仪幽而楚奏兮，庄舄显而越吟；人情同于怀土兮，岂穷达而异心！

惟日月之逾迈兮，俟河清其未极。冀王道之一平兮，假高衢而骋力。惧匏瓜之徒悬兮，畏井渫之莫食。步栖迟以徙倚兮，白日忽其将匿。风萧瑟而并兴兮，天惨惨而无色。兽狂顾以求群兮，鸟相鸣而举翼。原野阒其无人兮，征夫行而未息。心凄怆以感发兮，意忉怛而憯恻。循阶除而下降兮，气交愤于胸臆。夜参半而不寐兮，怅盘桓以反侧。

作者原是登楼去销忧的，结果反而勾引起他的无穷的思乡的愁绪来，以至于中夜不寐，这种写法，能使主题思想更加深刻，更加得到强调，同时作者把触目到的所有的景物，都著上了他的思乡的悲惨的色彩：日色惨淡，晚风萧瑟，百兽求群，飞鸟相鸣，这是多么凄惨的景象啊！

汉代的赋，发展到王粲的《登楼赋》，便从纯粹是客观地铺陈描写，转变为抒情性的作品了，换句话说，到了"建安时代"，文人们也用写抒情诗的方式来写赋了，这是赋的一种转机。有了这个转机，所以后来又能产生出不少的名篇来。

第五节　正始文学

上面所讲到的"曹氏父子"和"建安七子"，他们的时代是处于汉末魏初，但他们的作品，实际上主要是汉末动乱社会的反映，只有曹植的作品，较多的反映到曹魏初期的政治、社会情况，但从文学的风格来讲，也仍然是"建安风骨"，魏代在文学上呈现自己的面目，是在曹丕称帝以后的二十年左右，即曹氏第三个皇帝曹芳的"正始"时代。这时曹芳只有八岁，政权落入了司马懿和魏的宗室曹爽的手里，司马氏和曹氏开始了尖锐的争夺政权的斗争，结果曹爽失败被杀，政权全部落入司马懿之手。凡是接近于曹氏的大批文人如何晏、邓飏、桓范等，都"夷及三族、男女无少长，姑姊妹女子之适人者皆杀之"。在这种残酷的屠杀政策下，一部分文人被毁了，另一部分则以退隐来作为反抗的手段。

在这个政治上极端黑暗恐怖的时代里，从汉末建安以来因儒学衰微而逐渐流布起来的玄学，便大大发展起来。"竹林七贤"中的重要人物如嵇康、阮籍等都是崇尚老、庄之学的，正始的玄学，是在黑暗的政治压迫下发展起来的，它具有追求思想解放与反抗恐怖政治的意义，这种精神，在正始文学里，得到鲜明的反映。

正始时代，是与建安时代同样光荣的时代，因为这时在学术、思想、文学各方面都有重要的成就，在文学方面，有所谓"竹林七贤"，《三国志》注引《魏氏春秋》说：

> 嵇康寓居河南之山阳县，与之游者未尝见其喜愠之色，与陈留阮籍、河内山涛、河南向秀、籍兄子咸、琅邪王戎、沛人刘伶，相与友善，游于竹林，号为"七贤"。

这就是"竹林七贤"这个称号的来历。在这七贤之中，成就较大的是阮籍和嵇康，我们现在就讲这两个人。

（一）阮籍的生平和作品

阮籍字嗣宗，生于公元210年，卒于公元263年，陈留尉氏人（今河南开封附近）。他的父亲就是"建安七子"中的阮瑀。他"容貌瑰杰，志气宏放。傲然独得，任性不羁，而喜怒不形于色"。有时"闭户视书累月不出"，有时"登临山水经日忘归"。他崇尚庄老的学说，喜欢饮酒弹琴。他的性情非常真率，常常得意而忘其形骸；因此人家就称他是"痴"。他出生的时候，是建安后期，他三十一岁时，正是正始时代开始，他生长在这样险恶的社会里，对于时代有着难以宣泄的痛恨。他曾仕魏为尚书郎，但也是不得已的，所以不久就以病辞归。曹芳继位曹爽辅政时，曾召他为参军，他推病不去，不久曹爽便为司马氏所杀，他幸而没有牵扯进去，当时人服他有远见。他是有政治抱负的，本传说："籍本有济世志，属魏晋之际，天下多故，名士少有全者，籍由是不与世事，遂酣饮为常。"可见他的饮酒也是一种内心苦闷的表现。他曾登广武，看楚汉战争的遗迹，慨然而叹曰："时无英雄，使竖子成名。"又曾经登武牢山，望京邑而叹，从这两次叹息里，多少能使我们体察到这位终日沉醉的名士的胸怀。他又常喜欢一个人乘车任意出游，遇到路穷车子走不通时，常痛哭而返，这也表示着他对这个仕途艰难的现实社会的极端的痛恨和不满。司马昭曾为司马炎向阮籍求他的女儿为妻，他佯醉六十多天，逃避了这个足以牵他入政治漩涡中的难题。他藉酒醉，也避免了钟会企图对他的陷害。为了避免意外的灾祸，他更绝对不"臧否人物"。但对着司马昭提倡"以孝治天下"，提倡礼教的时候，他却以行动来反对礼教：酒醉后睡在卖酒少妇的身边；一个不认识的少女死后，竟跑去痛哭一场；嫂嫂归宁时，公然与她去作别，别人议论，还说"礼岂为我设邪"；母亲死时，正在与人下围棋，别人求止，他还要留人决赌，直到下完棋，才饮酒二斗，"举声一号，吐血数升"。所以"礼法之士，疾之若仇"。他的沉醉佯狂，实在是在这个进退两难的社会里的一种"苟全性命"的办法，所以他告诫他的儿子说："仲容已豫吾此流，汝不得复尔。"可见他自己的行动，乃是一种不得已的行动，他的内心是十分沉痛的，从阮籍的这个具体的经历中，我们可以认识到这个时代有多少黑暗！他的诗现存八十多首，以《咏怀诗》八十二首最有名，他的《大人先生传》，也是富有战斗性的讽刺文，现节录一段如下：

> 或遗大人先生书曰："天下之贵，莫贵於君子。……诵周、孔之遗训，叹唐、虞之道德，唯法是修，唯礼是克。手执珪璧，足履绳墨，行欲为目前检，言欲为无穷则。少称乡间，长闻邦国，上欲图三公，下不失九州牧。……独不见夫虱之处于裈中，逃乎深缝，匿乎坏絮，自以为吉宅也。行不敢离缝际，动不敢出裈裆，自以为得绳墨也。饥则啮人，自以为无穷食也。然炎丘火流，焦邑灭都，群虱死於裈中而不能出。汝君子之处区内，亦何异夫虱之处裈中乎？

作者在这篇文章里，对封建社会里正统派的所谓"君子"，进行了尖锐猛烈的攻击，对封建社会里的一套礼法——周孔遗训，也进行了尖锐的讽刺。特别是他把封建社会里"高尚"的君子，比作人们裤裆里的群虱，平时"唯法是修，唯礼是克，手执珪璧，足履绳墨"，等于群虱在裤裆里沿着缝隙爬来爬去，饥则啮人，自以为循乎礼法，得其绳墨。但是一到"炎丘火流，焦邑灭都"，天下大乱的时候，便只能群死于裤中，这种讽刺是十分辛辣的，这是阮籍勇敢的反抗精神的表现。

他的《咏怀诗》八十二首是世称难懂的，比他稍后的李善就说："嗣宗身仕乱朝，常恐罹谤遇祸，因兹发咏，故每有忧生之嗟，虽志在刺讥，而文多隐避，百代之下，难以情测也。"钟嵘的《诗品》也说："厥旨渊放，归趣难求。"明代的陆时雍则说："嗣宗慎言，诗中语都与世远，缠绵情深，忧危虑切，以此当穷途之哭矣。"上面这些人都承认《咏怀诗》是隐晦难懂的，但他们也都承认《咏怀诗》是"忧危虑切"、

"志在讥刺"的，我们结合着他所处的时代和他个人的身世行径，也可以知道这些诗确实是这个政治上黑暗残暴的低沉时代的苦闷的反映，一方面要讥刺黑暗丑恶的世道，一方面又不能畅言，又要避免惹祸；一方面感到人生无常，世乱多故，社会太险恶，愿意离开它，而另方面毕竟作者是一个有抱负、深于感情的人，故对于现实仍然是"缱绻情深"，不能绝对的忘情，在这种矛盾的郁结中，发而为诗，于是成为一种相当隐蔽，而又语语使人感到有一种难言之隐、锥心之痛、含蓄极深的诗篇。但是毕竟因为这些诗是有深刻的内容的，而又不得不用隐蔽曲折的方法表现出来，而作者又是一个具有高度的思想修养和艺术技巧的诗人，因而也使他的诗，形成了一种独特的风格，给后代诗人以一定的影响。

　　夜中不能寐，起坐弹鸣琴。薄帷鉴明月，清风吹我衿。孤鸿号外野，翔鸟鸣北林。徘徊将何见，忧思独伤心。（其一）

　　独坐空堂上，谁可与欢者？出门临永路，不见行车马。登高望九州，悠悠分旷野。孤鸟西北飞，离兽东南下。日暮思亲友，晤言用自写。（其十七）

这两首诗，作者写出了自己所处的环境的孤独，在这样纷乱的社会里，四周都是混乱和污浊，除了极个别的人外，没有人是他的知音，在夜里，只有明月清风，孤鸿翔鸟，自己徘徊其间，除此以外，一无所见，只能使他感到孤独和伤心。在白天，空堂独坐，没有可以欢言的人，已经是够孤寂的了，出门到路上又不见有车马，登高望九州，只有寂寞的旷野，唯一的只有孤鸟和离兽，但这又是无可为言的。我们看作者的思想上、感情上是多么的寂寞和苦闷啊！这是在沉闷窒息中的一种被压抑着的反抗的声音，虽然它的音调是如此的哀伤，不同于后来陈子昂那样的戛然长啸，但其为寂寞中的呼声则是一样的。不过一个是在沉沉的深夜里，一个是在黎明之前罢了。作者是有无尽的心曲要诉的，你看他"夜中不能寐"，"忧思独伤心"，他"感慨怀辛酸，怨毒常苦多"，谁说他说话一点也不露骨呢？他毕竟还是露出了一点芒刺的，他是有许多要说的话。但只恨无人可说，所以他说"多言焉所告，繁辞将诉谁"，"心肠未相好，谁云亮我情"，"挥涕怀哀伤，辛酸谁语哉"。对于他内心的苦闷与煎熬的感情，有两首写得非常明显的诗：

　　一日复一夕，一夕复一朝。颜色改平常，精神自损消。胸中怀汤火，变化故相招。万事无穷极，知谋苦不饶。但恐须臾间，魂气随风飘。终身履薄冰，谁知我心焦。（其三十三）

　　一日复一朝，一昏复一晨。容色改平常，精神自飘沦。临觞多哀楚，思我故时人。对酒不能言，凄怆怀酸辛。愿耕东皋阳，谁与守其真。愁苦在一时，高行伤微身。曲直何所为。龙蛇为我邻。（其三十四）

在八十二首诗里，这两首诗表现他内心的郁结煎熬最为显露，两诗前四句命意相同，都是哀叹岁月飞逝，精力衰老，前一首诗说"胸中怀汤火"，"知谋苦不饶"，"终身履薄冰，谁知我心焦"。从这里我们可以更深切地体会到他内心有无穷的忧虑痛苦在煎熬着他，也许这时的政治压力愈来愈重了。第二首诗"临觞多哀楚，思我故时人。对酒不能言，凄怆怀酸辛"，"愁苦在一时，高行伤微身。曲直何所为，龙蛇为我邻"。这些诗句，似乎都是有所感触而发，不是一般的哀叹，而特别是对于故人的悼念。我们知道他的知友嵇康是被司马昭杀掉的，嵇康被杀的年代是 262 年，即魏末景元三年，而阮籍是在景元四年的冬天逝世的，那末说这诗是痛悼嵇康的惨死，也是可能的。从这两首诗的开头四句看，也颇像暮年衰颓的口气，而且这时距离司马氏代魏称帝只有二三年了，司马氏要扫清自己代魏事业的阻碍，在这时加重政治压力，因而使得这些具有反抗思想的文人更加感到如火之焚，这种情况也是符合于这两首诗的内容的。其次他的《湛湛长江水》、《驾言发魏都》是讽刺腐败的曹魏统治者，《炎光延万里》、《壮士何慷慨》风格比较雄壮，是颂扬英雄壮士的忠义气节的。《少年学击剑》则是追悔往事。《洪生资制度》则是讽刺那批礼法之士的，特别最后两句"委曲周旋仪，姿态愁我肠"，上句对这些礼法之士的样子描摹尽致，下句讽刺的语言用得十分尖刻轻松。

总体说来，阮籍的诗所蕴藏的深厚的内容，基本上我们是能探索到的，但是却不可能每一句都确切的指出事实来，他的诗的高度的含蓄，与他的诗的高度的艺术性是一致的，也是这个时代黑暗统治的结果，正是由于这种含蓄，由于他的艺术性，才使我们至今百读不厌。

（二）嵇康的生平和作品

嵇康字叔夜，生于公元 223 年，卒于 262 年，谯国铚（今河南夏邑附近）人。他的祖先姓奚，是会稽上虞人，因避怨迁铚，铚有嵇山，家于其侧，因以为姓。康早孤，有奇才，远迈不群。他美词气，有风仪，但却不事修饰。他博学，尤其喜欢老庄的学说。与魏宗室有姻戚的关系，官至中散大夫。他常讲究养性服食之事，恬静寡欲，胸怀宽宏有大量，常弹琴咏诗以自遣。与阮籍、山涛为知交。但后来因为山涛要举他做官，因此又与山涛绝交。其他"竹林七贤"中的人物，也都与他往来，琅琊王戎说："与康居山阳二十年，未尝见其喜愠之色。"可见他的言行是很谨慎的了。他常采药游山泽，遇到得意的地方，便会忘记回去。到汲郡山中，遇到孙登，便从孙登游。孙登也是个"沉默自守，无所言说"的人，但他告诫嵇康说："君性烈而才儁，其能免乎？"嵇康富有反抗性的性格，孙登已经看出他将不可避免地受这个社会的摧残了。他又善于锻铁，常以此来维持生活，有一次钟会去拜访他，他照常锻铁不歇，也不招呼他，钟会站了好久，自觉没趣，便回去，因此钟会深恨他。后来因为他的好友吕安的事件发生，嵇康为吕安做证人，钟会便乘机进谗于司马昭，劝他杀害嵇康，嵇康因而被害。嵇康被害前，有太学生三千为他请愿，但没有能挽救他。临刑前，他看着日影，索琴弹《广陵散》一曲，并且悔恨地说："昔袁孝尼尝从吾学《广陵散》，吾每靳固之。《广陵散》于今绝矣！"死时四十岁。他的遗集共十卷，经过鲁迅先生校订后，已有了最完善的本子。现存诗六十首。

嵇康的诗，四言五言六言骚体乐府都有。钟嵘的《诗品》评他的诗说：

> 颇似魏文，过为峻切，讦直露才，伤渊雅之致。然讬谕清
> 远，良有鉴裁，亦未失高流矣。

钟嵘批评他的诗"过为峻切，讦直露才，伤渊雅之致"。用"温柔敦厚"的标准来要求他，当然不免会有微词的，但他指出他的诗"峻切"、"清远"的两方面，并且认为不失为高流，这还是对的。他的四言诗《幽愤诗》是入狱以后的作品，因此语言愤激峻切，表示了他对黑暗政治的愤恨和反抗，也直率地表明了自己的人生态度。他说：

> 爰及冠带，凭宠自放。抗心希古，任其所尚。讬好老庄，
> 贱物贵身。志在守朴，养素全真。

这里他表明了自己爱好庄老、崇尚自由的思想。他的是非之心，也是非常明确的。他说：

> 惟此褊心，显明臧否。感悟思愆，怛若创痏。欲寡其过，谤议沸腾。性不伤物，频致怨憎。昔惭柳惠，今愧孙登。内负宿心，外恶良朋。

终于因为不肯随俗浮沉，不肯与统治者合流，山涛荐他做官，他与他绝交，钟会拜访他，他给他冷淡，吕巽与弟弟吕安的妻子通奸，还诬告吕安不孝，于是他一方面为吕安抱不平，做他的证人；一方面即写信与吕巽绝交，斥他包藏祸心。他的是非观念是十分强烈的，性格也是坚强的，对自己的朋友也是忠实的，他虽然因为这事而入狱，但他非但不抱怨，反而觉得"内负宿心，外恶良朋"。在这一节里，一方面显示了他的光明磊落的人格，一方面，也十分清楚地揭露了统治者借故陷害好人的罪恶，他"欲寡其过"却反而是"谤议沸腾"，他"性不伤物"，却反而是"频致怨憎"，这是多么难以自存的社会啊！

他其他的四言诗如《赠秀才入军》，也是写得十分成功的。如：

> 凌高远盼，俯仰咨嗟。怨彼幽絷，室迩路遐。虽有好音，谁与清歌。虽有朱颜，谁与发华。仰诉高云，俯托轻波。乘流远遁，抱恨山阿。（其十一）

> 浩浩洪流，带我邦畿。萋萋绿林，奋荣扬晖。鱼龙瀺灂，山鸟群飞。驾言出游，日夕忘归。思我良朋，如渴如饥。愿言不获，怆矣其悲。（其十三）

息徒兰圃，秣马华山。流磻平皋，垂纶长川。目送归鸿，手挥五弦。俯仰自得，游心太玄。嘉彼钓叟，得鱼忘筌。郢人逝矣，谁与尽言。（其十四）

这些四言诗，写得都十分空灵流荡。虽然题为《赠秀才入军》，但内容并不是说入军的。仍然是抒情的作品。"思我良朋，如渴如饥。愿言不获，怆矣其悲。"对朋友的思念多么真切！"目送归鸿，手挥五弦。俯仰自得，游心太玄。"诗人的襟怀多么宽广爽朗，人格多么高尚，风致多么潇洒。《世说新语》说嵇康"风姿特秀，……萧萧肃肃，爽朗清举。"又说："嵇叔夜之为人也，岩岩若孤松之独立；其醉也，傀俄若玉山之将崩。"这些话，固然可以用来赞美他的仪容，但也同样可以用来赞美他的人格以及他在诗中所展现的自己的风姿。

他的五言诗也写得很成功，如《答二郭》、《与阮德如》以及《人生譬朝露》（根据鲁迅校辑《嵇康集》）等篇，都是写得很纯熟自然的。而尤其是《五言古意一首》（旧本作《赠公穆诗》，今据鲁迅校本），更表明了他的反抗性格和被当时黑暗政治压迫的苦闷，例如：

何意世多艰，虞人来我维，云网塞四区，高罗正参差。奋迅势不便，六翮无所施。隐姿就长缨，卒为时所羁。单雄翩独逝，哀吟伤生离。……吉凶虽在己，世路多崄巇。

在这样黑暗的社会里，到处都是"高罗"、"云网"，无缘无故，你就可以入罗网的，所以他痛恨着"世路多崄巇"的这个社会。他还有一首《游仙诗》，这是他厌恶痛恨这个现实世界而发出的幻想，也可看作是他苦闷心情的另一种反映。

他的《与山巨源绝交书》，是他有名的作品，书中对统治阶级进行

263

了尖锐的揭露和讽刺，表现出他的强烈的反抗精神，其中七不堪和二不可，可以说把封建社会里的一套虚伪的礼法全部揭开了，并且给了它无情的嘲笑和讥弄。例如：

> 不喜吊丧，而人道以此为重，已为未见恕者所怨，至欲见中伤者；虽瞿然自责，然性不可化，欲降心顺俗，则诡故不情，亦终不能获无咎无誉，如此五不堪也。不喜俗人，而当与之共事，或宾客盈坐，鸣声聒耳，嚣尘臭处，千变百伎，在人目前，六不堪也。……又每非汤、武而薄周、孔，在人间不止此事，会显世教所不容，此甚不可一也。

在这些文字里，对封建官场的揭露，对封建的传统思想的攻击，是十分猛烈的，充分地表现了他的不妥协精神，这也是他遭到统治者的残杀的一个主要原因。

正始时代，除了这两位杰出的诗人而外，其他如向秀悼念嵇康、吕安的一篇《思旧赋》，也是优秀的作品，余者也都是一般的作品了。

第六节　简短的结论

在这一时期里，在汉代乐府民歌的基础上，产生了伟大的叙事诗《孔雀东南飞》，它用优秀的艺术技巧，描写了封建社会里一对青年男女牺牲于封建礼教的残酷迫害下的悲惨故事。同时，歌颂了他们坚贞不移的爱情和崇高的反抗精神，这首诗成为典型的反映封建社会里的婚姻悲剧的诗，也成为乐府民歌发展的最高峰。

五言诗在这一时期有了很大的发展，文人们充分地运用和发展了这一形式，来反映社会现实，建安以后的社会悲惨景象和人民的痛苦呼声，自蔡琰的《悲愤诗》始，经过"三曹"和建安七子等人的努力，充分地在诗中得到了反映，而且这时的五言诗，已经在乐府民歌的基础上提高了一步，成为叙事尤其是诗人们抒发自己的感情的良好形式，由于建安一代的诗人本身所遭遇到的社会混乱，流离播迁的痛苦，所以使他们在诗歌里也发出了慷慨悲凉的声音，因此形成了这一时期的文学特色，成为后代所称赏的"建安风骨"。

由于文学的空前繁荣，文学批评在这时也有了初步的成绩，对文学起着鼓励和指导作用。而一部分文人，还用写抒情诗的方法，改造了形式呆板僵化的汉赋，因而使它得到了改造和新生，也产生了像王粲的《登楼赋》那样的优秀作品，并给以后的辞赋以积极的影响。

五言诗发展到建安正始时代，更加趋于成熟，建安与正始社会情况的不同点，在于建安是一个极度混乱的时代，没有一个强力的统一政权，所以诗人们可以比较自由和明显地诅咒时代和暴露现实，可以对时代发出慷慨悲凉的呼声。而正始时代，恰恰相反，它已经建立起巩固的统治政权，全国已安定下来，加之由于统治集团间尖锐的争夺政权的斗争而施行的残暴的屠杀政策，使得这时的诗人们不可能自由地、明显地暴露社会现实。因此他们不得不像阮籍一样采取隐蔽曲折的表达方法，同时这一时期盛行的玄学，助长了诗歌中的隐蔽深玄的气氛，形成了正始文学的那种沉郁而又隐蔽深玄的特色。

五言诗经过阮籍嵇康们的努力，提高了它的艺术性，也充分发展了它的抒情性，风格方面开始趋向于轻清绮缛，不再像建安时代的质朴凝重，换句话说，正始时代的诗歌，已逐渐较多的离开乐府民歌的影响而更显著地趋向于文人化了。

第二章　晋代文学

　　魏末司马氏专权的结果，司马炎便于公元265年篡魏，建立晋朝。在篡魏前两年，司马昭已派邓艾、钟会灭了蜀汉，篡位后十五年（280年），司马炎又派兵灭了东吴，这样便形成了全国统一的局面。也造成了太康年间（280—289）社会的暂时安定和繁荣。但这个时期实在太短暂了，人民还没有来得及喘息过来，却又发生了"八王之乱"，残酷的混战和屠杀，竟又延续了十五年之久（291—306），破坏了社会生产，给人民带来了无穷灾祸，因而造成了西北各族入主中原的大混乱局面，公元317年，司马睿建康称帝，称东晋。偏安一隅的东晋，也仍旧处在矛盾重重和动荡不宁之中，先后爆发了王敦、苏峻、桓温、王恭、殷仲堪等人的变乱，而且到后来由于统治阶级长期残酷剥削的结果，又激起了农民革命运动，终于加速了东晋政权的灭亡。

　　晋代的社会虽然一直在变乱动荡之中，但统治阶级却依旧极度地奢侈享乐。贵族官僚阶级生活的奢华浪费，简直是骇人听闻。富敌王侯的石崇，以麦糖洗锅，用蜡烛当柴，用锦绸做五十里长的屏障，用香椒涂壁，何曾日食万钱，还说"无下箸处"，他的儿子何劭每天竟需食二万钱。贵族子弟大都行为放荡，沉湎于酒色。

266

晋代因为长期处在各种矛盾斗争的激流中，长期处在受少数民族统治集团压迫的痛苦历史中，政治上内部的变乱不断发生，文人们在政治上仍旧受着严重的压迫，只要看看当时的文人如张华、潘岳、陆机、陆云、刘琨、郭璞等人都不得善终的事实，我们便能了解当时的政治斗争多么尖锐和压力多么严重了，在这样残酷的压迫之下，诗人们大都不敢正面地反映现实、批判现实。他们采取了象征的隐蔽的表现方法，运用招隐、游仙、山水的种种题材，对于政治作了侧面的讽刺。因此使诗歌的内容和表现方法，都起了变化，在表面上呈现着浓厚的浪漫气息。但这些诗歌也仍旧具有一定的现实主义的因素，而且这时有些士大夫或文人，目击山河变色，都怆然有感，爱国的思想也在他们的心中激荡，他们也仍然写出过一些具有现实主义精神的诗篇来，所以晋诗的主要成就也仍旧是继承曹植、阮籍、嵇康的诗的精神而发展的。东晋之末，出现了伟大的诗人陶渊明，于是便把晋代的诗歌，推向了高峰。

晋诗的大部分作者，由于出身于豪门，缺少现实生活的感受与体验，因此这些诗人的作品，便不免倾向于词句的骈俪，追求形式的华美，开展排偶的风气，这种风气，对于后来的文字，起着很大的影响。

对于这一时期的文学作品，我们将在下面分两章来叙述。

第一节　陆机、潘岳及其他作家

正始以后，文坛上一度呈现衰蔽现象，一直到晋太康之初，逐渐复兴，钟嵘《诗品》说：

> 太康中，三张二陆，两潘一左，勃尔复兴，踵武前王，风流未沫，亦文章之中兴也。

这就是文学史上所称的"三张二陆，两潘一左"的太康诗人的时代。

从公元 280 年的太康元年起，到公元 291 年元康元年止。这是一个三国分立的局面刚结束，全国开始重新统一，而"八王之乱"尚未爆发的暂时安定的时期，生产得以略略恢复，社会稍呈太平现象，因而诗坛也渐见热闹，但这一时期的诗人，大都出身于世宦之家，对现实生活感受得较少。加之社会初安，以司马炎为首的统治集团和上层官僚贵族子弟，都竞尚奢靡，沉湎声色。在这样的社会风气下，使当时的文学风尚也起了变化，作家们都重视词藻的华丽，重视作品的形式，讲究对偶，而忽视作品的内容。所以当时诗人虽然有"三张二陆，两潘一左"之盛，但实际上写出的好诗却实在不多。这种重视词藻华丽、刻意于雕琢的倾向，陆机最为显著，《诗品》说他"才高词赡，举体华美"，《晋书》本传也说他"天才秀逸，辞藻宏丽"。葛洪则更说他的作品"犹玄圃之积玉，无非夜光"。可见他的作品的华丽雕琢，是公认的。

（一）陆机

陆机字士衡，生于公元 261 年，卒于公元 303 年，吴郡（今江苏吴县附近）人。他的祖父即著名的吴丞相陆逊，父亲陆抗为吴大司马。父死后，他十四岁即领父兵为牙门将。吴亡以后即退居旧里，闭门勤学，著名的《文赋》就是在这时写成的。太康末年，即与他的弟弟陆云同时入洛。张华非常看重他们，誉之为"二俊"。后来成都王颖使他参大将军军事，为平原内使，为颖带兵二十万讨长沙王乂，结果为乂所败。后来又受了宦人孟玖和将军牵秀的谗害，遂被杀，年四十三岁。

他的诗如前所述，一般的词藻都很华丽，并且讲究对仗。沈德潜对他曾严厉的指斥，说：

> 士衡以名将之后，破国亡家；称情而言，必将哀怨，乃词
> 旨肤浅，但工涂泽，复何贵乎？

这是指斥他没有亡国破家之痛（吴亡时他的哥哥陆晏、陆景均被杀），他又说：

> 意欲逞博而胸少慧珠，笔又不足以举之，遂开出排偶一
> 家。西京以来空灵矫健之气不复存矣，降自梁陈，专攻队仗，
> 边幅复狭，令阅者白日欲卧，未必非士衡为之滥觞也。

这是指责他的诗词藻绮丽，讲究排偶，开梁陈轻艳绮靡，专工对仗，崇尚声韵而忽视内容的流风。沈德潜的这些指责，并非无因的，例如：

> 清川含藻景，高岸被华丹。馥馥芳袖挥，泠泠纤指弹。悲
> 歌吐清响，雅舞播幽兰。（《日出东南隅行》）
> 和风飞清响。鲜云垂薄阴。蕙草饶淑气。时鸟多好音。
> （《悲哉行》）

这些诗句，词藻华丽，对偶工整，显示他雕琢的苦心，但却缺乏内容。不过他除了这一类的作品外，也是有一些较好的作品。如他的《门有车马客行》：

> 门有车马客，驾言发故乡。念君久不归，濡迹涉江湘。投
> 袂赴门涂，揽衣不及裳。拊膺携客泣，掩泪叙温凉。借问邦族
> 间，恻怆论存亡。亲友多零落，旧齿皆凋丧。市朝互迁易，城
> 阙或丘荒。坟垄日月多，松柏郁茫茫。天道信崇替，人生安得

269

长。慷慨惟平生，俯仰独悲伤。

这首诗里，邦族存亡、亲友零落之痛，以及他乡羁旅、世途艰险之悲，写得还是非常真实感人的，词藻和风格也还很质朴，又如他的《赴洛道中作》也是一首写得工稳精到的诗：

> 远游越山川，山川修且广。振策陟崇丘，安辔遵平莽。夕息抱影寐，朝徂衔思往。顿辔倚嵩岩，侧听悲风响。清露坠素辉，明月一何朗。抚几不能寐，振衣独长想。

这首诗写旅行途中的心情十分细腻幽沉，似乎还带些淡淡的哀愁，全诗的风格也很清秀空灵。再如他的拟《明月何皎皎》说："照之有余辉，揽之不盈手。"对月光的描写，也是十分精细流荡的。过分的重视词藻和刻意雕琢而忽视内容，这是当时诗坛的通病。但从另一方面来说，也标志着文人们写作五言诗的技巧，有了显著的发展和提高。

他的《文赋》是继《典论·论文》以后的一篇重要的文学批评方面的著作。这篇文章，对文学的功用，文章的体裁，比《典论·论文》有了更精密的论述。特别是对于创作过程，创作甘苦的分析，十分精辟，例如他讲文学反映现实的意义时说：

> 伊兹文之为用，固众理之所因。恢万里而无阂，通亿载而为津。俯贻则于来叶，仰观象乎古人。济文、武于将坠，宣风声于不泯。涂无远而不弥，理无微而弗纶。

这里论述文学的功用：可以阐明理论，沟通上下古今的思想，对社会起教育作用等等。这种观点，已经比《典论·论文》进了一步。他在论述文体的分类和各自的特征时说：

> 诗缘情而绮靡，赋体物而浏亮。碑披文以相质，诔缠绵而
> 凄怆。铭博约而温润，箴顿挫而清壮。颂优游以彬蔚，论精微
> 而朗畅。奏平彻以闲雅，说炜晔而谲诳。

文体的区别比《典论·论文》更为细腻，例如《典论·论文》中只说
"诗赋欲丽"，而这里却说"诗缘情而绮靡，赋体物而浏亮"，把诗赋区
分了开来，而且指出"诗"要抒情，"赋"则要叙事（这是总结汉人的
赋而说的，汉末魏晋以后的抒情小赋不在他的论述之内），这对于抒情
诗的发展是有作用的，这篇文章最精彩的地方是论述创作构思的过程及
创作之甘苦：

> 其始也，皆收视反听，耽思傍讯。精骛八极，心游万仞。
> 其致也，情瞳胧而弥鲜，物昭晰而互进。倾群言之沥液、漱六
> 艺之芳润。浮天渊以安流，濯下泉而潜浸。于是沉辞怫悦，若
> 游鱼衔钩而出重渊之深；浮藻联翩，若翰鸟缨缴而坠曾云之
> 峻。收百世之阙文，采千载之遗韵。谢朝华于已披，启夕秀于
> 未振。观古今于须臾，抚四海于一瞬。

这一节完全是描写构思时的情状的，可以说是写尽了穷搜苦思，构思时
思维活动的情况，而且还精密地写出了构思过程前后不同的情况。另一
节是写构思以后，创作感情和文思冲动时的情形，同样是十分真实精
彩的：

> 若夫应感之会，通塞之纪，来不可遏，去不可止，藏若景

271

灭，行犹响起。方天机之骏利，夫何纷而不理？思风发于胸
臆，言泉流于唇齿；纷葳蕤以馺遝，唯毫素之所拟；文徽徽以
溢目，音泠泠而盈耳。及其六情底滞，志往神留，兀若枯木，
豁若涸流；揽营魂以探赜，顿精爽而自求；理翳翳而愈伏，思
乙乙其若抽。是以或竭情而多悔，或率意而寡尤。虽兹物之在
我，非余力之所戮。故时抚空怀而自惋，吾未识夫开塞之
所由。

文思涌来的时候则"思风发于胸臆，言泉流于唇齿"，文思枯竭的时候，
则"兀若枯木，豁若涸流"，"理翳翳而愈伏，思乙乙其若抽"。对这许
多具体的感性经验的总结和描写都十分真切。他还主张："理扶质以立
干，文垂条而结繁"就是说文章以思想为主，词藻应该为表达思想而
设。他又说："恒患意不称物，文不逮意，盖非知之难，能之难也。"这
里他指出了正确地反映和描绘客观事物的困难，尤其是分析了解客观事
物和表达客观事物是两个不同的范畴，了解客观事物较之于从了解后正
确地表达客观事物要容易，这就指出了创作需要具体实践和才能，也需
要像他这样地总结经验。

《文赋》标志着文艺批评和文艺创作理论从建安以来，又有了新的
重要的发展和成绩，同时它又从文艺批评和文艺创作理论上给后代以积
极而巨大的影响。

（二）潘岳及其他作家

潘岳字安仁，生于公元 247 年，卒于公元 300 年。荥阳中牟人（今
河南开封附近），祖父瑾为安平太守，父芘为琅琊内史。他小时候即有
奇童之称，早辟司空太尉，举秀才。才名冠世，为众所疾，因此蹉跎了
十年。后来为河阳令，颇有政绩。辗转升迁了几次，最后为著作郎，转

散骑侍郎。因为他少时恶了孙秀，几次打辱了他，孙秀因此怀恨在心。这时孙秀为赵王伦中书令，遂诬害潘岳作乱，因此被害，被诛三族。他的作品，以《悼亡诗》三首最为出名，这是描写夫妇之间真挚爱情的突出的作品。三首中第一首写得最好。像下面这些诗句，感情是十分真挚感人的：

> 望庐思其人，入室想所历。帷屏无仿佛，翰墨有余迹。流芳未及歇，遗挂犹在壁。怅恍如或存，周遑忡惊惕。如彼翰林鸟，双栖一朝只。如彼游川鱼，比目中路析。……寝息何时忘，沈忧日盈积。

这首诗通过许多具体的细节，写出了他沉痛哀伤的感情，"如彼"四句，还保留着民歌质朴的气息。第二首中：

> 凛凛凉风升，始觉夏衾单。岂曰无重纩，谁与同岁寒。岁寒无与同，朗月何胧胧。展转眄枕席，长簟竟床空。床空委清尘，室虚来悲风。独无李氏灵，彷佛睹尔容。抚衿长叹息，不觉涕霑胸。霑胸安能已，悲怀从中起。寝兴目存形，遗音犹在耳。

这些句子，也是写得十分沉痛的，第三首则比较差一些。其他如他的四言诗《关中诗》，也反映了当时的民族矛盾和民间的疾苦。如：

> 哀此黎元，无罪无辜，肝脑涂地，白骨交衢，夫行妻寡，父出子孤。

但从全诗来讲，这首诗写得并不算好。

除了陆机、潘岳而外，如"三张"中的张华、张协在诗歌创作上，也还有一定的成绩。张华写得比较好一些的是《情诗》：

> 清风动帷帘，晨月照幽房。佳人处遐远，兰室无容光。襟怀拥灵景，轻衾覆空床。居欢惜夜促，在感怨宵长。拊枕独啸叹，感慨心内伤。

《诗品》说他的诗"其体华艳"、"儿女情多"，读他的《情诗》也确实如此。

张协写得较好的作品是《杂诗》，如：

> 房栊无行迹，庭草萋以绿。青苔依空墙，蜘蛛网四屋。

写君子远役以后佳人空房独守的孤独情景，也是逼真的，再如：

> 借问此何时，胡蝶飞南园。流波恋旧浦，行云思故山。

这些诗句，描写游子依恋故乡之情，也很真切动人。二张而外，傅玄的诗，也写得比较好的，如他的《杂诗·志士惜日短》：

> 志士惜日短，愁人知夜长。摄衣步前庭，仰观南雁翔。玄景随形运，流响归空房。清风何飘飘，微月出西方。繁星衣青天，列宿自成行。蝉鸣高树间，野鸟号东厢。纤云时仿佛，渥露沾我裳。良时无停景，北斗忽低昂。常恐寒节至，凝气结为霜。落叶随风摧，一绝如流光。

这首诗描写一个志士中夜徘徊，惊心于时光之飘忽易过的心情，十分细致突出。风格也凄清流荡。他的《杂言》："雷隐隐，感妾心。倾耳清听非车音。"也写得很清新。他的《短歌行》：

> 昔君视我，如掌中珠。何意一朝，弃我沟渠。昔君与我，如影如形，何意一去，心如流星！昔君与我，两心相结。何意今日，忽然两绝。

这首虽然是四言诗，但却写得十分流利自然，而且诗意也很新鲜执着，还保留着质朴的民歌气息。

第二节 左 思

左思，字太冲，生于公元250年，卒于公元305年，齐国临淄（今山东临淄附近）人。家世儒学，父雍原是小吏，后为擢授殿中侍御史，妹芬入宫为贵嫔。小时学书鼓琴都不成，后为父亲激励，遂勤学。善属文，辞藻壮丽。他的容貌长得比较难看而且还口吃。不喜欢交游，常闲居在家，曾以一年的时间，写成《齐都赋》一篇。后来因为妹妹左芬入宫，就移家京师。开始写《三都赋》，构思十年，"门庭藩溷，皆著纸笔，遇得一句，便即疏之。"当时人颇加非笑。陆机给陆云的信说："此间有伧父欲作《三都赋》，须其成，当以覆酒瓮中。"但是十年之后，赋作成了。当时的人并不看重它，左思自信并不比班固的《两都赋》、张衡的《二京赋》差，只是人家因为他的身份不高，所以"以人废言"。后来经过皇甫谧、张载、刘逵、卫瓘、张华等人的赏赏，于是

"豪贵之家，竞相传写，洛阳为之纸贵"。连原来嗤笑他的陆机也不得不叹服。秘书监贾谧请他讲《汉书》，谧被诛后，他即退居宜春里，专心读书。后来迁居冀州，病终在家里。有集五卷，现存诗十四首。

　　他的杰作是《咏史》诗八首。由于他出身寒微，可以在他的诗里反映出被压抑者的思想感情，表现了他对当时的社会政治的愤懑和不平。在《咏史》诗里，讲到他的困苦的生活时说：

　　　　寂寂扬子宅，门无卿相舆。(其四)
　　　　落落穷巷士，抱影守空庐。出门无通路，枳棘塞中涂。计
　　策弃不收，块若枯池鱼。外望无寸禄，内顾无斗储。亲戚还相
　　蔑，朋友日夜疏。(其八)

他怀着壮志，但却不能施展，而且也无人能赏识他，而当世的显官，大多数是依靠门阀家世，而真正有才能的人，只能被埋没。因此他面对着这种社会制度，感到了沉重的压迫和深切的不满，这种思想，在他的诗里表现得极为突出，如：

　　　　世胄蹑高位，英俊沉下僚。地势使之然，由来非一朝。
　　(其二)

　　　　英雄有屯邅，由来自古昔。何世无奇才，遗之在草泽。
　　(其七)

他自己的宏大的志愿和胸襟，以及他的高尚的人格，在诗中表现得也很明显，如：

　　长啸激清风，志若无东吴。铅刀贵一割，梦想骋良图。左
眄澄江湘，右盼定羌胡。功成不受爵，长揖归田庐。（其一）

　　吾希段干木，偃息藩魏君。吾慕鲁仲连，谈笑却秦军。当
世贵不羁，遭难能解纷。功成耻受赏，高节卓不群。（其三）

　　自非攀龙客，何为歘来游。被褐出阊阖，高步追许由。振
衣千仞冈，濯足万里流。（其五）

以上这些诗句，都表现出了他豪迈的胸襟和建功立业、为国家排难解纷
的壮志。他钦慕段干木、鲁仲连这样具有高尚人格的人物，也用以自
比。在表现他的被压抑的思想和他的高尚的品质方面，下面这一首诗写
得最为突出：

　　荆轲饮燕市，酒酣气益震。哀歌和渐离，谓若傍无人。虽
无壮士节，与世亦殊伦。高眄邈四海，豪右何足陈。贵者虽自
贵，视之若埃尘。贱者虽自贱，重之若千钧。（其六）

他自比于胸怀奇志的烈士荆轲，有独立不群、高眄四海的气概，他藐视
当世的一切豪右权贵，而又珍视虽然出身贫贱而怀有高行奇才的人，他
的"贵者虽自贵，视之若埃尘；贱者虽自贱，重之若千钧"的名句表示
了他卓越的思想和高尚的人格，他的"振衣千仞冈，濯足万里流"同样
可以用来形容他对于这个充满着统治阶级之间的矛盾斗争和自私污浊的
现实社会的独立不群和愤慨蔑视的态度。
　　他的《咏史》诗，是继承着建安正始诗人的优良传统，对现实社会
和统治集团的腐朽、污浊进行尖锐讽刺，具有现实主义精神的杰作。
　　他的另一首长诗《娇女诗》则描写生动活泼，充分运用了口语，表

示了诗人对于子女十分慈祥爱护的感情：

> 小字为纨素，口齿自清历。鬓发覆广额，双耳似连璧。明朝弄梳台，黛眉类扫迹。浓朱衍丹唇，黄吻澜漫赤……其姊字惠芳，面目粲如画。轻妆喜楼边，临镜忘纺绩。举觯拟京兆，立的成复易。玩弄眉颊间，剧兼机杼役。

这两节对小孩的天真烂漫的描写，写得十分生动，这诗结束时说：

> 任其孺子意，羞受长者责。瞥闻当与杖，掩泪俱向壁。

这四句尤其写得神情毕露，而且流露着一种爱怜慈祥的感情，这样的描写，到后来在杜甫的《彭衙行》、《北征》等诗里也可以看到。

钟嵘《诗品》说左思的诗：

> 文典以怨，颇为精切，得讽喻之致。虽野于陆机而深于潘岳。

前面之句，大概是指他的《咏史》诗说的；最后一句恐怕是指《娇女诗》说的，因为在《娇女诗》里，他用了很多口语。沈德潜对这个评论大有意见，他说：

> 此不知太冲者也！太冲胸次高旷，而笔力又复雄迈。陶冶汉魏，自制伟词，故是一代作手。岂潘陆辈所能比埒！

沈德潜指出他继承汉魏（也即是建安正始）诗的优良传统，而又有自己的独特的成就，这是一个有识力的见解。无疑左思是西晋一代的代表诗人，他的高亢的风格，雄健的笔力，沉郁刚劲的诗句，标志着西晋一代诗歌的自己的面貌和成就。

第三节　刘琨和郭璞

刘琨，字越石，生于公元271年，卒于公元318年，中山魏昌（今河北东南部）人，少年时即有萧爽俊朗的风致和雄豪的气概，能写诗，与石崇、欧阳建、陆机、陆云这些人共同与贾谧交往，号称"二十四友"，永嘉元年为并州刺史，颇有声望，后为刘聪所败，父母都遇害。愍帝即位，拜大将军，都督并州诸军事。三年又拜为司空，都督并冀幽三州诸军事，又为石勒所败。遂与鲜卑段匹磾联婚立誓共同拥护晋室，后来又被段匹磾缢死，死时年四十八岁。我们看《晋书》中他的传记，可知他半生都是在戎马中度过的，他有强烈的民族思想和爱国精神，《晋书》本传中说：

> 与范阳祖逖为友，闻逖被用，与亲故书曰："吾枕戈待旦，志枭逆虏，常恐祖生先吾著鞭。"其意气相期如此。在晋阳尝为胡骑所围数重，城中窘迫无计，琨乃乘月登楼清啸。贼闻之，皆凄然长叹。中夜奏胡笳，贼又流涕歔欷，有怀土之切，向晓复吹之，贼并弃围而走。

我们读这两段材料，可以想见他为国抗敌的英雄气概，这种精神一直到他临死时也没有改变。当他知道自己将被害时，尚说："死生有命，但恨仇耻不雪，无以下见二亲耳。"他在《答卢谌》中说：

昔在少壮，未尝检括，远慕老庄之齐物，近嘉阮生之放旷，怪厚薄何从而生，哀乐何由而至。自顷辀张，困于逆乱，国破家亡，亲友凋残；负杖行吟，则百忧俱至，块然独坐，则哀愤两集。时复相与，举觞对膝，破涕为笑，排终身之积惨，求数刻之暂欢，譬犹疾痰弥年，而欲以一丸销之，其可得乎？夫才生于世，世实须才。……天下之宝，当与天下共之。但分析之日，不能不怅恨耳。然后知聃周之为虚诞，嗣宗之为妄作也。

在这封信里，使我们了解到他的思想变化过程，也可以使我们更清楚地了解他处在"国破家亡，亲友凋残"的悲惨的环境中的"百忧俱至"的心情。我们了解了他所处的环境，他所身受的遭遇以及他的忧国愤世的思想以后，我们便能更好的理解他的诗了。他的诗现在只存三首：

横厉纠纷，群妖竞逐。火燎神州，洪流华域。彼黍离离，彼稷育育。哀我皇晋，痛心在目。……逆有全邑，义无完都。英蕊夏落，毒卉冬敷。(《答卢谌》)

在这些诗句里，反映了当时国家危亡，山河破碎的悲惨景象，他在《重赠卢谌》中说：

功业未及建，夕阳忽西流。时哉不我与，去乎若云浮。朱实陨劲风，繁英落素秋。狭路倾华盖，骇驷摧双辀。何意百炼钢，化为绕指柔！

他的《扶风歌》是最杰出的作品：

> 朝发广莫门，暮宿丹水山。左手弯繁弱，右手挥龙渊。顾瞻望宫阙，俯仰御飞轩。据鞍长叹息，泪下如流泉。系马长松下，发鞍高岳头。烈烈悲风起，泠泠涧水流。挥手长相谢，哽咽不能言。浮云为我结，归鸟为我旋。去家日已远，安知存与亡！慷慨穷林中，抱膝独摧藏。麋鹿游我前，猿猴戏我侧。资粮既乏尽，薇蕨安可食？揽辔命徒侣，吟啸绝岩中。君子道微矣，夫子故有穷。惟昔李骞期，寄在匈奴庭；忠信反获罪，汉武不见明。我欲竟此曲，此曲悲且长；弃置勿重陈，重陈令心伤。

在这两首诗里，充分体现了他的国亡家破的悲痛，和大势已去，英雄末路的那种悲凉凄戾的声音。"何意百炼钢，化为绕指柔"，对于万不应该弄到国破家亡的局面而又竟至于弄到如此局面的悲惨现实，多么痛心疾首啊！"去家日已远，安知存与亡！慷慨穷林中，抱膝独摧藏"，"资粮既乏尽，薇蕨安可食"一个半生戎马，与敌人沙场搏斗的将军，如今已到了穷途末路的境地，如何不令人为他凄怆！

这一位民族英雄的诗篇，虽然仅存这三首，但是他的强烈的爱国精神，雄峻的风格，和悲凉沉厚的思想感情，继左思之后，使晋代虚弱的诗风为之一振。

郭璞，字景纯，生于刘琨同一个时代（276—324），河东闻喜人（今山西绛县附近）。他先后被殷祐、王导等人请去参赞过军事。后来被王敦杀害，死时四十九岁。他是一个学者，学问极渊博，著作甚富，在文学、语言学的研究上，有相当的贡献。他的诗，以《游仙诗》著名：

　　青溪千余仞，中有一道士。云生梁栋间，风出窗户里。借
问此何谁，云是鬼谷子。翘迹企颍阳，临河思洗耳。阊阖西南
来，潜波涣鳞起。灵妃顾我笑，粲然启玉齿。蹇修时不存，要
之将谁使。

　　翡翠戏兰苕，容色更相鲜。绿萝结高林，蒙笼盖一山。中
有冥寂士，静啸抚清弦。放情凌霄外，嚼蕊挹飞泉。赤松临上
游，驾鸿乘紫烟。左挹浮丘袖，右拍洪崖肩。借问蜉蝣辈，宁
知龟鹤年。

这一类的诗，比起前面刘琨、左思这样的诗，当然是大异其趣了。但是
它毕竟还有它自己清峻的风格和高远的意境，更何况这些诗里，也仍然
有他的寄托的。《诗品》说："辞多慷慨，柔远玄宗。"说他"奈何虎豹
姿"，又云"戢翼栖榛梗"，乃是"坎壈咏怀，非列仙之趣也"。说他
"辞多慷慨"，说他"坎壈咏怀，非列仙之趣"这还是道着了他的根本
的。其实他也是借游仙以咏怀的，正如左思借咏史以咏怀一样，不过郭
璞的语言更加隐蔽，高远玄妙的成分较多些而已。所以沈德潜就直接说
他："本有托而言，坎壈咏怀其本旨也。"例如诗中说"朱门何足荣"、
"遐邈冥茫中，俯视令人哀"、"临川哀年迈，抚心独悲咤"、"悲来恻丹
心，零泪缘缨流"等等，未尝不是感事而发的。实际上他是用象征的手
法，抒写了自己不满于现实的情绪。

第三章　陶渊明

第一节　陶渊明的生平和思想

陶渊明，浔阳柴桑人（今江西九江），生于公元365年，卒于公元427年。他生时，东晋已经在江左偏安了四十八年，再过五十五年在少数民族政权的压迫和内部的变乱中，东晋便告灭亡。可见陶渊明的一生，就是在这样多难纷乱的环境中开始的。他的曾祖父可能是陶侃，他的外祖父是孟嘉，这两个都是晋代的著名人物。他的祖父曾做过太守，他的父亲大概也曾做过太守，但到了陶渊明的幼年时，家境即没落了。他出生在一个贫穷家庭里又遇上战乱频仍的时代，生活自然是不会好的。有名的淝水之战的那一年，正是他十九岁将近弱冠的时候，在这以前，秦兵时常入侵，加之经常发生水旱灾，连年饥馑，人民生活都很痛苦，所以他在诗里一则说"弱年逢家乏"，再则说"弱冠逢世阻"。在这种困苦的生活逼迫下，他为了衣食之计，大概在二十九岁的时候，便出去做官。他在二十九岁以前的一段少年生活里，虽然生活困苦，世道艰难，他还是有自己的抱负的，他后来回忆说："忆我少壮时，无乐自欣豫。猛志逸四海，骞翮思远翥。"（《杂诗》）在另一首诗里说："少时壮且厉，抚剑独行游。"可见他有奋发蹈厉的志向的。不过爱好自然，个性闲静，也是他性格的一面，这在他的诗中也可以找到证明，在《归园田居》中说："少无适俗韵，性本爱丘山。"在《始作镇军参军经曲阿作》中说："弱龄寄事外，委怀在琴书。被褐欣自得，屡空常晏如。"在《与子俨等疏》中更说："少学琴书，偶爱闲静，开卷有得，便欣然忘食。见树木交荫，时鸟变声，亦复欢然有喜。常言：五六月中，北窗下卧，遇凉风暂至，自谓是羲皇上人。意浅识罕，谓斯言可保。"魏晋之际，曾盛行着老庄思想，他出生的时代，也依然是老庄思想很盛的时候，他自然是受到很深的影响的，不过他除此外，还受到过儒家思想的教育，所以他在诗里说："少年罕人事，游好在六经。"从他的《命子诗》中，也可以看出儒家思想给他的影响来。他的诗中屡屡见到长沮和桀溺的名字，也正可以说明这一点。

二十九岁以后，他就踏上了仕途，进一步经历了仕途的险峻和人生的艰难，他先后曾做过一些"祭酒"、"参军"、"县令"之类的小官，到最后在"饥冻虽切，违己交病"的矛盾心情中毅然"自免去职"，前后共有十二年。但在这十二年中，也并非全部时间在官，其间也还有不少时间是在归田躬耕中度过的。这一段生活中，他的思想是矛盾的，为着衣食，不得不出仕，但出仕之后，又忍受不了那种污浊的官场生活，不愿为五斗米向乡里小儿折腰。所以他"目倦川涂异，心念山泽居。望云惭高鸟，临水愧游鱼"。身体虽在路上，但心却仍旧在系念家里。在这十多年中，政治上的变化很大，统治者沉溺于酒色荒淫的生活，人民的生活则到了十分困苦的境地。政治上谢氏的势力已渐渐衰退，刘牢之、桓玄的力量已开始树立起来，到公元399年的时候（渊明三十五岁），终于爆发了以孙恩为首的农民革命。声势很大。在镇压孙恩的战役中，以及后来刘牢之被消灭、桓玄握权的变乱中，孕育了后来篡晋的刘裕的实力。

赋《归去来兮辞》辞去彭泽令，是在他四十一岁的时候，这是他最后的一次辞官，从此以后，他便一直过着朴素艰苦，有时甚至是饥饿的农民生活，他遇过几次火灾，也遇过荒年，过着"饥来驱我去，不知竟何之"、"老至更长饥，菽麦实所羡"的痛苦生活。他亲自参加劳动，对劳动有深切的体会，也熟知农民的劳苦，因此能说："田家岂不苦，弗获辞此难。四体诚乃疲，庶无异患干。"他与农民也有深厚的感情，因此能写出"农务各自归，闲暇辄相思。相思则披衣，言笑无厌时"，"时复墟曲中，披草共来往。相见无杂言，但道桑麻长"这样具有深厚感情的诗句来。在这一段时间里，他更饱看着世事的惨淡和政局的瞬息变换，他在403年曾看过桓玄迫使晋安帝禅位的政变，不久又看着桓玄被消灭，晋安帝复立，刘裕的势力左右着政局。又过了十多年，他又眼看着晋安帝的被刘裕绞杀，恭帝的继位，以及两年后恭帝被刘裕毒死，刘裕篡晋自立，东晋终于在几经变乱以后灭亡的紊乱局面。他面对着这样黑暗紊乱的现实，尽管他还是过着躬耕的隐士生活，但他对此究竟不能没有感慨、不满和反抗，不能不使他向往着他自己所能想象的理想的社会，这是他一部分具有反抗意义和描绘着理想社会的诗文的来源。据说陶渊明自从刘裕篡晋自立，建立南朝宋以后，便改名为潜，以渊明为字。这一点也足以说明他的政治态度和对现实社会的不满。他自从四十一岁辞官以后，又过了二十二年这样艰苦朴素的生活，到六十三岁时，便死去，临终前还写好了自挽诗、自祭文等，在这种紊乱的时代和痛苦的生活的折磨下，对于死，他也并不感到太大的悲哀。

陶渊明的一生虽然大部分是在隐居生活中度过的，但他对于现实，并不是毫不关心的，这一点梁朝的萧统早就看出来了。"语时事则直而可想，论怀抱则旷而且真。"这是他给陶渊明的评语。鲁迅先生则更指出了陶渊明的诗，"除论客所佩服的'悠然见南山'之外，也还有'精卫衔微木，将以填沧海。刑天舞干戚，猛志故常在'之类的金刚怒目式的。在证明着他并非整天整夜的飘飘然。这'猛志固常在'和'悠然见南山'的是一个人，倘有取舍，即非全人，再加抑扬，更离真实"。(《且介亭杂文二集：题未定草》)在他的诗篇中，表示他的政治态度的地方，确实也并不少，除上面所引的外，如《述酒》一首，写得虽然很隐晦，但根据很多人的研究，已经指出是说当时的政治的。其次如《咏荆轲》一诗说："惜哉剑术疏，奇功遂不成。其人虽已没，千载有余情。"在这里也流露出他对于反抗强暴的精神的赞叹。陶渊明对于自己的理想社会，更有着具体的描写。那有名的《桃花源记》和诗就是他的理想社会的美丽图案。他反对剥削，所以他的理想的社会里是"春蚕收长丝，秋熟靡王税"的没有剥削和压迫的社会。他同情劳动人民，他热望过平等自由和和平的美好生活，所以他设想这个社会里的人们，不论"黄发垂髫，并怡然自乐"这种理想，是符合于当时人民的利益的。在这些诗里，反映了他的朴素的空想社会主义思想。陶渊明的思想来源，可以说是由积极向上而转入安贫乐道的儒家思想与随顺自然、委运任化的道家思想的结合体，在他的许多诗文中，我们都可以看出这两种思想的因素，即如在《桃花源记》和诗中，也是如此。不过，在这两种思想中，儒家思想恐怕还是主要的。

第二节　陶渊明作品的现实意义

"我岂能为五斗米，折腰向乡里小儿！"这是他最后辞官时慨然说出的一句话。陶渊明生活在晋宋易代之际，这是一个混乱污浊的社会。他为了不愿与统治阶级同流合污，为了维护自己高尚和尊严的人格，终于"遂尽介然分，终死归田里"了。他对于现实社会是不满意的，他这一具体的行动，更证明了他对现实的不满。如果把陶渊明看作一个"飘然出世的田园诗人"，那当然是错误的。他说"抚己有深怀，履运增慨然"，他说"流泪抱中叹，倾耳听司晨"。你看他对现实表示着多么殷切的关怀啊！因为他对现实不满，所以才会有感于荆轲的那种反抗精神，写出《咏荆轲》那样的怀古慷慨的诗篇来：

> 登车何时顾，飞盖入秦庭。凌厉越万里，逶迤过千城。图穷事自至，豪主正怔营。惜哉剑术疏，奇功遂不成！其人虽已没，千载有余情。

这首诗是写于东晋亡国以后的，那末他的所谓"千载有余情"，我们也就容易理解了。在他的诗里，还表示着对百折不回的毅力和至死不屈的精神的赞扬。他钦慕着田子泰的高义：

> 闻有田子泰，节义为士雄。斯人久已死，乡里习其风。生有高世名，既没传无穷。不学狂驰子，直在百年中。

"不学狂驰子，直在百年中"，可以说骂尽了当时趋附统治势力的那帮人物。

陶渊明不仅歌颂反抗精神，用比较隐晦曲折的诗句批评和揭露了上层社会的黑暗，蔑视了统治阶级。而且还表示了对贫士、农民的深厚同情，歌颂了劳动，歌颂了自己理想中的没有剥削的自由平等的生活。他在《咏贫士》七首中说："万族各有托，孤云独无依。暧暧空中灭，何时见馀晖。""倾壶绝馀沥，窥灶不见烟。"对贫士孤独无靠"倾壶绝馀沥"的艰苦生活，表示了极大的同情。他又说："弊襟不掩肘，藜羹常乏斟。岂忘袭轻裘，苟得非所钦。""朝与仁义生，夕死复何求。""岂

不实辛苦，所惧非饥寒。贫富常交战，道胜无戚颜。"对贫士的高尚的
人格给予了极大的赞扬。他自己是亲自参加了劳动的，因此对劳动生活
的体会特别深刻。

> 人生归有道，衣食固其端。孰是都不营，而以求自安。开
> 春理常业，岁功聊可观。晨出肆微勤，日入负耒还。山中饶霜
> 露，风气亦先寒。田家岂不苦，弗获辞此难。四体诚乃疲，庶
> 无异患干。盥濯息檐下，斗酒散襟颜。遥遥沮溺心，千载乃相
> 关。但愿长如此，躬耕非所叹。（《庚戌岁九月中于西田获早
> 稻》）

这首诗开头四句及第十三、十四两句是说劳动的重要。中间六句说劳动
的艰苦。因为他自己参加了劳动，所以能有这样深刻的体会。特别是他
毕生过着饥饿穷困的生活，对于这种生活，他有十分真实的描写和怨
叹，通过这些作品，作者不仅诉说了自己不幸的遭遇和困苦，而且也反
映了广大人民的痛苦生活。如在《怨诗楚调示庞主簿邓治中》诗中说：

> 弱冠逢世阻，始室丧其偏。炎火屡焚如，螟蜮恣中田。风
> 雨纵横至，收敛不盈廛。夏日长抱饥，寒夜无被眠。

这里所说的许多痛苦，如虫灾、风灾、雨灾以及随之而来的荒年，衣食
不周等等的困苦，都是带有普遍性的，因此实际上他也就诉说了当时农
民们的普遍的痛苦。对于他的这一类的诗，我们都可以这样来看。例如
《有会而作》的序言说："旧谷既没，新谷未登，颇为老农，而值年灾，
日月尚悠，为患未已。登岁之功，既不可希，朝夕所资，烟火裁通。"
这里所反映的现实生活，也同样是广大人民的遭遇。陶渊明的诗，不仅

反映了当时的社会现实，对黑暗的政治进行了揭露和批判，而且还提出了他自己想象中的理想社会的图景，我们读一读他的《桃花源诗》和《桃花源记》，再与当时黑暗的现实社会一对照，我们便可以体会到这首《诗》和《记》里所包含的对现实社会强烈的不满的思想了。现实生活是灾荒连年，饥寒交逼，战争不息，人民都流离失所，而他的理想社会，却是"春蚕收长丝，秋熟靡王税"，"童孺纵行歌，斑白欢游诣"，一片和平、丰年的美丽幸福的生活景象。这种理想，一方面反映了人民的要求，同时也是对现实社会的强烈的讽刺。陶渊明是爱好自由的，当他开始去做镇军参军的时候，就说："望云惭高鸟，临水愧游鱼。真想初在襟，谁谓形迹拘。"表示了他爱好自由的思想，特别是在几年官场生活以后，他爱好自由的思想更加强烈了。这种爱好自由的思想，充分地表现在他的名作《归去来兮辞》里面。而他的《归园田居五首》则更具体的描绘着弃官以后躬耕自给的那种自由生活。他说"误落尘网中，一去十三年"，"久在樊笼里，复得返自然"，他对于官场中的不自由的生活是多么厌恨，对于自由是多么热爱啊！

陶渊明的作品的另一方面，是对祖国山川风物田畴禾稼等自然景物的亲切而生动的描写，通过这些描写，反映了农村朴素的生活面貌。

第三节 陶渊明作品的艺术特色

作品的风格，是由作家的思想修养、精神面貌、创作个性以及客观的生活环境长期以来所给予的影响决定的。陶渊明在思想上鄙视当时的统治集团和上流社会，他不愿与他们同流合污，他甘愿忍受着生活的困顿而退居到农村中，过那种艰苦朴素而朝夕接近大自然的农村生活。在生活上，他亲自参加劳动，过着与农民一样的勤苦生活，亲自体味着农业劳动的种种甘苦。他与农民们也结成了亲密的朋友。这样对统治阶级鄙视和以艰苦朴素的劳动生活为最自由的生活的思想，这样远离奢华富贵而日夕接近大自然的四时变化和亲自参加着艰苦的农业劳动的生活，自然也就影响着他的作品的风格不可能华丽雕琢而只能是自然朴素的那种风格。他的风格特色，就是在运用语言上达到了十分真实、朴素而精练明确通俗的程度，有些诗句，简直就是最精练、最动人而最通俗的口语，例如："误落尘网中，一去十三年"、"方宅十余亩，草屋八九间"、"种豆南山下，草盛豆苗稀"、"结庐在人境，而无车马喧，问君何能尔？心远地自偏"、"夏日长抱饥，寒夜无被眠"、"农务各自归，闲暇辄相思；相思则披衣，言笑无厌时"、"采菊东篱下，悠然见南山"，等等，正可以说是明白如话了。

他的作品的另一个特色，就是善于体会和表现农民的日常生活和感情，这是因为他到后来实际上自己也将成为一个普通的农民的缘故。例如在《归园田居》：

> 野外罕人事，穷巷寡轮鞅。白日掩荆扉，虚室绝尘想。时复墟曲中，披草共来往。相见无杂言，但道桑麻长。桑麻日已长，我土日已广。常恐霜霰至，零落同草莽。（其二）

这首诗，对农民的生活和思想感情，写得多么生动细致，多么富于形象性。再如《移居》诗说：

> 春秋多佳日，登高赋新诗。过门更相呼，有酒斟酌之。农务各自归，闲暇辄相思。相思则披衣，言笑无厌时。此理将不胜，无为忽去兹。衣食当须纪，力耕不吾欺。（其二）

在这首诗里，描写他与农民的感情，多么真挚自然。"过门更相呼，有酒斟酌之。""相思则披衣，言笑无厌时。"农民们淳朴深厚的感情，写得多么真实生动啊！再看他在描写农民们（包括他自己在内）的艰苦劳动时说：

> 晨出肆微勤，日入负耒还。山中饶霜露，风气亦先寒。田家岂不苦，弗获辞此难。四体诚乃疲，庶无异患干。

对于农民们"日出而作，日入而息"的繁重体力劳动，体会得多么深切。特别是他对农民们（也是他自己）的饥寒的体会，可以说是十分真切的，他在《杂诗》八首中说：

> 代耕本非望，所业在田桑。躬亲未曾替，寒馁常糟糠。岂期过满腹，但愿饱粳粮。御冬足大布，粗絺已应阳。正尔不能得，哀哉亦可伤。人皆尽获宜，拙生失其方。理也可奈何，且为陶一觞。（其八）

诗中对于农民们终身劳动而不得温饱的生活，表示着多么深切的悲哀。他是饿过肚子，尝过饥饿的滋味的。萧统为他作的传中说："躬耕自资，遂抱羸疾，江州刺史檀道济往候之，偃卧瘠馁有日矣。"所以他一再说"畴昔苦长饥"，"冻馁固缠己"，"夏日长抱饥"，"老至更长饥"。他对于饥饿者得到食物的那种愉快感情，也有过切身的体会。他说"饥者欢初饱"，这里一个欢字，表示了他多少难以形容的感情。

对于农村自然景物的描写，可以说他是达到了难以企及的境界。

> 方宅十余亩，草屋八九间。榆柳荫后檐，桃李罗堂前。暧

暧远人村，依依墟里烟。狗吠深巷中，鸡鸣桑树巅。

这是一幅多么美丽自然和平静的农村图画！再如"平畴交远风，良苗亦怀新"，写欣欣向荣一望无际的生长着绿油油的禾苗的田野，多么旷远而又具体。

种豆南山下，草盛豆苗稀。晨兴理荒秽，带月荷锄归。道狭草木长，夕露沾我衣。衣沾不足惜，但使愿无违。

作者用抒情的笔墨，描写了农村的劳动，使这种劳动显得多么美丽！这是由于作者对这种亲自劳动的生活感到满意的缘故。陶渊明在描写很多具体的景物时，也是有独特的成就的。例如他写下雪说："凄凄岁暮风，翳翳经日雪。倾耳无希声，在目皓已洁。"写得多么出色！"孟夏草木长，绕屋树扶疏。众鸟欣有托，吾亦爱吾庐。"写初夏景色便是逼真的初夏景色。"微雨从东来，好风与之俱。"写初夏的凉风微雨，便是逼真的凉风微雨。

采菊东篱下，悠然见南山。山气日夕佳，飞鸟相与还。

把他的躬耕隐居的生活，写得多么自由、安祥。陶渊明的作品，具有鲜明的个性，情韵深厚，感情真挚，形象突出，而且有浓厚的生活情味。因此他的作品，具有高度的感人力量。

　　我们不能忘记陶渊明所处的时代的文学风尚是与他的朴素自然，接近人民的风格迥然不同的。刘勰在《文心雕龙·明诗》篇里就说："俪采百字之偶，争价一句之奇，情必极貌以写物，辞必穷力而追新，此近世（宋初）之所竞也。"这就是说当时的文风，已竞尚华丽雕琢，开以后齐梁的风气了。陶渊明能在这样的风尚下坚持树立自己独特的质朴自然接近人民的风格，是具有极大的进步意义的。同时这也就是陶渊明的诗不为当时人所重的原因之一。陶渊明的散文，也同样保持了与他的诗一样的质朴的风格，如《归去来兮辞》和《桃花源记》等散文，同样是不朽的名篇。

当然，陶渊明的诗中，也有他消极的一面，例如他对现实的不满，在诗里表现得比较和平和隐晦，不像嵇康、阮籍那样尖锐和显露，而有时又不免有安于现状的那种生活情绪。这也就是过去一些人称他为"田园诗人"等等的原因。

陶渊明给予后世的影响是很大的。在他死后七八十年，就由萧统为他编定了集子。宋以后对陶渊明的研究便愈来愈多了。宋代的苏东坡还写了一部《和陶诗》，唐代的诗人如孟浩然、王维、韦应物等，都是受过他的影响的。

第四节　简短的结论

晋代长期处在少数民族政权压迫和内部军阀纷争的局面下，政治上的变化很大，压力很重，作家们常常牺牲在军阀们的争夺斗争中。这种黑暗残暴的政治压迫，使得诗人们不能明显地反映现实，诉说自己的痛苦，他们不得不借着"咏史"、"咏仙"、"山水"等题目用隐晦的词句来表达自己的思想，这样就使建安以来慷慨悲凉的诗风有了变化，加之一部分文人不像建安作家一样亲自经历过社会变乱，对社会现实和人民生活接触得较少，因此影响到这时的诗风的绮丽华缛和竞尚雕琢，或者是采取象征的手法，写"游仙"等的题材，使得诗意隐晦难懂。这是在黑暗政治的压迫下，现实主义的文学传统受到摧残的时期。但即使在这样的情况下，反映民族矛盾和反映社会黑暗，阶级压迫的具有现实主义精神的诗篇，仍然在创作着，从质的方面来讲，也有很大的成就，他们仍旧继承和发展着建安、正始文学的优良传统。

大诗人陶渊明的出现，使东晋的诗坛放一异彩，他的朴质自然，接近人民的风格，对于当时绮丽华缛的诗风，是一种对抗。他对于社会黑暗现实的鄙视和揭露，对于农民劳动生活的具体而深刻的描写，对于农民痛苦生活的关怀和反映，使得建安正始以来的现实主义的传统精神继续有了发展。他的朴素的风格和对生活的细致深刻的描写，也使五言诗的写作技巧，有了显著的提高和发展。

陆机的《文赋》，继承了曹丕的《典论·论文》，使这时期的文学批评，又向前迈进了一步。

第四章　南北朝的民歌

　　东晋自公元 318 年晋元帝建都建康（南京）起，即偏安江南，其后又迭经宋、齐、梁、陈四朝的兴替，直到 589 年为隋文帝统一，前后共历二百七十一年。南方自最早的楚国灭亡后，直至公元 229 年孙权定都建业（南京）建立吴国时，方始重新建立起独立的国家，因而对南方经济的开发，起了积极作用。晋元帝渡江再度建都于建康之后，加之当时北中国陷于少数民族政权的统治下，一部分人民及士大夫纷纷南渡，在生产上则采用北方进步的生产技术，进行开荒生产，因而生产上有了显著的发展，造成当时南方经济的繁荣。藉着江南水运的方便，交通发达，所以商业经济，也得到了进一步的繁荣和发展。

　　北中国则自公元 4 世纪初叶起，直至 589 年隋文帝统一中国止，长期在少数民族政权统治下而处于混乱局面，其中只有北魏曾统一过北中国约一百多年。落后民族的统治和长期的战争，人口的减少，使北中国的生产受到了极大的破坏，因而造成了南北两方面不同的社会经济基础，加之南北两方面在政治上的对立，社会生活和习俗上的显著不同，所以反映在作为上层建筑的意识形态方面。例如绘画、文学等方面，它的风格，就显然不同。尤其是南北朝的民歌。因为它来自民间，和人民的实际生活关系最为密切，所以它鲜明地表现出南北不同的色彩与情调。

南北朝现存的民歌，大部分是描写爱情的。但这些民歌，反映了当时青年男女热烈真挚的爱情和强烈的反封建的精神，争取自由的思想，也反映了封建社会里男女不平等的罪恶和妇女们的悲惨命运。所以鲁迅先生赞扬这些民歌的风格"刚健清新"，认为"如子夜歌之流，会给旧文学一种新力量"。的确，这些刚健清新的民歌，比起当时那些贵族诗人所写的贫血堕落的宫体诗来，是有本质上的不同的。以下我们将分两节来叙述。

第一节　南方的吴歌与西曲歌

江南是著名的山明水秀、风物鲜丽的地方，加之东晋以后文化和商业经济的飞速发展，其民情风俗，也显著地与北方有所区别。丘迟说："暮春三月，江南草长，杂花生树，群莺乱飞。"吴均也说："风烟俱净，天山共色。从流飘荡，任意东西。自富阳至桐庐一百里许，奇山异水，天下独绝。水皆漂碧，千丈见底。游鱼细石，直视无碍。"这便是产生江南民歌的大自然的环境。南方民歌，以清商曲辞为主。《乐府诗集》说：

> 清商乐，一曰清乐。清乐者，九代之遗声，其始即相和三调是也。并汉魏以来旧曲，其辞皆古调，及魏三祖所作。自晋朝播迁，其音分散。符坚灭凉得之，传于前后二秦。及宋武定关中，因而入南，不复存于内地。自时已后，南朝文物号为最盛，民谣国俗；亦世有新声。

这里扼要地说明了清商乐的源流。可见清商乐是旧曲。到南朝时再依旧曲被以新声，清商曲辞中，以吴声歌和西曲歌为主。这些民歌本来是流传在民间的，经过统治阶级的音乐机关的采集，才能保存下来。

吴歌的产生地点是以南京为中心的江南一带。《乐府诗集》说："吴歌杂曲并出江南，东晋以来稍有增广，其始皆徒歌，既而被之管弦，盖自永嘉渡江之后，下及梁陈，咸都建业，吴声歌曲，起于此也。"大约是因为南渡之初，政治、经济、文化的中心都在建业，这一带受到文化的影响较早较多，同时这一带的民歌也首先被采录起来的缘故。

吴歌中最著名的是《子夜歌》。《子夜歌》是晋词。《唐书乐志》说："子夜歌者，晋曲也。"可证。《大子夜歌》说：

> 歌谣数百种，子夜最可怜。慷慨吐清音，明转出天然。
> 丝竹发歌响，假器扬清音。不知歌谣妙，声势出口心。

可见《子夜歌》是不带音乐的徒歌。而且这些民歌，很多还是男女赠答之辞。例如：

（一）落日出前门，瞻瞩见子度。冶容多姿鬓，芳香已盈路。

（二）芳是香所为，冶容不敢当。天不夺人愿，故使侬见郎。

（一）始欲识郎时，两心望如一。理丝入残机，何悟不成匹。

（二）见娘善容媚，愿得结金兰。空织无经纬，求匹理自难。

这里所举的两个例子，显然是赠答之辞。吴歌除《子夜歌》外，还有《子夜四时歌》、《读曲歌》及《华山畿》等曲。现各举数首于下：

子 夜 歌

宿昔不梳头，丝发被两肩。婉伸郎膝上，何处不可怜。
揽枕北窗卧，郎来就侬嬉。小喜多唐突，相怜能几时。
别后涕流连，相思情悲满。忆子腹糜烂，肝肠尺寸断。
夜长不得眠，明月何灼灼。想闻散唤声，虚应空中诺。

子夜四时歌

春林花多媚，春鸟意多哀。春风复多情，吹我罗裳开。
明月照桂林，初花锦绣色，谁能不相思，独在机中织？

读 曲 歌

桃花落已尽，愁思犹未央。春风难期信，托情明月光。
打杀长鸣鸡，弹去乌白鸟。愿得连冥不复曙，一年都
一晓。

华 山 畿

华山畿，君既为侬死，独活为谁施。欢若见怜时，棺木为

侬开。

　　啼着曙，泪落枕将浮，身沉被流去。

　　相送劳劳渚，长江不应满，是侬泪成许。

　　夜相思，风吹窗帘动，言是所欢来。

这些歌词的特色，就是感情十分真挚细腻，而且十分热烈大胆，没有那种"千娇百媚"和"故故作态"，都是质朴而自然的。"小喜多唐突，相怜能几时。"一种儿女小窗喁喁而又风波忽起的生活情状，写得多么真实传神！"夜长不得眠，明月何灼灼！想闻散唤声，虚应空中诺。"描写那种相思情切，简直是痴情如画。《读曲歌》中《打杀长鸣鸡》一首，感情的大胆宣泄，简直是对封建礼教和禁欲主义的挑战。唐代金昌绪的五言绝句《打起黄莺儿》一首，在写作手法和构思上，未尝不是受这首歌词的启发。《华山畿》中《君既为侬死》一首，写爱情的执着，坚贞不移，是具有典型性的，这种执着的感情和带有浪漫主义的表现方法，在与此差不多同时的民间传说《搜神记》中的《韩凭夫妇》里有更丰富的表现。而到著名的《梁山伯祝英台》的故事，则将这个主题，表现得更为深刻和典型化了。其次如《啼着曙》和《相送劳劳渚》两首的夸张手法，对于后来许多诗人的创作，也是起着积极的影响的。上面所举的这些歌词，都充满着大胆热烈和天真活泼的感情，在一定的程度上，也反映出人民的生活面貌和对于幸福爱情的追求。

　　《西曲歌》产于荆楚一带。《乐府诗集》说："西曲歌出于荆、郢、樊、邓之间，而其声节送和与吴歌亦异，故其方俗而谓之"西曲"云。"在南北朝时，荆、扬二州，商业比较发达，也是当时政治和经济的中心，所以在这些歌词里，充满着水上船边的情调及旅客商妇的别情，反映了当时商业经济的繁荣。《西曲歌》的种类比吴歌多，但传下来的歌词比吴歌少。其中以《石城乐》、《莫愁乐》、《襄阳乐》、《三洲歌》、《那呵滩》、《乌夜啼》等为最著名。现各举数首如下：

石 城 乐

布帆百余幅，环环在江津，执手双泪落，何时见欢还。
闻欢远行去，相送方山亭。风吹黄蘗藩，恶闻苦篱声。

莫 愁 乐

莫愁在何处，莫愁石城西，艇子打两桨，催送莫愁来。
闻欢下扬州，相送楚山头。探手抱腰看，江水断不流。

襄 阳 乐

朝发襄阳城，暮至大堤宿。大堤诸女儿，花艳惊郎目。
人言襄阳乐，乐作非侬处。乘星冒风流，还侬扬州去。

三 洲 歌

送欢板桥弯，相待三山头。遥见千幅帆，知是逐风流。
风流不暂停，三山隐行舟。愿作比目鱼，随欢千里游。

那 呵 滩

闻欢下扬州，相送江津湾。愿得篙橹折，交郎到头还。

第四章　南北朝的民歌

乌 夜 啼

可怜乌白鸟，强言知天曙。无故三更啼，欢子冒暗去。

这些民歌共同的特色，便是充满着水乡的情调以及依依惜别之情，这许多女子的情人，都是飘流不停的，这就显见这些人都是商贾。而这些女子，大部分都是商妇，也间或有些妓女在内。如《乐府诗集·清商曲辞·西曲歌下》中的《夜度娘》："夜来冒霜雪，晨去履风波，虽得叙微情，奈侬身苦何！"以及《寻阳乐》："鸡亭故侬去，九里新侬还，送一却迎两，无有暂时闲。"这些便显然是妓女的痛苦歌声。

吴歌、西曲中最成熟最精致的作品是《西洲曲》：

忆梅下西洲，折梅寄江北。单衫杏子红，双鬓鸦雏色。西洲在何处，两桨桥头渡。日暮伯劳飞，风吹乌白树。树下即门前，门中露翠钿。开门郎不至，出门采红莲。采莲南塘秋，莲花过人头。低头弄莲子，莲子青如水。置莲怀袖中，莲心彻底红。忆郎郎不至，仰首望飞鸿。鸿飞满西洲，望郎上青楼。楼高望不见，尽日栏干头，栏干十二曲，垂手明如玉。卷帘天自高，海水摇空绿。海水梦悠悠，君愁我亦愁。南风知我意，吹梦到西洲。

这首歌词，写一个女子对于情人的思念，感情真挚细腻，形象生动，音节缠绵清丽，大概是经过文人修改过的作品。首句写这个女子想起梅落西洲那个可纪念的时节，次句便写她折梅寄江北，给她的情人，一方面表达自己对他的思念，另方面也藉以怀想对方对自己的爱情和相思。以下便从春、夏、秋三个季节，来描写她对情人的思念。从这首诗的复杂的意境和巧妙的表现技巧来看，这首诗标志着南朝的民歌过渡到后来文人创作的歌行的迹象。

吴歌、西曲虽也有杂体，但主要是五言四句，南朝的民歌形式，给此后不久兴起来的文人创作的五言绝句以决定性的作用。

第二节　北方的民歌

北方在少数民族政权的统治之下，其生活方式和民情风俗，与南方迥异，北方的自然环境和生产情况也与南方显然不同，在这样的社会基础上产生出来的民歌，当然与南方也就大不相同。在《乐府诗集》里，虽无北曲之目，但其中《梁鼓角横吹曲》，就是北方的歌谣。其中有汉人的作品，也有少数民族的作品。北方的民歌由于没有乐府机关的搜集等等原因，因此保存下来的已经不多。但从仅存的这些民歌来看，其内容仍然是广泛的。反映着生活的各方面的情况，有的反映畜牧生活，有的反映孤儿寡妇的悲惨命运，有的反映婚姻的苦闷，也有反映战争的。它的共同特色，便是风格的粗犷雄壮，给人以一种坚强的活力的感觉。例如鲜卑族的《敕勒歌》：

敕勒川，阴山下。天似穹庐，笼盖四野。天苍苍，野茫茫，风吹草低见牛羊。

这一首描写北方大自然景色的民歌，气概多么雄壮，意境多么广阔，风格多么刚健。比起南朝的"春林花多媚"、"明月照桂林"等歌词来，就大不相同了。现在保存在《梁鼓角横吹曲》里的北方民歌，以《企喻歌辞》、《紫骝马歌辞》、《陇头流水歌》、《隔谷歌》、《折杨柳歌辞》、

《幽州马客吟歌辞》、《地驱乐歌》、《琅琊王歌》等歌为重要。现各举数
首于下：

企 喻 歌 辞

放马大泽中，草好马著膘。牌子铁裲裆，钜鉾鸐尾条。
男儿可怜虫，出门怀死忧。尸丧狭谷中，白骨无人收。

琅 琊 王 歌 辞

新买五尺刀，悬著中梁柱。一日三摩挲，剧于十五女。
东山看西水，水流盘石间。公死姥更嫁，孤儿甚可怜。

紫 骝 马 歌 辞

烧火烧野田，野鸭飞上天。童男娶寡妇，壮女笑杀人。
高高山头树，风吹叶落去。一去数千里，何当还故处。

地 驱 歌 乐 辞

驱羊入谷，白羊在前，老女不嫁，蹋地唤天。

陇 头 歌 辞

陇头流水，流离山下。念吾一身，飘然旷野。
朝发欣城，暮宿陇头。寒不能语，舌卷入喉。

303

陇头流水，鸣声幽咽。遥望秦川，心肝断绝。

捉搦歌

　　粟谷难舂付石臼，弊衣难护付巧妇。男儿千凶饱人手。老女不嫁只生口。

　　谁家女子能行步，反著裌襌后裙露。天生男女共一处，愿得两个成翁妪。

折杨柳歌辞

　　遥看孟津河，杨柳郁婆娑。我是虏家儿，不解汉儿歌。

　　健儿须快马，快马须健儿。跋跋黄尘下，然后别雄雌。

以上这些民歌，有一些是反映少数民族人民的生活习俗和刚强善战，长于骑马的那种民族特色的。例如《企喻歌辞》中的"放马大泽中"和《折杨柳歌辞》里的"快马须健儿"便是。《琅琊王歌辞》中的"新买五尺刀"则反映了他们雄武的精神，他们爱宝刀胜于爱美女。《企喻歌辞》中的"男儿可怜虫"，《紫骝马歌辞》中的"高高山头树"等句，则反映了人民厌恶战争的心情。其次如《紫骝马歌辞》中的"烧火烧野田"，《地驱歌乐辞》中的"驱羊入谷"，《捉搦歌》二首等，则是反映婚姻问题的。这些歌词在表现方法上的特色，便是天真率直。南方的民歌里多是委婉曲折的描写和含蓄的或象征的表现手法，但北方的民歌则直口而出，没有什么顾忌，例如他们说"老女不嫁，蹋地唤天"，他们说"天生男女共一处，愿得两个成翁妪"，多么直截了当，由于这些歌词表现上的率真朴质，风格上又是雄壮豪放，不像南方民歌那样柔靡而软弱。

北方民歌中最优秀的作品是《木兰诗》。

《木兰诗》产生的时代，很早即有人讨论。《后村诗话》、《艺苑卮言》均认为是唐代的作品，但这个说法是不可靠的。郭茂倩《乐府诗集》在题下加按语引陈沙门智匠的《古今乐录》（此书现已亡佚）说："古今乐录曰：木兰不知名。"智匠是梁陈之间的人，在他的著作里已经记录了这首诗，那么这首诗产生的时代，一定是在梁陈以前。余冠英先生推定此诗产生于后魏，因后魏与"蠕蠕"（即柔然）的战争和诗中的地名相合。这个意见比较可靠。当然诗中有些句子，显然是经过后来的人（如唐人）修改过的。如"万里赴戎机"以下六句，已经是唐诗的格调。但从全诗来讲，仍旧保持着丰富优美的民歌特色。例如，此诗开头说：

> 唧唧复唧唧，木兰当户织。不闻机杼声，唯闻女叹息。问
> 女何所思，问女何所忆。

在北方民歌《乐府诗集》的《梁鼓角横吹曲》中的《折杨柳枝歌》中，有这样的两首歌词：

> 敕敕何力力，女子临窗织。不闻机杼声，只闻女叹息。
> 问女何所思，问女何所忆。阿婆许嫁女，今年无消息。

这两首歌词中的前面六句与《木兰诗》的开头基本上相同。诗的第二段说：

> 东市买骏马，西市买鞍鞯，南市买辔头，北市买长鞭。

以及后面的"爷娘闻女来"、"阿姊闻妹来"、"小弟闻姊来"等回环重复的写法，都还是朴质的民歌写作手法。

在这首诗里，塑造了一个具有健康明朗的英雄性格的女性形象。诗中具体地描写了征程的遥远、沙场的艰苦，以及她建功以后不愿为官，迫切地要求回家团聚等细节，而对于她十年征战的事迹，只用"朔气传金柝，寒光照铁衣。将军百战死，壮士十年归"四句诗来概括，这就避免了琐屑、累赘和冗长的缺点，而显示了作者们的剪裁技巧。

这首诗的故事，从表面上看，似乎是一幕动人的喜剧，但只要我们仔细考察一下，这首诗所反映的生活各方面，就可以看出这首诗里所隐藏着的悲剧的现实：由于战争的频繁，以致抽丁到老人身上，由老人而转及女子，这已是足够悲惨的了，而一上沙场，竟辗转十年，多少将军士兵，身经百战而身死异域，这又是多么悲惨的现象。

这首诗描写生动，形象鲜明，音乐性也很强。是北方民歌中的精华。

第三节　简短的结论

南北朝双方面由于政治、经济、文化发展的不平衡，人民的生活习俗及社会情况的显著区别，自然环境和民族性格的不同，因此南北朝的民歌的内容和风格，也有显著的不同。

南方的民歌，音调婉转柔靡而清丽，多反映城市生活和水上船边的情调，以反映爱情方面的内容为主。表现方法上比较含蓄，细腻而婉转，喜欢用比喻或隐语。

北方的民歌，音调高亢激越，风格刚健雄浑，反映的生活内容和社会面貌比较广泛，其显著的特色，是反映出北方各族人民勇敢尚武的英雄气概，以及放牧生活和关于婚姻问题方面的种种苦闷和悲哀。在表现方法上则比较单纯直率，往往能冲口而出，直抒胸臆，感情的宣泄十分大胆明朗。

这两种不同的风格，是不同的社会经济、人民生活和政治制度的反映。

第五章　南朝的作家与作品

　　东晋以来，宋、齐、梁、陈各代的统治阶级，虽然处在外患日亟，内部政局动荡不定的情势下，但他们仍旧过着奢侈淫靡、醉生梦死的生活。声色宴乐，是他们消磨生命的唯一办法。这几代的统治阶级有一个共同的特色，即是他们都爱好文学，提倡文学，他们一方面过着荒淫无耻的生活，一方面却喜欢玩弄辞章。例如号称"博好文章，才思朗捷"的宋明帝，每于宴会时，命妇女裸体作乐以为欢笑，著名的荒淫君主陈叔宝则更"荒于酒色，不恤政事，左右嬖佞珥貂者五十人，妇人美貌丽服巧态以从者千余人，常使张贵妃，孔贵人等八人夹坐，江总、孔范等十人预宴，号曰狎客，先令八妇人襞采笺制五言诗，十客一时继和，迟则罚酒，君臣酣饮，从夕达旦，以此为常"。（《南史·陈后主本纪》）他们的心灵空虚到了极点，只要求得官能上的刺激，他们用美色来刺激自己的情欲，用珍馐来刺激自己的口舌，用音乐来刺激自己的耳朵，还嫌不够，于是便用诗文来麻醉自己的思想和神经，在这样的环境和这样的要求下写出来的诗，自然只能是花香、酒味、脂粉气的混合物了。

　　我们知道作品的内容是决定作品的形式的，那么反映这样奢侈堕落的生活内容的作品，它的形式绝不可能是汉魏乐府或者建安诗歌的那种质朴单纯的形式，它的音调，也绝不可能是慷慨悲凉的声音。它决定的要求有一种华丽绮缛的形式和缠绵靡曼的音调，来表达这种病态的生活和不健康的感情。西晋以来，诗歌中逐渐萌芽的辞藻的雕琢，经过东晋的发展，遂为这种形式准备了条件。加之魏晋以来，声韵之学渐兴，魏时李登曾做《声类》，晋代吕静曾作《韵集》。《隋书·潘徽传》说："李登《声类》，吕静《韵集》，始判清浊，才分宫羽。"可知这时已能分别清浊宫羽了。魏时孙炎作《尔雅音义》，已开始研究反切，宋齐以来，佛教盛行，佛经转读的风气大盛，因此利用反切之学，对声音的辨析，更趋精密，于是四声之说，也在这种潮流和这个基础上产生。周颙作了《四声切韵》，沈约作了《四声论》。四音之名称由是正式成立。再将这种发明，运用到诗歌上去，便创为"四声八病"之说。这种对于诗歌韵律的严密要求，使得创作出来的诗歌，富有那种曼妙的音节，这正是合于上述这种形式主义的文学的要求的。于是在统治阶级腐化堕落的生活基础上产生了以描写色情为主，辞藻绮丽的宫体诗。声律论的兴起，"四声八病"的发明，又给予当代的形式主义文学以有力的推动，因此又产生了当时流行的"永明体"。于是文学更趋于技巧和形式的讲求，加上当代贵族文学家，他们因为受了阶级的限制，不能深入社会，不能体会人民的生活感情，不能反映社会现实，于是便大力地讲求声律辞藻，讲求对偶体裁，他们轻视作品的思想内容，一味追求文学的形式美，这就造成了形式主义文学的极盛。

不过事情总得看两面，声律说的兴起和"四声八病"的发明，以及人们对于辞藻的雕琢和形式的讲求，虽然助长了当代的形式主义，但从它本身来讲，未尝不是标志着文学技巧的进步，而且由于这种进步，才为唐代诗歌的繁荣，做好了准备。

当代的文人，由于一味追求文学的形式美，于是便产生了如李谔所说的"遂复遗理存异。寻虚逐微，竞一韵之奇，争一字之巧，连篇累牍，不出月露之形，积案盈箱，唯是风云之状"的毛病来，但是也正是由于他们对文学形式美追求的结果，他们便把经、史、子、传与文章分开，让文学独立成为一个科目，与其他的主要学科并列，并展开文学理论的研究，这在文学观念的明确上，文学与学术的区别上，在对文学价值的重视上，是具有进步的意义的。

在这一时期中，山水文学，有了极好的发展，著名的诗人如谢灵运、谢朓等，都努力创作描写自然景物的诗篇，《文心雕龙·明诗篇》说："宋初文咏，体有因革，庄老告退，而山水方滋，俪采百字之偶，争价一句之奇，情必极貌以写物，辞必穷力而追新。"正说明着这些人对于山水景物的尽力追摹。这时还有一个成绩，即是出现了不少描写山水的小品文，如陶宏景、吴均、祖鸿勋等，都是这方面的能手，这些人用清丽的词句，描绘着祖国山川的秀美，名章俊句，正如贯珠缀玉，络绎不绝，这些小品文都充满着诗的意境，其实也可以称它为散文诗的。

在文学开始被独立为一个科目的这个时代里，由于人们对于文学的重视，因此文学批评的工作，也就有了很大的发展，著名的文学批评的专著《文心雕龙》和《诗品》，都在这时产生了。

本章将分四节来叙述。

第一节　谢灵运和鲍照

（一）谢灵运的生平和作品

谢灵运，生于公元 385 年，卒于公元 433 年，陈郡阳夏人（今河南太康附近）。他的祖父便是东晋的著名人物谢玄。他袭封为康乐公。他三十六岁（420 年）那年，刘裕代晋建立南朝宋，降立侯爵。入宋以后，他因不被见知，常怀愤惋，他又"性偏激，多愆礼度"，后来就被贬为永嘉太守，永嘉本是山水风景非常幽美的地方，他"既不得志，遂肆意游遨，遍历诸县，动逾旬朔，民间听讼，不复关怀。所至辄为诗咏，以致其意"。后来就率性称疾去职，隐居在会稽，"修营别业，傍山带江，尽幽居之美，与隐士王弘之、孔淳之等纵放为娱，有终焉之志，每有一诗至都邑，贵贱莫不竞写，宿昔之间士庶皆遍，……名动京师"。文帝时，征为秘书监，命撰晋书。不久又称疾不朝，在东晋时，江南谢家是个巨族，谢灵运"因父祖之资，生业甚厚，奴僮既众，义故门生数百"，每次出去游玩，往往"一日百六七十里，经旬不归"，从者数百人。曾经有一次出游，"自始宁南山伐木开径，直至临海，从者数百人，临海太守王琇惊骇，谓为山贼，徐知是灵运，乃安"。[①] 他的祖父是晋朝的功臣，入宋以后，当然新的统治者不会信任他，因此他也常有牢骚，曾作诗说："韩亡子房奋，秦帝鲁连耻。本自江海人，忠义感君子。"这首诗自然对刘宋统治者流露出了不满的思想，因此被"论正斩刑"，后来又得到了免死，"徙广州"。但最后终因为说他有"叛逆"的意图而被"文帝诏于广州弃市"。临死还写了一首诗，诗的意思与上一首差不多，大概他对刘宋统治阶级抱有不满情绪是可能的。

《诗品》说：

> 元嘉中，有谢灵运才高词盛，富艳难踪，固已含跨刘、郭，凌铄潘左……谢客为元嘉之雄，颜延年为辅，斯皆五言之冠冕，文词之命世也。

这里所说"为元嘉之雄"的"谢客"，也就是"才高词盛，富艳难踪"的谢灵运，从本传的记载和这一段话来看，可见谢灵运的作品，在当时

---

① 《宋书》卷六十七，《列传》第二十七《谢灵运传》。

即为人们所重视的。他的诗，因为他出身于贵族豪门，所以缺少社会生活内容，而以描写山水为主，但比起齐、梁以后的宫体诗来，那无疑要高洁得多。他是用诗来大力描写山水的第一人。沈德潜《说诗晬语》说："诗至于宋，性情渐隐，声色大开，诗运转关也，康乐神工默运，明远廉俊无前，允称二妙。"这里所说的"性情渐隐，声色大开"，实际上就是建安以来诗歌向抒情方面发展的特点，到此又有了些变化，又比较突出地向写景方面发展了，当然诗歌抒情的传统，并未在这时中断，不过山水写景诗的成就在这时比较突出，而且也是新的东西，可以使人有新鲜的感觉。谢灵运的比较著名的作品有《过始宁墅》、《登池上楼》、《过白岸亭》等，现录《登池上楼》一首：

> 潜虬媚幽姿，飞鸿响远音。薄霄愧云浮，栖川怍渊沉。进德智所拙，退耕力不任。徇禄反穷海，卧痾对空林。衾枕昧节候，褰开暂窥临。倾耳聆波澜，举目眺岖嵚。初景革绪风，新阳改故阴。池塘生春草，园柳变鸣禽。祁祁伤豳歌，萋萋感楚吟。索居易永久，离群难处心。持操岂独古，无闷徵在今。

这首诗，还有一些抒情咏怀的意味，但中间"衾枕昧节候，褰开暂窥临"以下八句，则完全是写初春的景色，一片春的气象，而"池塘生春草"尤为他的名句。谢灵运的诗从全章来看，显得比较艰深晦涩，并不十分流畅，但他在刻画自然景色上，却颇有俊句，例如：

> 池塘生春草，园柳变鸣禽。(《登池上楼》)
>
> 白云抱幽石，绿筱媚清涟。(《过始宁墅》)
>
> 石浅水潺湲，日落山照曜。(《七里濑》)
>
> 密林含余清，远峰隐半规。(《游南亭》)

云日相辉映，空水共澄鲜。（《登江中孤屿》）

林壑敛暝色，云霞收夕霏。（《石壁精舍还湖中作》）

明月照积雪，朔风劲且哀。（《岁暮》）

这些都是他的名句，叶梦得《石林诗话》说："'池塘生春草，园柳变鸣禽。'世多不解此语为工，盖欲与奇求之耳，此语之工，正在无所用意，猝然与景相遇，借以成章，不假绳削，故非常情所能到。诗家妙处，当须以此为根本。而思苦言艰者，往往不悟。"这段说话，极有助于我们理解谢灵运这些名句的优点。钟嵘《诗品》也说："'明月照积雪'，讵出经史。观古今胜语，多非补假，皆由直寻。"这里也说明了这些名句的优点是在于"直寻"。所谓"直寻"也就是直接从大自然得来，也就是说"无所用意，猝然与景相遇"。他的这些描写自然的山水诗，突破了两晋以来的那些游仙诗的虚无风气，在当时，还是有进步意义的，他的刻画山水风景的优秀技巧，在当时的影响就很大。谢灵运以后，山水的描写，便成为南北朝文学主要内容之一。诗歌、骈文、散文，在这方面都产生了一些好作品。

当时与谢灵运齐名的，还有颜延之。颜延之，字延年，琅琊临沂人，与他们同时代的诗人汤惠休评道：

谢诗如芙蓉出水，颜如错采镂金。

鲍照也向颜延之说：

谢五言如初发芙蓉，自然可爱；君诗若铺锦列绣，亦雕缋满眼。

313

喜欢用典和力求雕饰骈俪，确实是他的诗的毛病，而且也给后来以不好的影响，这里就不加详论了。

（二）鲍照的生平和作品

鲍照字明远，他的生卒年不详，大概是生于公元410年左右，卒于470年左右，东海（今江苏灌云附近）人。家庭贫穷，有文才，曾经去谒临川王义庆，未被赏识，再"欲贡诗言志，人止之曰：'郎位尚卑，不可轻忤大王'"。照勃然曰：

> 千载上有英才异士，沉没而不闻者，安可数哉！大丈夫岂
> 可遂蕴智能，使兰艾不辨，终日碌碌，与燕雀相随乎？

终于奏诗，颇得赏识。后来临川王死，他仍不被用，最后做临海王子顼的参军，所以后世称他为鲍参军。宋明帝初，子顼败，鲍照为乱军所杀。

鲍照是南北朝时的大诗人，他出身寒门，无论在政界或当时的文人中，他都受到种种的排挤和轻视，所以他所感受的生活面比较广阔，在他的作品里，强烈地流露出那种怀才不遇的悲愤情绪，和对于黑暗现实不满的思想。他的著名的作品是《拟行路难》十八首：

> 泻水置平地，各自东西南北流。人生亦有命，安能行叹复
> 坐愁？酌酒以自宽，举杯断绝歌路难。心非木石岂无感，吞声
> 踯躅不敢言。

> 君不见河边草，冬时枯死春满道。君不见城上日，今暝没
> 尽去，明朝复更出。今我何时当得然，一去永灭入黄泉。人生

苦多欢乐少，意气敷腴在盛年。且愿得志数相就，床头恒有沽
酒钱。功名竹帛非我事，存亡贵贱付皇天。

对案不能食，拔剑击柱长叹息。丈夫生世会几时，安能蹀
躞垂羽翼？弃置罢官去，还家自休息。朝出与亲辞，暮还在亲
侧。弄儿床前戏，看妇机中织。自古圣贤尽贫贱，何况我辈孤
且直。

君不见少壮从军去，白首流离不得还。故乡窅窅日夜隔，
音尘断绝阻河关。朔风萧条白云飞，胡笳哀急边气寒。听此愁
人兮奈何，登山远望得留颜。将死胡马迹，能见妻子难。男儿
生世轗轲欲何道，绵忧摧抑起长叹。

在这些诗里，充满着作者抑郁牢骚的情绪。"心非木石岂无感"，他对于
黑暗的现实是多感的。"人生苦多欢乐少"，这是他对这个现实生活的认
识。他由于出身贫贱，受到了种种排挤，也看到了社会的黑暗现实，所
以在他的胸中压抑着满腹的牢骚，因此他有时愤慨得"对案不能食，拔
剑击柱长叹息"；有时又在无可奈何之中，以"自古圣贤尽贫贱，何况
我辈孤且直"来聊以安慰自己；所以他又觉得"功名竹帛非我事，存亡
贵贱付皇天"。他不愿低眉顺眼的仰人鼻息，宁可抛弃微小的官职不干，
他说："丈夫生世会几时，安能蹀躞垂羽翼！弃置罢官去，还家自休
息。"他在《君不见少壮从军去》一首里，也揭露了当时从军作战的人
与家庭妻子生离即死别的悲惨现实。他在《代放歌行》中痛快淋漓地勾
画出了那些势利小人的丑态，骂他们："蓼虫避葵堇，习苦不言非。小
人自龌龊，安知旷士怀！"把那些社会上的势利小人看作是根本不识甜
味的"蓼虫"。他在《代出自蓟北门行》里，歌颂了为国捐躯保卫祖国

的战士，也反映了当时的民族矛盾。"严秋筋竿劲，虏阵精且强"，当时的民族敌人是强梁骄横的。"疾风冲塞起，沙砾自飘扬。马毛缩如猬，角弓不可张。"战争的环境是如此的艰苦。最后他鼓励颂扬这些战士们说："时危见臣节，世乱识忠良。投躯报明主，身死为国殇。"他鼓励战士们为保卫祖国而牺牲，他在《拟古》中的《幽并重骑射》一首里，也反映了民族矛盾和歌颂了抗敌的英雄，在《束薪幽篁里》说：

> 束薪幽篁里，刈黍寒涧阴。朔风伤我肌，号鸟惊思心。岁暮井赋讫，程课相追寻。田租送函谷，兽藁输上林。河渭冰未开，关陇雪正深。笞击官有罚，呵辱吏见侵。不谓乘轩意，伏枥还至今。

"岁暮井赋讫，程课相追寻。田租送函谷，兽藁输上林。""笞击官有罚，呵辱吏见侵。"作者深刻地揭露了统治阶级对贫民的残酷剥削，在《河畔草未黄》一首中，也反映了战争给予人民带来的痛苦。

他的《芜城赋》，用对比的方法，反应了战争以后，使往日繁华之地，变为一片荒凉。他在描写繁荣时期的广陵说：

> 当昔全盛之时，车挂辖，人驾肩，廛闬扑地，歌吹沸天。孳货盐田，铲利铜山。才力雄富，士马精妍。……板筑雄堞之殷，井干烽橹之勤，格高五岳，袤广三坟；崒若断岸，矗似长云。制磁石以御冲，糊赪壤以飞文。

这是多么繁华雄壮的一个城市！但是经过"瓜剖而豆分"之后，便弄得一片荒凉，不堪触目：

> 泽葵依井，荒葛罥涂。坛罗虺蜮，阶斗麕鼯。木魅山鬼，
> 野鼠城狐。风嗥雨啸，昏见晨趋。饥鹰厉吻，寒鸱嚇雏。伏暴
> 藏虎，乳血飧肤。崩榛塞路，峥嵘古馗。白杨早落，塞草前
> 衰。……通池既已夷，峻隅又以颓。直视千里外，唯见起
> 黄埃。

这是一幅多么凄凉荒芜的图景。这种盛衰的变迁，也就是当时社会面貌的一部分。他的《登大雷岸与妹书》，则是一篇优秀的散文，表现了他刻画自然景物的才能。

他的诗歌的艺术特色，显著地表现出他受汉魏乐府及吴歌、西曲的影响，他在民歌中吸取营养，丰富了诗歌的内容与语言，提高了诗歌的风格。例如他的："泻水置平地，各自东西南北流。"这种脱口而出的语言，多么生动活泼，又如他的《梅花落》：

> 中庭杂树多，偏为梅咨嗟。问君何独然？念其霜中能作
> 花，露中能作实。摇荡春风媚春日。念尔零落逐寒风，徒有霜
> 华无霜质！

这一类的诗，显然是受汉魏乐府和民歌的影响。他的诗在风格和音调上，也是富于慷慨愤郁的情调的。当时的诗风正在日趋靡丽曼妙的时候，他以震聋发聩而愤郁的歌声，来与之对抗，这是具有很大的进步意义的。他的乐府诗，音乐性很强，节奏响亮，有一种龙腾虎舞之势，这对后来高适、岑参、李白这些诗人的影响很大。所以后来伟大的诗人杜甫在《春日怀李白》诗中说：

> 白也诗无敌，飘然思不群。清新庾开府，俊逸鲍参军。

317

杜甫在这里赞扬的"俊逸"，也就是指他的风格的刚健高朗和节奏的矫兔腾踔，而这正是后来李白大力地发挥了的。

他的诗，五言要比七言和杂言差些，但在五言中，也仍然是有优秀的作品的。总体来讲，他是七言诗发展中继曹丕的《燕歌行》以后，大量写作七言诗，为七言诗的发展奠定了巩固的基础和作出了良好的成绩的第一人。《诗品》评他的诗说：

> 得景阳之諔诡，含茂先之靡嫚，骨节强于谢混，驱迈疾于颜延，总四家而擅美，跨两代而孤出，嗟其才秀人微，故取湮当代。然贵尚巧似，不避危仄，颇伤清雅之调。故言险俗者，多以附照。

钟嵘赞美他"总四家而擅美，跨两代而孤出"，这是有识力的见解，他指出鲍照"才秀人微，故取湮当代"，也颇能揭露出鲍照怀才不遇的悲惨身世的社会原因来。不过他批评他"不避危仄，颇伤清雅之调"云云，乃是对于他运用口语、学习民歌的鄙视，这自然是钟嵘见解局限的表现，事实上这恰恰是鲍照的优点，是他的艺术成就的重要基础，王夫之评他的诗说：

> 看明远乐府，若急切觅佳处，则已失之，吟咏往来，觉蓬勃如春烟，弥漫如秋水，溢目盈心，斯得之矣。

王夫之的这些话，主要说明鲍照的乐府诗，在艺术上和思想意境上的圆满和浑成，他不像谢灵运那样有俊句而少佳章，他的乐府诗在艺术形式和思想内容上取得了统一，给人以一种和谐、统一、完满的感觉，也即是王夫之所评说的"蓬勃如春烟，弥漫如秋水，溢目盈心"的感觉。

鲍照，无疑是陶渊明以后，南北朝时代的一位杰出的诗人，与鲍照同时的，还有颜延之、谢惠连、谢庄等人，这里暂不具论。

第二节　谢朓及其他作家

（一）声律论的兴起和影响

中国文字的特点，是每一个字有单独的音节和独立的意义。因此它便于讲究对偶和音律。汉时的辞赋，已经开始运用对偶和注意到自然音调的和谐。到魏晋时，声韵之学渐兴。宋齐以后，佛经转读的风气大盛，当时转读佛经，不仅要表达词义，而且要讲究音调的抑扬顿挫，轻重急徐以传达梵音的悠扬美丽，慧皎在《高僧传经师篇总论》中说：

> 转读之为懿，贵在声文两得，若唯声而不文，则道心无以得生；若唯文而不声，则俗情无以得入……若能精达经旨，洞晓音律，三位七声次而无乱，五言四句契而莫爽；其间起掷荡举，平折放杀，游飞却转，反叠娇弄。动韵则揄靡弗穷，张喉则变态无尽。故能炳发八音，光扬七善。壮而不猛，凝而不滞，弱而不野，刚而不锐，清而不扰，浊而不蔽；谅足以超畅微言，怡养神性；故听声可以娱耳，聆语可以开襟。若然可谓梵音深妙，令人乐闻者也。

这一段话，说明转读重在"声文两得"，而要转读得好，必须一方面"精达经旨"，另方面又能"洞晓音律"，我们看《高僧传》卷十三《经师》一门，可知当时精于此道的僧人是很多的，现录几节于下：

帛法桥（晋）：少乐转读而乏声，每以不畅为慨，于是绝粒忏悔七日七夕，稽首观音，以祈现报。同学苦谏，誓而不改。至第七日，觉喉内豁然，即索水洗漱云："吾有应矣。"于是作三契，经声彻里许，远近惊嗟，悉来观听。

释智宗（宋）：（前略）博学多闻，尤长转读。声至清而爽快，若乃八关长夕。中宵之后，四众低昂，睡蛇交至。宗则升座一转，梵响干云，莫不开神畅体，豁然醒悟。

释僧辩（齐）：（前略）少好读经，受业于迁、畅二师。初虽祖述其风，晚更措意斟酌，哀婉折衷，独步齐初。尝在新亭刘绍宅斋。辩初夜读经，始得一契，忽有群鹤下集阶前，及辩度卷，一时飞去。由是声振天下，远近知名。后来学者，莫不宗事。永明七年二月十九日，司徒竟陵文宣王（子良）梦于佛前咏维摩一契，因声发而觉。即起至佛堂中，还如梦中法，更咏古维摩一契，便觉韵声流好，有工恒日，明旦即集京师善声沙门龙光普智、新安道兴、多宝慧忍、天保超胜及僧辩等，集第作声。辩传古维摩一契，瑞应七言偈一契，最是命家之作。后人时有传者，并讹漏失其大体。

释慧忍（齐）：（前略）少出家，住北多宝寺，无余行解，止是爱好音声。初受业于安乐辩公（僧辩），备得其法，而哀婉细妙，特欲过之。齐文宣感梦之后，集诸经师。乃共忍斟酌旧声，诠品新异，制瑞应四十二契，忍所得最长妙，于是令慧微等……四十余人，皆就忍受学，遂传法于今。

以上这些例子，说明从晋到宋、齐各代，精研转读和声韵的僧人很多，转读既需要"洞晓音律"，自然音韵学的研究，也就会发达起来，上例

《僧辩传》中提到的竟陵王子良集善声沙门集第作声一事，便是明证。关于四声之成立与佛教的关系，以及竟陵王集沙门进行考文审音的问题，近人陈寅恪先生有极为恰切的说法：

> 中国入声，较易分别，平上去三声，乃摹拟当日转读佛经之三声而成，转读佛经之三声，出于印度古时声明论之三声也，于是创为四声之说，撰作声谱。借转读佛经之声调，应用于中国之美化文，四声乃盛行。永明七年二月二十日，竟陵王子良大集沙门于京邸，造经呗新声，为当时考文审音一大事，故四声音之成立，适值永明之世，而周颙、沈约为此新学说之代表人也。（《清华学报》九卷二期陈寅恪《四声三问》）

由此可知，由于佛经转读的影响，便产生了四声。《南史·陆厥传》说：

> 永明时⋯⋯盛为文章，吴兴沈约、陈郡谢朓、琅琊王融以气类相推毂，汝南周颙，善识声韵。约等文皆用宫商，将平上去入四声，以此制韵，有平头、上尾、蜂腰、鹤膝。五字之中音韵悉异；两句之内角徵不同，不可增减，世呼为"永明体"。

沈约、王融、谢朓等人，都是竟陵王萧子良座中的人物，当时号为"竟陵八友"。他们参与着萧子良所倡导的声韵学的研究，沈约又根据当时声韵学研究的成果，运用到文学方面来，创造了"四声八病"之说，创造了"永明体"。"四声八病"说的成立和"永明体"的产生，标志着诗歌从古诗歌谣自然的音节发展到运用科学研究所发现的音韵方面的规律。这要算是一种进步。但是，在元嘉时代（刘宋文帝时）的文风，已趋于追求辞藻和雕琢，这时再加声病之学的兴起，一时的作家，便更讲求文学的形式美。在诗歌方面，即兴起了渐渐趋向于格律化的"新体诗"，也即是"永明体"，在骈文方面，则更发展到四六对偶的形式。连当时的书信、序跋、评论一类的杂文，也都趋向于声律化、骈俪化了。这种文学上的形式主义的倾向，自然又是声律论所带来的消极影响。不过，无论如何，声律论的兴起，对后来文学的影响是十分巨大的。

（二）谢朓及其他作家

谢朓，字玄晖，生于公元 464 年，卒于 499 年，陈郡阳夏人（今河南太康附近）。高祖拔为谢安之弟，祖述为吴兴太守，父纬为散骑侍郎，祖母为范晔之姐，母亲为宋长城公主，他同谢灵运一样，生于名门，是个贵族子弟。从小即有好学之美名，文章清丽。他与沈约、任昉、范云、王融、陆倕、萧深、萧衍等人同为竟陵王萧子良门下的文友，称为"竟陵八友"，高宗辅政时，出为宣城太守。他好奖励后进："会稽孔颙粗有才笔，未为时知，孔珪尝令草让表以示朓，朓嗟吟良久，手自折简写之，谓珪曰：士子声名未立，应共奖成，无惜齿牙余论，其好善如此。"后来因东昏侯废立的事，被累下狱死，年仅三十六岁。

谢朓继承着谢灵运描写山水的成就，创作了许多清新美丽的山水诗，使山水诗有了进一步的发展，他善于创造精练的诗句，来描写生动的自然景色，使人感到色彩鲜明，印象深刻。例如他的《之宣城郡出新林浦向板桥》：

> 江路西南永，归流东北骛。天际识归舟，云中辨江树。旅思倦摇摇，孤游昔已屡。既欢怀禄情，复协沧州趣。嚣尘自兹隔，赏心于此遇。虽无玄豹姿，终隐南山雾。

《晚登三山还望京邑》：

> 灞涘望长安，河阳视京县。白日丽飞甍，参差皆可见。余霞散成绮，澄江静如练。喧鸟覆春洲，杂英满芳甸。去矣方滞淫，怀哉罢欢宴。佳期怅何许，泪下如流霰。有情知望乡，谁能鬒不变。

在这些诗里，如"天际识归舟，云中辨江树"这类的诗句，情景交融，清丽自然。如"余霞散成绮，澄江静如练"，刻画自然景色，上句非常绚烂，下句又十分澄澈。这些诗句，表现了他刻画自然景色的优秀才能。像这一类刻画壮丽的自然景色的诗句，还有很多，如："大江流日夜，客心悲未央"、"朔风吹飞雨，萧条江上来"、"鱼戏新荷动，鸟散余花落"等，都是他的名句，他在新体诗方面，也很有成就，他虽然也运用了词藻和声律，但却能驾驭它、熔铸它，使它为内容服务，因此在他的新体诗中，仍能保持着他的清俊秀逸的风格，他的小诗如：

> 夕殿下珠帘，流萤飞复息。长夜缝罗衣，思君此何极。
（《玉阶怨》）
> 落日高城上，余光入繐帷。寂寂深松晚，宁知琴瑟悲。
（《铜雀悲》）
> 佳期期未归，望望下鸣机。徘徊东陌上，月出行人稀。
（《同王主簿有所思》）
> 绿草蔓如丝，杂树红英发。无论君不归，君归芳已歇。
（《王孙游》）

这些小诗，情致缠绵，而风格又很高，已经开唐人绝句的先声。这种五言绝句，在南朝的民歌中流行了很长的时间，到了谢朓，才把这种诗的艺术和风格提高了一步，使它正式成为一种新体诗。

他的诗，有与谢灵运同样的一个缺点，即是多俊句而少佳章。这一点，钟嵘早就指出了，他说：

> 一章之中，自有玉石，然奇章秀句，往往警遒，足使叔源失步，明远变色，善自发诗端，而末篇多踬，此意锐而才弱也。

钟嵘的这些意见，是十分中肯的，既没有掩盖他的缺点，也没有抹杀他的优点。对于谢朓诗歌的艺术成就，后来的人都是十分推崇的。唐代的大诗人李白曾一再表示自己对谢朓的钦佩与向往，他在《金陵城西楼月下吟》诗中说："月下沉吟久不归，古来相接眼中稀。解道'澄江净如练'，令人长忆谢玄晖。"在《酬殷明佐见赠五云裘歌》诗中说："我吟谢朓诗上语，朔风飒飒吹飞雨。"在《秋夜板桥浦泛月独酌怀谢朓》诗中说："独酌板桥浦，古人谁可征。玄晖难再得，洒洒气填膺。"在《宣州谢朓楼饯别校书叔云》诗中说："蓬莱文章建安骨，中间小谢又清发。俱怀逸兴壮思飞，欲上青天揽明月。"从以上这些诗句中，我们可以看到李白对他的推崇了。

与谢朓同时或稍后的诗人还有很多，其中沈约、阴铿、何逊在新体诗的创作上，起了推动作用。沈约在当时的声名很大，诗也写得很多，但成就并不突出，他给当时及后来的诗坛影响最大的是他创造的"声病说"，并著有《四声谱》。

何逊的诗，梁元帝曾说："诗多而能者沈约，少而能者谢朓、何逊。"他的诗也颇多俊句，五言小诗《相送》一首，尤为他的杰作：

客心已百念，孤游重千里。江暗雨欲来，浪白风初起。

阴铿在律体方面的成就较大。

晚 出 新 亭

大江一浩荡，离悲足几重。潮落犹如盖，云昏不作峰。远戍唯闻鼓，寒山但见松。九十方称半，归途讵有踪。

和傅郎岁暮还湘洲

苍茫岁欲晚，辛苦客方行。大江静犹浪，扁舟独且征。棠枯绛叶尽，芦冻白花轻。戍人寒不望，沙禽迥未惊。湘波各深浅，空轸念归情。

这些诗已经略具唐律的风格，"大江静犹浪，扁舟独且征"这种诗句，雄浑刚健，确是名句。阴、何两人写作态度很严肃，颇多精警的句子。杜甫在《解闷十二首》中，说明自己的写作态度，曾受他们"苦用心"的影响，在《赠李白》诗中说："李侯有佳句，往往似阴铿。"这也说明李白曾受过阴铿的影响。

（三）关于宫体诗

与上面这些山水诗同时的，在当时的诗坛上占着主要地位的，便是那些荒淫君主和狎客侍臣们所写的专一描写女人的服饰、心理、体态、歌声以及酒后睡前的种种淫靡生活的宫体诗。宫体诗的产生，反映了统治阶级腐化没落的生活和精神状态，我们知道南朝宋、齐、梁、陈、隋各代的君主，差不多都是生活上极端淫靡堕落而又喜欢玩弄辞章的，这是宫体诗产生的生活基础，其次在上章介绍的南方的民歌中，我们可以看到有许多短小的音调清丽婉转的民间情歌，这种形式，一经传入宫廷狎客们的手里，便成为他们描写腐化生活和堕落行为的最好的工具，结合着当时声律论的成就，于是便产生了宫体诗。这种诗，在宋、齐时代已颇有作者，当时的诗人如汤惠休、鲍照、沈约、王融等人的作品里，都可以看到一些，当然这些人还不过是偶然写一些而已。如汤惠休的《白纻歌》：

少年窈窕舞君前。容华艳艳将欲然。为君娇凝复迁延，流目送笑不敢言。长袖拂面心自煎，愿君流光及盛年。

这种诗显然已是宫体诗的前身，但在当时还没有成为诗歌写作中的倾向，所以同时的诗人颜延之还批评他的诗说是"委巷中歌谣"（见《南史·颜延之传》）。到了梁简文帝时，这种诗体便正式成立，《南史·简文帝本纪》说："帝辞藻艳发，然伤于轻靡，时号宫体。"《徐摛传》中也说："属文好为新变，文体既别，春坊尽学之，宫体之号，自斯而始。"可见到这时，宫体诗的创作，便成为统治集团文人的一种创作倾向了。当时梁武帝萧衍父子四人，萧统（昭明太子，武帝长子）、萧纲（简文帝，武帝第三子）、萧绎（元帝，武帝第七子），除萧统以外，都是这种诗的作者，他们一面崇信佛理，一面却在大写艳诗；一面畅谈清修，一面却又沉湎酒色。下面的这些诗，便是他们在崇佛谈静的同时写出来的：

恃爱如欲进，含羞未肯前。朱口发艳歌，玉指弄娇弦。

（《子夜歌》）

寒闺动黻帐，密筵重锦席。卖眼拂长袖，含笑留上客。
（《冬歌》）

朱丝玉柱罗象筵，飞琯促节舞少年。短弦流目未肯前，含笑一转私自怜。（《白纻辞》）

（以上三首梁武帝作）

佳丽尽关情，风流最有名。约黄能效月，裁金巧作星。粉光胜玉靓，衫薄拟蝉轻。密态随羞脸，娇歌逐软声。朱颜半已醉，微笑隐香屏。（《美女篇》）

北斗阑干去，夜夜心独伤。月辉横射枕，灯光半隐床。（《夜夜曲》）

北窗聊就枕，南檐日未斜。攀钩落绮障，插捩举琵琶。梦笑开娇靥，眠鬟压落花。簟文生玉腕，香汗浸红纱。夫婿恒相伴，莫误是倡家。（《咏内人昼眠》）

（以上三首梁简文帝作）

昆明夜月光如练，上林朝花色如霰。花朝月夜动春心，谁忍相思不相见。（《春别应令》）

（梁元帝作）

以上这些诗，实在是最下流的色情诗，但在当时却是风靡一时之作。以这些荒淫的帝王为首，环绕在他们周围的狎客侍臣，当然也倾力写这种靡靡之音的色情诗了。当时的文人如江淹、刘孝绰、王僧孺、张率、庾肩吾、吴均、何逊等，也都写过这一类的诗的。

宫体诗到了陈代，著名的陈后主更是个荒淫无耻、沉湎酒色声歌的人物，加上他的侍臣江总、陈暄、孔范等人在酒筵歌席的唱和，于是宫体诗愈益堕落，如江总的诗句云：

> 步步香飞金薄履，盈盈扇掩珊瑚唇。(《宛转歌》)
> 未眠解着同心结，欲醉那堪连理杯。(《杂曲》)
> 翠眉未画自生愁，玉脸含啼还似笑。角枕千娇荐芬香，若使琴心一曲奏。(《秋日新宠美人应令》)

陈后主的诗云：

> 大妇年十五，中妇当春户。小妇正横陈，含娇情未吐。所愁晓漏促，不恨灯销炷。(《三妇艳诗》十一首录其一)

> 金鞍向暝欲相连，玉面俱要来帐前。含态眼语悬相解，翠带罗裙入为解。(《乌栖曲》)

> 丽宇芳林对高阁，新妆艳质本倾城。映户凝娇乍不进，出帷含态笑相迎。妖姬脸似花含露，玉树流光照后庭。(《玉树后庭花》)

这些诗，在华丽的辞藻下面，掩盖着最低级下流的色情描写。宫体诗又经过了隋代，一直到唐初，经过卢照邻、骆宾王、刘希夷、张若虚等的努力，才把这种淫靡的诗风改造过来。

宫体诗，在文学史上，无疑是一种罪恶和污点！

第三节　骈文的发展与重要作家

东汉的散文，受了辞赋的影响，句法已经逐渐趋于整齐，倾向于对仗。如班彪、班固父子及蔡邕的文章，已有此迹象。魏晋的文人，继承着这种风气，文章更趋于骈丽化，曹丕、曹植等人的散文，已有显著的骈俪对偶的倾向。到了南朝，由于声律论的兴起，由于那些生活空虚的贵族文人，专心在声病俪辞方面争奇斗胜，结果便把骈俪文推到了最高峰，使当时的一切文学作品，都带有对偶的倾向。当时的骈文，便成为上流社会最流行的应用文。

从西汉以来流行的辞赋这种形式，是适合于运用骈俪和对仗的，在过去的辞赋中，原本也有着这种骈俪化的因素，因此当代的文人，便在辞赋里尽量发展这种形式，同时他们对于辞赋也极为重视，例如《昭明文选》把赋列在主要的地位，可见当时人对赋的重视了。当时一般的赋，大都是辞藻华美而内容空虚的东西，但如前面已经读过的鲍照的《芜城赋》，以及江淹的《别赋》、《恨赋》，孔稚珪的《北山移文》都有很高的艺术成就。

《别赋》用高度的艺术概括手法，集中地描写了古来无数不同情况的离别之事，同时又写出了他们离别时所共同感受到的"黯然销魂"的伤别的滋味，作者在一开始即描写了一个令人凄凉的离别的情景：

> 黯然销魂者，唯别而已矣。况秦吴兮绝国，复燕宋兮千里。或春苔兮始生，乍秋风兮暂起。是以行子肠断，百感凄恻，风萧萧而异响，云漫漫而奇色。舟凝滞于水滨，车逶迟于山侧。棹容与而讵前，马寒鸣而不息，掩金觞而谁御，横玉柱

而霑轼。居人愁卧，怳若有亡。日下壁而沈彩，月上轩而飞
光；见红兰之受露，望青楸之离霜。巡层楹而空掩，抚锦幕而
虚凉。知离梦之踯躅，意别魂之飞扬。

作者把离别时的一切景色、一切事物，都著上一种"黯然销魂"的色
彩，无论是风、云、舟、车、人、马，都似乎是怀着无限的离愁别恨，
因此使这篇文章，产生了强烈的感染力，在文章结束时，又写出了人们
别后相思之苦：

春草碧色，春水绿波；送君南浦，伤如之何？至乃秋露如
珠，秋月如珪；明月白露，光阴往来；与子之别，思心徘徊。
是以别方不定，别理千名；有别必怨，有怨必盈。使人意夺神
骇，心折骨惊。

这些文字，在刻画人们的离愁别恨以及相思相望的缠绵真挚的感情上，
可以说是发挥语言的最大的表现力，也显示了作者千锤百炼的语言艺术
的才能。

《恨赋》用同样的手法，描写了古来无数不同人物的恨事，其中有
许多恨事，都是封建社会里的愤郁不平之事，全文充满着怨恨愤郁的气
氛，风格激昂而又怨抑。与《别赋》的情调不同。

孔稚珪的《北山移文》是骈文中的典型，句句对仗，语语精辟，虽
然是句法整齐呆板的四六文，但由于作者高度的语言艺术才能，在意思
转折和段落衔接处使用虚字，能做到婉转自然、空灵传神，因此仍能使
文章保持空灵流畅、回荡顿挫之势，成为骈文中的规范。这篇文章对于
当代的伪名士、伪君子，作了尖锐的讽刺与抨击，刻画了他们的丑恶面
貌，在描绘这些假名士热衷于富贵名利的丑态时写道：

及其鸣驺入谷，鹤书赴陇；形驰魄散，志变神动。尔乃眉轩席次，袂耸筵上；焚芰制而裂荷衣，抗尘容而走俗状。

"形驰魄散"以下寥寥六句话，把那种身在江湖，心怀魏阙的假名士的精神面貌，描写和讽刺得淋漓尽致、原形毕露。接下去，作者对于这种丑态，进行了尖锐的讽刺：

使我高霞孤映，明月独举。青松落荫，白云谁侣？磵户摧绝无与归，石径荒凉徒延伫。至于还飙入幕，写雾出楹。蕙帐空兮夜鹤怨，山人去兮晓猿惊。昔闻投簪逸海岸，今见解兰缚尘缨。于是南岳献嘲，北陇腾笑。列壑争讥，攒峰竦诮。慨游子之我欺，悲无人以赴吊。故其林惭无尽，涧愧不歇。秋桂遣风，春萝罢月。骋西山之逸议，驰东皋之素谒。……岂可使芳杜厚颜，薜荔蒙耻；碧岭再辱，丹崖重滓。尘游躅于蕙路，污渌池以洗耳。宜扃岫幌，掩云关；敛轻雾，藏鸣湍。截来辕于谷口，杜妄辔于郊端。于是丛条瞋胆，迭颖怒魄。或飞柯以折轮，乍低枝而扫迹。请回俗士驾，为君谢逋客。

这一大段文字中，作者假托山灵之意，对这种假名士伪君子进行了无情的讽刺，"丛条瞋胆"以下几句，不仅是讽刺嘲笑，而是对于这种人的愤怒拒绝和鄙视。作者在这篇文章里，使山间的一切，都具有愤怒和鄙视这种人的感情和表情动作，因此使文章十分尖锐而又生动。

这一时期文人们来往的书信，也骈俪化了，如陶弘景的《答谢中书书》，吴均的《与宋元思书》和丘迟的《与陈伯之书》，都是有名的骈文书信。这些书信用美丽的辞藻，描绘了祖国山水的秀丽面貌：

答谢中书书

山川之美，古来共谈。高峰入云，清流见底。两岸石壁，五色交辉。青林翠竹，四时俱备。晓雾将歇，猿鸟乱鸣。夕日欲颓，沉鳞竞跃。实是欲界之仙都！自康乐以来，未复有能与共奇者。

与宋元思书

风烟俱净，天山共色，从流飘荡，任意东西。自富阳至桐庐，一百许里，奇山异水，天下独绝。水皆缥碧，千丈见底，游鱼细石，直视无碍。急湍甚箭，猛浪若奔，夹岸高山，皆生寒树。负势竞上，互相轩邈。争高直指，千百成峰，泉水激石，泠泠作响。好鸟相鸣，嘤嘤成韵。蝉则千转不穷，猿则百叫无绝。

与陈伯之书

暮春三月，江南草长，杂花生树，群莺乱飞。见故国之旗鼓，感平生于畴日，抚弦登陴，岂不怆恨。所以廉公之思赵将，吴子之泣西河，人之情也。将军独无情哉！（节录）

以上这些书信的抒情和对于山水景物的描写，可以与同时代的谢朓等人的山水诗媲美。

骈体文的发展，一直到唐时仍很流行，后来经过陈子昂等人的倡导，最后经过韩愈、柳宗元大力展开的"古文运动"，才把这种文风扭转过来。

第四节　文学批评的发展与代表作品

南北朝时期，是文学批评发展、文学理论建立的重要时代。在此以前，文学批评的作品，已有曹丕的《典论·论文》，陆机的《文赋》以及与陆机差不多同时的挚虞的《文章流别论》和《文章志》，葛洪的《尚博篇》、《钧世篇》等，对于文学批评，已经有了不同程度的贡献，已经逐渐开展了文学批评的风气，但这都是单篇的作品，它的言论往往偏于某一点上，还没有能建立起全面的系统的文学批评的理论专著来。在文学创作的经验积累得比较丰富、文学创作日渐繁荣、文学创作正处在一个变化发展的阶段的时候，迫切需要一部文学批评的理论著作来总结前人的创作经验，批评当前创作中的一些倾向和指导当前的创作，也迫切需要对文学批评本身，建立一套比较全面的理论出来，以发展日益为创作所需要的文学批评，南朝梁代刘勰的《文心雕龙》和钟嵘的《诗品》，便是在这种情况下产生的。

（一）刘勰的《文心雕龙》

刘勰，字彦和，生于公元465年，卒于公元520年，山东莒人（今山东莒县），世居京口（今江苏镇江市）。《梁书》本传说他"早孤，笃志好学，家贫不婚娶，依（定林寺）沙门僧祐，与之居处积十余年，遂博通经论"。他毕生大部分精力，都用在对于经典的研究上，曾参加过当时佛道两家争论的结集《弘明集》的编辑工作。并经常为"京师寺塔及名僧"撰写碑志，他一生经历了宋、齐、梁三代，在梁朝曾做过几次小官，政声很好，晚年出家为僧，改名慧地，不到一年便去世。他的文学批评名著《文心雕龙》，大概写成于壮年（497—502）。书成以后，起初"未为时流所称"，后来他带着书候沈约出门，装作卖书的样子，沈约取读后，大为称赏，说"深得文理"，并"常陈诸几案"，于是这部名著，才得流传到现在。

《文心雕龙》是中国文学史上最有代表性的著作，全书共五十篇（缺《隐秀》一篇——仅存残文）。作者用严正的态度，精细的论证，对于文学与时代的关系、文体的流别、创作方法、内容与形式的关系以及关于文学批评的理论，作了周密的论述，建立了一套比较完整的文学批评的理论体系。

刘勰认为文学是变化发展的，不是静止的，所以说："文律运周，日新其业。"（《通变》）要追究这个变化发展的原因，应该研究文学与时代、社会生活的关系，他说："时运交移，质文代变。""歌谣文理，与世推移。"他明确地把文学的发展跟时代的变迁联系了起来，他在论及建安时代的文学时说：

> 自献帝播迁，文学蓬转，建安之末，区宇方辑。魏武以相王之尊，雅爱诗章；文帝以副君之重，妙善辞赋；陈思以公子之豪，下笔琳琅，并体貌英逸，故俊才云蒸。……观其时文，雅好慷慨，良由世积乱离，风衰俗怨，并志深而笔长，故梗概而多气也。……故知文变染乎世情，兴废系乎时序，原始以要终，虽百世可知也。（《时序篇》）

他这种从时代的变迁和社会情况来考察文学发展的观点，无疑是一种卓越的见解，因为在他以前的陆机、曹丕等人，都是偏重在从作家的个性，创作技巧等来论述文学的，这种从客观的社会生活和时代环境来论述文学的观点，他还是第一人。

关于形式和内容关系的问题，他认为应该根据内容来决定形式，但是形式又能给内容以重大的影响。他说：

> 夫情致异区，文变殊术，莫不因情立体，即体成势也。势者，乘利而为制也。如机发矢直，涧曲湍回，自然之趣也。……文章体势，如斯而已。是以模经为式者，自入典雅之懿；效骚命篇者，必归艳逸之华。综意浅切者，类乏酝藉；断辞辨约者，率乖繁缛。譬激水不漪，槁木无阴，自然之势也。（《定势篇》）

既然要根据内容来选择形式，而一定的形式，又能给内容以重要的影响，所以作家就必须要慎重地来对待这个问题，否则创作就会遭到失败。

齐、梁时代，是讲究声律辞藻、形式主义繁荣的时代，对于这种倾向，作为一个文学批评家，他注意到同时也批评了这种倾向的，他说："体情之制日疏，逐文之篇愈盛。"（《情采篇》）就是说辞藻愈来愈华丽而内容愈来愈空虚，对于这种情况，他明确地批评道：

> 自近代辞人，率好诡巧，原其为体，讹势所变，厌黩旧式，故穿凿取新，察其讹意，似难而实无他术也，反正而已。故文反正为乏，辞反正为奇。效奇之法，必颠倒文句。上字而抑下，中辞而出外，回互不常，则新色耳。（《定势篇》）

这种"好诡巧"、"穿凿取新"的风气，在他看来，"实无他术，反正而已"。也即是说用字不按规律，故作颠倒以求巧奇而已。这确实一语道破了六朝文风的毛病。针对这种情况，他提出了"依情待实"、"述志为本"(《情采篇》)的主张。他说：

> 圣贤书辞，总称文章，非采而何？夫水性虚而沦漪结，木体实而花萼振，文附质也。虎豹无文，则鞟同犬羊，犀兕有皮，而色资丹漆，质待文也。……故立文之道，其理有三：一曰形文，五色是也；二曰声文，五音是也；三曰情文，五性是也。五色杂而成黼黻，五音比而成韶夏，五情发而为辞章，神理之数也。(《情采篇》)

> 夫才量学文，宜正体制。必以情志为神明，事义为骨髓，辞采为肌肤，宫商为声气，然后品藻玄黄，摛振金玉，献可替否，以裁厥中，斯缀思之恒数也。(《附会篇》)

他这种文质相扶，以"事义为骨髓，辞采为肌肤"的主张，对于当时专在雕饰形式，铺陈辞藻，"俪采百字之偶，争价一句之奇"的形式主义的六朝文风，是有巨大的批评现实的意义的。

关于文学批评方面，他评论了在他以前的文学批评著作的片面主观的缺点。他说：

> 详观近代之论文者多矣：至如魏文述典，陈思序书，应玚文论，陆机《文赋》，仲洽《流别》，宏范《翰林》，各照隅隙，鲜观衢路，或臧否当时之才，或铨品前修之文，或泛举雅俗之旨，或撮题篇章之意。魏典密而不周，陈书辩而无当，应论华而疏略，陆赋巧而碎乱，《流别》精而少巧，《翰林》浅而寡要。又君山、公幹之徒，吉甫、士龙之辈，泛议文意，往

往间出，并未能振叶以寻根，观澜而索源。不述先哲之诰，无
益后生之虑。(《序志篇》)

因为"各照隅隙，鲜观衢路"、"各执一隅之解，欲拟万端之变"，大家
用主观的偏见来评论文学，所以就无法探索文学的根本问题。不过他也
深知文学批评是件艰苦困难的工作，一部伟大的作品或者一个伟大的作
家要能遇到一个杰出的批评家来给予正确的批评和阐述，确实也是一件
不容易的事，所以他说：

　　知音其难哉，音实难知，知实难逢，逢其知音，千载其一
　　乎。(《知音篇》)

他指出知音之难，也即是指出文学批评工作的艰巨，主要是说明从事于
文学批评工作的人，必须要提高修养，阅读大量的材料，研究大量的作
品，才能从事批评，否则将流于主观片面的见解。他说：

　　凡操千曲而后晓声，观千剑而后识器。故圆照之象，务先
　　博观。阅乔岳以形培塿，酌沧波以喻畎浍。无私于轻重，不偏
　　于憎爱，然后能平理若衡，照辞如镜矣。(《知音篇》)

这种对于文学批评工作者的要求，无疑是不易之论。至于作品的表现内
容，后此的读者或批评者能否正确地探索到，或者还是像主观唯心论者
那样认为愈弄愈糊涂，只能"麻油拌韭菜，各人心里爱"呢？对这个文
学批评中的最根本的问题，刘勰的回答是肯定而明确的。他说：

　　夫缀文者情动而辞发，观文者披文以入情，沿波讨源，虽

幽必显。世远莫见其面，觇文辄见其心。岂成篇之足深，患识照之自浅耳。夫志在山水，琴表其情，况形之笔端，理将焉匿。故心之照理，譬目之照形，目瞭则形无不分，心敏则理无不达。然而俗监（鉴）之迷者，深废浅售，此庄周所以笑折杨，宋玉所以伤白雪也！（《知音篇》）

文学作品是作家思想感情的结晶，批评家只要能用正确的观点、方法去研究文学作品，那么自然能通过作品，探索到作家的思想。所谓"世远莫见其面，觇文辄见其心"、"形之笔端，理将焉匿"，他的见解，多么卓越和坚定。反之，如果"识照自浅"的人，那么当然就不可能认识探索到作品的真正的内容了。他对于文学批评方面的这些见解，即使今天对于我们，也还是有益的。

《文心雕龙》，不仅是一部卓越的古代文学批评的巨著，而且也是一部卓越的"批评文学"，它的语言，十分形象而精练，有些篇章，简直像诗篇。例如：

是以献岁发春，悦豫之情畅；滔滔孟夏，郁陶之心凝。天高气清，阴沉之志远；霰雪无垠，矜肃之虑深。岁有其物，物有其容；情以物迁，辞以情发。一叶且或迎意，虫声有足引心。况清风与明月同夜，白日与春林共朝哉！是以诗人感物，联类不穷。……故灼灼状桃花之鲜，依依尽杨柳之貌，杲杲为出日之容，漉漉拟雨雪之状，喈喈逐黄鸟之声，喓喓学草虫之韵。皎日嘒星，一言穷理；参差沃若，两字穷形：并以少总多，情貌无遗矣。（《物色篇》）

山沓水匝，树杂云合。目既往还，心亦吐纳。春日迟迟，

秋风飒飒，情往似赠，兴来如答。（《物色篇赞》）

这些描写，文字多么美丽生动，他在《神思篇》中形容作家创作时这些充沛的想象力和丰富饱满的感受时说："登山则情满于山，观海则意溢于海，我才之多少，将与风云而并驱矣。"这种比喻，多么富于诗意！

《文心雕龙》对于文学上的如创作、体裁、风格、修辞等问题，都有所论述，而且都有独立的见解，《文心雕龙》的产生，表明南北朝时代我国文学理论的飞速发展，标志着文学创作将更趋繁荣。

（二）钟嵘的《诗品》

钟嵘，字仲伟。他的生年大约是在公元 480 年左右，卒于公元 552 年，颍川长社人。《诗品》大概写成在梁天监十二年以后，因为《诗品》叙言中说："今所寓言，不录存者。"申明他对于当代还活着的作家，不作评论。而在《诗品》卷中已有对沈约的评论，沈约卒于梁天监十二年（513 年）。如果他的申明可靠的话，那么此书当写在天监十二年以后。大概比刘勰的《文心雕龙》要晚半世纪左右。《诗品》，《梁书》名为《诗评》，《隋书·经籍志》兼称《诗评》和《诗品》。现在已只知道《诗品》这个名字了。

《诗品》写成的时代，正是声病之说盛行，宫体诗弥漫诗坛的时候，一般文人写作，都极力雕绘，追求辞藻，堆砌典故。《诗品》针对这种文风，提出了批评。他反对用典，主张写诗要自然流畅。他说：

> 若乃经国文符，应资博古；撰德驳奏，宜穷往烈。至乎吟咏情性，亦何贵于用事？"思君如流水"，既是即目，"高台多悲风"，亦唯所见，"清晨登陇首"，羌无故实，"明月照积雪"，讵出经史。观古今胜语，多非补假，皆由直寻。

这里他举出了许多实际例子，来说明"古今胜语，皆由直寻"的理论。主张自然，反对用典，这是他对诗歌创作的一方面的意见。他还说：

> 故诗有三义焉：一曰兴，二曰比，三曰赋。文已尽而意有余，兴也。因物喻志，比也。直书其事，寓言写物，赋也。宏斯三义，酌而用之，干之以风力，润之以丹采，使味之者无极，闻之者动心，是诗之至也。若专用比兴，患在意深，意深则词踬。若但用赋体，患在意浮，意浮则文散，嬉成流移，文无止泊，有芜漫之累矣。

在这一段文字里，他提出了另一个意见，他认为写诗要以"风力"为骨干，而辞藻只是润色骨干的一种"丹彩"，换句话说，也即是主张诗歌要以思想内容为主，辞藻只能为表达思想而设，只有这样，才能"味之者无极，闻之者动心"。这种见解，虽然并非他首创，但在这个时候，他强调这一点是有重大的作用的。他一方面提出了上面这些积极的主张，另方面又极力批评当代的文风，指摘其弊病。他说：

> 颜延、谢庄，尤为繁密，于时化之。故大明（宋孝武帝刘骏的年号）、泰始（宋明帝刘彧年号）中，文章殆同书抄。近任昉、王元长等。词不贵奇，竞须新事。尔来作者，寖以成俗。遂乃句无虚语，语无虚字，拘挛补衲，蠹文已甚。

这是极力批评当时堆砌典故的毛病，对于当时的推研声病和追求辞藻的风气，他也提出了严厉的批评：

> 昔曹、刘殆文章之圣，陆、谢为体贰之才，锐精研思，千
> 百年中，而不闻宫商之辨，四声之论。或谓前达偶然不见，岂
> 其然乎？尝试言之，古曰诗颂，皆被之金竹，故非调五音，无
> 以谐会。若"置酒高堂上"、"明月照高楼"，为韵之首。故三
> 祖之词，文或不工，而韵入歌唱，此重音韵之义也，与世之言
> 宫商异矣。今既不被管弦，亦何取於声律耶？……王元长创其
> 首，谢朓、沈约扬其波。三贤或贵公子孙，幼有文辩，於是士
> 流景慕，务为精密。襞积细微，专相陵架。故使文多拘忌，伤
> 其真美。余谓文制，本须讽读，不可蹇碍，但令清浊通流，口
> 吻调利，斯为足矣。

这里他对提倡声律以后的流弊，痛加批评，而且提出了恢复自然音调，"但令清浊通流，口吻调利"的主张。这些批评，对于当时的创作，也是有积极意义的。除此之外，他还注意到作者个人的遭遇对于作品的影响：

> 嘉会寄诗以亲，离群托诗以怨。至於楚臣去境，汉妾辞
> 宫；或骨横朔野，魂逐飞蓬；或负戈外戍，杀气雄边；塞客衣
> 单，孀闺泪尽；或士有解佩出朝，一去忘返；女有扬蛾入宠，
> 再盼倾国。凡斯种种，感荡心灵，非陈诗何以展其义；非长歌
> 何以骋其情？

这种观点，是刘勰时代的社会环境决定文学的精神面貌的理论的继续发展，是带有朴素的社会学的文学观点。

《诗品》的批评方法，继承着刘勰的历史的文学观点，首先探讨作家和作品的流别，在论述各家的来源与变迁中，说明文学发展变化的现

象。其次，他用汉魏以来品评人物的方法，用到文学批评上来，将作者分成上中下三品，再加品评。这种方法的弊病是比较机械，不免流于主观，因而对于有些作家的品评，并不确当。但他对全书中一百二十位作家所下的评语，有许多还是十分正确精当而有价值的。

《诗品》继续着《文心雕龙》，对于当代恶劣的文风展开尖锐的批评，推动着文学向前发展。

第五节　简短的结论

这一个时期，是中国文学史上发展变化的时期，从建安以来诗歌中的慷慨悲凉的声音及对社会离乱，人民疾苦的描写，到此逐渐有转移，而歌咏自然，描写山水，成了诗歌内容方面的一个新的主题，也得到了新的成就。

在魏晋以前的诗歌及文章，主要是注意自然音节的谐调，其原因是魏晋以前的一些被之管弦的乐府古诗，它的音乐方面的成分，主要由音乐本身来负担，"诗"不过是"合乐"而已，因此它在音律方面的要求，也只要求自然地配合音乐。魏晋以后，五言诗已成为诗歌的主要形式，文人创作的诗歌，已脱离音乐而独立，成为文人口头朗读的东西，这就需要诗歌本身比以前更注意音乐性。特别是这一时期佛教的兴盛，佛经转读的风气弥漫一时，这种转读，也影响了诗歌的诵读，于是四声八病之说因之产生。中国的诗歌，逐渐由古体走向新体，逐渐由语言的自然的音调，走向于规律化。虽然声律的兴起，曾带来了诗歌创作中的不良现象，但它对于以后诗歌的繁荣、提高和发展，是一个重要的转折，对于诗歌的民族形式的形成和发展也是一个重要的契机。

这一时期宫体诗的风靡一时，乃是统治阶级腐朽没落的生活和思想意识的反映，在当时的诗坛曾起过恶劣的影响。现在可以把它看作统治阶级罪恶和卑污感情的记录。

处在文学创作变化发展和日趋繁荣，创作中不同的流派日渐发展，文学作品和创作经验经过长期的积累后日渐丰富的这个时期，急需要有文学理论著作来品评作品，总结经验，指导创作，并且对创作上的不良倾向进行斗争。《文心雕龙》和《诗品》的出现，即反映了这种情况和满足了这种要求。这两部书特别是《文心雕龙》，以它自己的精深固密的见解，证明了我国古代文学批评的飞速发展，同时也使它自己成为古典文学理论著作中的不朽杰作。

由于声律论的影响，这一时期的辞赋便更趋骈俪化，甚至影响到一切散文书信等也都讲究声律对仗。虽然曾出现过一些优秀的辞赋和骈文书信杂文，但它对散文的发展，终究是带来了不良的影响。

第六章　北朝的作家与作品

　　自东晋建都江南以后，北方的士大夫、文人都纷纷南渡，文化中心遂转到江南来。北地沦入落后民族的统治以后，生产发展较慢，文化也显然落后于南方。除前章所述的民歌，还相当丰富，足以和南方的民歌并称外，文人的作品，便大不如南方。相当于南朝刘宋时代的北魏，统一了北方后，至孝文帝时，即迁都洛阳，实行汉化，在文学上产生了以苏绰、苏亮为首的复古运动，文学渐见起色，这时正当南朝的齐梁时代。到孝明帝以后（梁天监末），文学渐盛，出现了作家温子升、邢邵、魏收等人，但他们的作品，都是受南朝齐梁诗风的影响，没有什么特色。直至西魏末期（梁亡以前），南朝诗人庾信、王褒等北来后，遂为北方的诗坛，增加了光彩。但在散文方面，比起诗歌来，却有较好的成绩。郦道元的《水经注》和杨衒之的《洛阳伽蓝记》为这一时期散文中的优秀的作品。

第一节　庾信和他的作品

　　庾信，字子山，生于公元 513 年，卒于 581 年。是庾肩吾的儿子。

《北史》本传说他"幼而俊迈，聪敏绝伦。博览群书，尤善《春秋左氏传》。身长八尺，腰带十围，容止颓然，有过人者"。他生活在梁简文帝的时代，这时宫体诗大盛，他与他的父亲同在东宫，出入禁闼，恩礼甚重。他与当时的徐陵并有文名，称为"徐庾体"，每有一文，京师莫不传诵。梁元帝时，聘于西魏，不久梁禅位于陈，梁亡。庾信遂留在西魏。后又入北周，历任重职，周陈通好时，南北流寓的人，各许回国。但庾信与王褒仍被留在北地，未能回南。他在北方虽然地位很高，但却不忘故国，常有乡关之思，他的诗因此也与在南朝时大不相同，充满着忧愁和哀思，风格苍茫萧瑟而又刚健。他的《哀江南赋》，脍炙人口，是他晚年的名作。他死时，已是隋文帝开皇元年，距离南北统一，只有八九年了。

庾信四十二岁以前，生活在南朝宫体诗盛行的梁代，而且出入禁闼，是统治集团内的一个文人，所以他这一时期的创作，有着许多缺点，喜欢写宫体诗，写骈俪文，夸耀辞藻，内容空虚，而且对当时的创作，曾起过不良影响，即他本传中所说的"文并绮艳，故世号徐庾体焉。当时后进竞相模范，每有一文，都下莫不传诵"。对于他这一时期的作品，是应该批判的。例如：

　　洞房花烛明，燕余双舞轻。顿履随疏节，低鬟逐上声。步转行初进，衫飘曲未成。弯回镜欲满，鹤顾市应倾。已曾天上学，讵是世中生。（《和咏舞》——倪璠注：和梁简文帝）

　　昨夜乌声春，惊鸣动四邻；今朝梅树下，定有咏花人。流星浮酒泛，粟瑱绕杯唇。何劳一片雨，唤作阳台神。（《咏画屏风诗》二十四首之三——据倪璠注释《庾子山集》）

这一类诗，全是辞藻美丽，内容空虚无聊的东西。他的辞藻十分华丽的《春赋》，也是这一时期的作品。当时梁简文帝、梁元帝都有这一类的作品，本传所说的"徐庾体"也是指这一类的东西：

> 宜春苑中春已归，披香殿里作春衣。新年鸟声千种啭，二月杨花满路飞。河阳一县并是花，金谷从来满园树。一丛香草足碍人，数尺游丝即横路。开上林而竞入，拥河桥而争渡。出丽华之金屋，下飞燕之兰宫。钗朵多而讶重，髻鬟高而畏风。眉将柳而争绿，面共桃而竞红。影来池里，花落衫中。（《春赋》）

这种作品，便是典型的绮丽轻艳的作品。但是他在四十二岁入魏以后，由于政治和生活的变化，作品的风格和思想，便与此大不同了。爱国思想，民族意识，怀念乡土的感情和羁旅异域的痛苦，成为他作品的主要内容，因此也使他的创作有了重大的成就。他的《拟咏怀》二十七首，是他这种感情的集中表现：

> 步兵未饮酒，中散未弹琴。索索无真气，昏昏有俗心。涸鲋常思水，惊飞每失林。风云能变色，松竹且悲吟。由来不得意，何必往长岑。（其一）

> 楚材称晋用，秦臣即赵冠。离宫延子产，羁旅接陈完。寓卫非所寓，安齐独未安。雪泣悲去鲁，凄然忆相韩。唯彼穷途恸，知余行路难。（其四）

> 悲歌度燕水，弭节出阳关。李陵从此去，荆卿不复还。故

人形影灭。音书两俱绝。遥看塞北云，悬想关山雪。游子河梁
上，应将苏武别。（其十）

日晚荒城上，苍茫余落晖。都护楼兰返，将军疏勒归。马
有风尘气，人多关塞衣。阵云平不动，秋蓬卷欲飞。闻道楼船
战，今年不解围。（其十四）

在死犹可忍，为辱岂不宽。古人持此性，遂有不能安。其
面虽可热，其心长自寒。匣中取明镜，披图自照看。幸无侵饿
理，差有犯兵栏。拥节时驱传，乘亭不据鞍。代郡蓬初转，辽
阳桑欲乾。秋云粉絮结，白露水银团。一思探禹穴，无用鏖皋
兰。（其十七）

倏忽市朝变，苍茫人事非。避谗犹采葛，忘情遂食薇。怀
愁正摇落，中心怆有违。独怜生意尽，空惊槐树衰。（其十八）

萧条亭障远，凄惨风尘多。关门临白狄，城影入黄河。秋
风别苏武，寒水送荆轲。谁言气盖世，晨起帐中歌。（其二十
六）

在这些诗里，充满着作者亡国之痛，故乡之思，以及自悔自恨、悲凉凄
怆的感情。"倏忽市朝变，苍茫人事非"，"千年水未清，一代人先改"。
他伤痛梁代的覆亡，致使自己竟像李陵、苏武一样辞家离国，一去不能
再返。"涸鲋常思水，惊飞每失林"，他像出水之鱼，失林之鸟一样感到
孤单悲哀，所以他尽管在魏在周，都身居显职，但总不能忘却故国，忘
却羁旅之苦。他说："寓卫非所寓，安齐独未安。雪泣悲去鲁，凄然忆

347

相韩。"当梁亡以后，他仍仕魏、周两朝，未能以死殉国，这在他思想上，也是感到十分矛盾痛苦的。所以他说："在死犹可忍，为辱岂不宽。古人持此性，遂有不能安。其面虽可热，其心长自寒。"他的内心多么矛盾痛苦啊！这二十多首诗，都是他怀念故国亲友，感伤离乱，自悲身世，自怨自伤的作品。风格悲凉苍茫，使人有一种暮年萧瑟之感。再如他的《昭君辞应诏》、《别周尚书宏正》、《重别周尚书》、《寄王琳》等篇，也是他的好作品：

敛眉光禄塞，还望夫人城。片片红颜落，双双泪眼生。冰河牵马渡，雪路抱鞍行。胡风入骨冷，夜月照心明。方调琴上曲，变入胡笳声。（《昭君辞应诏》）

扶风石桥北，函谷故关前。此中一分手，相逢知几年。黄鹤一反顾，徘徊应怆然。自知悲不已，徒劳减瑟弦。（《别周尚书宏正》）

阳关万里道，不见一人归。唯有河边雁，秋来南向飞。（《重别周尚书》）

玉关道路远，金陵信使疏。独下千行泪，开君万里书。（《寄王琳》）

在这些诗里，也同样充满着去国之思和身世的凄凉，他的名作《哀江南赋》，也是与这些诗同一主题的，现录《哀江南赋序》以见其意，赋文过长，不录：

第六章　北朝的作家与作品

粤以戊辰之年，建亥之月，大盗移国，金陵瓦解。余乃窜身荒谷，公私涂炭。华阳奔命，有去无归。中兴道销，穷于甲戌。三日哭于都亭，三年囚于别馆。天道周星，物极不反。傅燮之但悲身世，无处求生；袁安之每念王室，自然流涕。昔桓君山之志事，杜元凯之平生，并有著书，咸能自叙。潘岳之文采，始述家风；陆机之辞赋，先陈世德。信年始二毛，即逢丧乱，藐是流离，至于暮齿。燕歌远别，悲不自胜；楚老相逢，泣将何及。畏南山之雨，忽践秦庭；让东海之滨，遂餐周粟。下亭漂泊，高桥羁旅。楚歌非取乐之方，鲁酒无忘忧之用。追为此赋，聊以记言。不无危苦之辞，惟以悲哀为主。

日暮途远，人间何世？将军一去，大树飘零。壮士不还，寒风萧瑟。荆璧睨柱，受连城而见欺；载书横阶，捧珠盘而不定。钟仪君子，入就南冠之囚；季孙行人，留守西河之馆。申包胥之顿地，碎之以首；蔡威公之泪尽，加之以血。钓台移柳，非玉关之可望；华亭鹤唳，非河桥之可闻！

孙策以天下为三分，众才一旅；项籍用江东之子弟，人唯八千。遂乃分裂山河，宰割天下。岂有百万义师，一朝卷甲，芟夷斩伐，如草木焉！江淮无涯岸之阻，亭壁无藩篱之固。头会箕敛者，合从缔交；锄耰棘矜者，因利乘便。将非江表王气，终于三百年乎？是知并吞六合，不免轵道之灾；混一车书，无救平阳之祸。呜呼！山岳崩颓，既履危亡之运；春秋迭代，必有去故之悲。天意人事，可以凄怆伤心者矣！

况复舟楫路穷，星汉非乘槎可上；风飙道阻，蓬莱无可到之期。穷者欲达其言，劳者须歌其事。陆士衡闻而抚掌，是所甘心；张平子见而陋之，固其宜矣！

这是他自己对这首赋的写作动机和主题思想的概括说明。《哀江南赋》是庾信的不朽之作，是传世的名篇，仅读这篇《序》，已使人为之动情泣下，足见庾信的暮年身世和故国乡关之思。其次如《小园赋》、《枯树赋》等篇，也是优秀的作品。

庾信北去以后，由于亲身经历着种种社会的变乱，使他对社会、人生、生活的认识，有了变化，因此写出了不少有真挚的思想感情的作品。诗歌的内容丰富了，风格也提高了，在新体诗的发展上，他又提高了一步。杜甫十分称赞他暮年的作品，一则说"庾信生平最萧瑟，暮年诗赋动江关"（《咏怀古迹》五首第一首）；再则说"庾信文章老更成，凌云健笔意纵横"（《戏为六绝句》第一首）。这是完全正确的。也足见庾信对后世影响之大。

除庾信而外，当时比较有名的作家还有王褒。王褒字子渊（500—563）琅琊人，是王融的本家。他也是由南入北的作家。他的作品，如：

> 从军出陇坂，驱马度关山。关山恒掩蔼，高峰白云外。遥望秦川水，千里长如带。好勇自秦中，意气多豪雄。少年便习战，十四已从戎。辽水深难渡，榆关断未通。（《关山篇》）

> 秋风吹木叶，还似洞庭波。常山临代郡，亭障绕黄河。心悲异方乐，肠断陇头歌。薄暮临征马，失道北山阿。（《渡河北》）

这一类的诗，风格也是很雄健的。但总体来说，他的成就，没有庾信大。

第二节　《水经注》和《洛阳伽蓝记》

东晋以来的散文，已经差不多处于停滞状态，到了齐梁以后，作家们便倾心于声律和骈偶，批评家又把当时的文学作品分成"文"和"笔"两类，梁元帝《金楼子·立言篇》说："屈原、宋玉、枚乘、长卿之徒止于辞赋则谓之文。……至如不便为诗如阎纂，善为章奏如柏松，若此之流泛谓之笔。"又说："吟咏风谣流连哀思者谓之文。……笔，退则非谓成篇，进则不云取义，神其巧思，笔端而已。至如文者，惟须绮縠纷披，宫徵靡曼，唇吻遒会，情灵摇荡。"从这里可知当时称为"文"的，从内容上来说，则情灵摇荡流连哀思者谓之"文"，善为章奏善缉流略之流谓之"笔"。从形式上讲，则诗词歌赋这一类有韵的谓之"文"，章奏杂记这一类无韵的谓之"笔"。简言之，也就是那种华丽的纯粹是抒情的作品谓之"文"，朴素的供人们实用的说理叙事的作品谓之"笔"。这种"文"、"笔"之分，根据当时的风尚来说，或多或少表示了对韵文的重视和对散文的轻视。所以在齐梁以后的散文，更没有什么发展。但是在北方，却产生了两位优秀的散文家：一位是写《水经注》的郦道元，一位是写《洛阳伽蓝记》的杨衒之。

（一）郦道元的《水经注》

郦道元，字善长，生卒年不详，约当魏宣武、孝明帝时代（公元六世纪初），范阳（今北京附近）人。官御史中尉。《水经注》共四十卷。这部书，不但是一部杰出的地理书，也是一部杰出的文学书。在《水经》里只是简短的几句话，他便写成几百乃至几千字的长文，描写十分生动，近于一本游记，实际上它已经不是一般的注释书，而是一部创作了。

《水经注》的内容非常丰富，它记述了河道的源流和历史古迹，人物故事以及风俗习惯，偶尔也叙述些神话故事，特别是水道源流和风景的描写，是本书的主要部分。作者用高度的表现技巧，精练美丽的文字，描写了祖国各种不同的雄奇秀媚的山川，具有极大的感染力，使读者对于祖国的山河能产生一种热爱，如《清水注》云：

> 上承诸陂散泉，积以成川，南流西南屈。瀑布乘岩，悬河注壑，二十馀丈。雷赴之声，震动山谷。左右石壁层深，兽迹不交，隍中散水雾合，视不见底。南峰北岭，多结禅栖之士；东岩西谷，又是刹灵之图。竹柏之怀，与神心妙远，仁智之性，共山水效深，更为胜处也。

又《江水注·三峡》一段：

> 自三峡七百里中，两岸连山，略无阙处。重岩叠嶂，隐天蔽日。自非停午夜分，不见曦月。至于夏水襄陵，沿沂阻绝。或王命急宣，有时朝发白帝，暮到江陵，其间千二百里，虽乘奔御风，不以疾也。春冬之时，则素湍绿潭，回清倒影。绝巘多生怪柏，悬泉瀑布，飞漱其间。清荣峻茂，良多趣味。每至晴初霜旦，林寒涧肃，常有高猿长啸，属引凄异，空谷传响，哀转久绝。故渔者歌曰："巴东三峡巫峡长，猿鸣三声泪沾裳！"

这些文字，对于祖国山川名胜的描绘，十分生动美丽，行文也舒卷自如，可以说是最好的写景小品。

（二）杨衒之的《洛阳伽蓝记》

杨衒之，一作羊衒之，魏末人，做过魏抚军府司马的官。他的身世已无法查考。他是怀抱着家国横遭大劫的心情来写他的《洛阳伽蓝记》的。这部书的文笔朴素而流利，描写了洛阳的许多寺宇，并且联系到当时许多史事、文物以及园林风景、人物活动和社会面貌，对当时的统治阶级进行了辛辣的讽刺，他所描写的许多壮丽宏大的寺宇，反映了劳动人民卓越的建筑艺术才能。这部书里，还记录了不少当时具有特殊的艺术才能和其他特点的一些市民或平民婢仆的活动，往往以极经济的描写，即生动地表现了他们的才能或绝技，文字十分吸引人。例如，他在暴露统治阶级的奢侈靡费和贪欲吝啬时：

> 而河间王琛，最为豪首，常与高阳争衡，造文柏堂，形如徽音殿。置玉井金罐，以五色缋为绳。伎女三百人，尽皆国色。有婢朝云，善吹篪，能为团扇歌陇上声。琛为秦州刺史，诸羌外叛，屡讨之不降。琛令朝云假为贫姬，吹篪而乞。诸羌闻之，悉皆流涕，迭相谓曰："何为弃坟井在山谷为寇也？"即相率归降。秦民语曰："快马健儿，不如老妪吹篪！"琛在秦州多无政绩……琛常语人云："晋室石崇，乃是庶姓，犹能雉头狐腋，画卵雕薪。况我大魏天王，不为华侈？"造迎风馆于后园。窗户之上，列钱青琐，玉凤衔铃，金龙吐佩。素柰朱李，枝条入檐。伎女楼上坐而摘食。琛常会宗室，陈诸宝器：金瓶、银瓮百余口，瓯檠盘盒称是。自余酒器，有水晶钵、玛瑙杯、琉璃碗、赤玉卮数十枚。作工奇妙，中土所无，皆从西域而来。又陈女乐及诸名马。复引诸王按行府库，锦罽珠玑，冰罗雾縠，充积其内。绣缬、紬绫、丝彩、越葛、钱绢等，不

可数计。琛忽谓章武王融曰:"不恨我不见石崇,恨石崇不见我。"融性贪暴,志欲无限。见之愧叹,不觉生疾。还家,卧三日不起。江阳王继来省疾,谓曰:"卿之财产,应得抗衡,何为叹羡,以至于此?"融曰:"常谓高阳一人宝货多于融。谁知河间,瞻之在前!"继笑曰:"卿欲作袁术之在淮南,不知世间复有刘备也。"融乃蹶起,置酒作乐。于时国家殷富,库藏盈溢。钱绢露积于廊者,不可较数。及太后赐百官负绢,任意自取。朝臣莫不称力而去。唯融与陈留侯李崇,负绢过性,蹶倒伤踝。(节录自《法云寺》)

这一节文字,对统治阶级的奢侈靡费,腐朽无能,以及贪得无厌的丑恶面目,进行了无情的讽刺和揭露。再如:

中有九层浮图一所,架木为之,举高九十丈。上有金刹,复高十丈。合去地一千尺。去京师百里,已遥见之。初掘基至黄泉下,得金像三十躯,太后以为信法之征,是以营造过度也。刹上有金宝瓶,容二十五石。宝瓶下有承露金盘三十重,周匝皆垂金铎。复有铁锁四道,引刹向浮图四角,锁上亦有金铎,大小如一石瓮子。浮图有九级,角角皆悬金铎,合上下有一百二十铎。浮图有四面,面有三户六窗,户皆朱漆,扉上有五行金铃,合有五千四百枚。复有金环铺首,殚土木之功,穷造形之巧。佛事精妙,不可思议。绣柱金铺,骇人心目。至于高风永夜,宝铎和鸣;铿锵之声,闻及十馀里。(节录自《永宁寺》)

这一节描写《永宁寺》的一个宝塔,多么壮丽伟大,这反映了当时人民在建筑艺术上的伟大创造。永宁寺建在洛阳白马寺附近，后因失火焚烧，大火烧数月不绝，今其遗址尚在。再如：

> 市西有退酤、治觞二里。里内之人，多酝酒为业。河东人刘白堕，善能酿酒。季夏六月，时暑赫晞，以罂贮酒，暴于日中，经一旬，其酒味不动。饮之香美，醉而经月不醒。京师朝贵多出郡登藩，远相饷馈，逾于千里。以其远至，号曰鹤觞，亦名骑驴酒。永熙年中，南青州刺史毛鸿宾，赍酒之藩，路逢贼盗饮之，即醉，皆被擒获，因此复名擒奸酒。游侠语曰："不畏张弓拔刀，唯畏白堕春醪。"（节录自《法云寺》）

这一段文字，记载当时市井商贾特产，也是饶有兴趣的。通过以上这些文字，我们可以看到《洛阳伽蓝记》，以它精美简净的语言和繁简得宜的笔法，表现了作者高度的艺术技巧，使它与《水经注》同时成为这一时期散文方面的"双璧"。

第三节　简短的结论

南北朝时，北中国长期处于少数民族政权统治下，由于生产的落后，士族、文人们的南渡，因此北方的文化比较衰落，但经过汉化政策的施行以后，文学也渐见起色。庾信、王褒等人的北上，于北方的文坛，带来了不少生气，也创作了不少优秀的作品。在散文方面，则北方的散文比南方的散文成就大，《水经注》和《洛阳伽蓝记》，是北方散文中的双璧，也是南北朝时期散文中的两部杰作。它们多少弥补了这一时期散文荒凉的缺陷。

第七章　这一时期的小说

第一节　小说的溯源

小说起源于神话与历史的传说，中国古代小说之名，最早见于《庄子·外物篇》："饰小说以干县令，其于大达亦远矣。"这里小说两字的意思，显然还不是指后来的那种"小说"，而只是指那些琐碎之言。后来桓谭《新论》说："若其小说家，合残丛小语，近取譬喻，以作短书，治身理家，有可观之辞。"这里所说的"小说"，也还是指那种琐屑的"残丛小语"，所谓"近取譬喻"，大概是具有一些寓言的意思的。中国古代的小说，大都是一些神怪的记述与"残丛小语"的杂录。无论其内容与形式，同现代的小说，都是不同的。这类作品，其源都出于民间。《汉书·艺文志》所谓"小说家者流，盖出于稗官。街谈巷语，道听途说者之所造也"可证。在古代社会的条件下，这种"残丛小语"的小说，是不被重视的。所以汉以前的小说，几乎完全失传了。《汉书·艺文志·诸子略》分为十家，其第十家，就是"小说家"，一共收了十五种书，一千三百八十篇：

　　伊尹说二十七篇（其语浅薄，似依托也）

　　鬻子说十九篇（后世所加）

　　周考七十六篇（考周事也）

　　青史子五十七篇（古史官记事也）

　　师旷六篇（见春秋，其言浅薄，本与此同，似因托也）

　　务成子十一篇（称尧问，非古语）

　　宋子十八篇（孙卿道宋子，其言黄老意）

　　天乙三篇（天乙谓汤，其言非殷时，皆依托也）

　　黄帝说四十篇（迂诞依托）

　　封禅方说十八篇（武帝时）

　　待诏臣饶心术二十五篇（武帝时）

　　待诏臣安成未央术一卷（应劭曰：“道家也，好养生事，
为未央之术。”）

　　臣寿周纪七篇（项国圉人，宣帝时）

　　虞初周说九百四十三篇（河南人，武帝时以方士侍郎，
号黄车使者）

　　百家百三十九篇。

　　（括号里的注，不著姓名的，都是班固自注）

这里所列的十五种书，到梁时，只剩《青史子》一种，到隋朝，连这一
种也失传了。这些书的内容，现在我们无从知道。鲁迅说：“诸书大抵
或托古人，或记古事，托人者似子而浅薄，记事者近史而悠谬者也。”
这个判断是可信的。

　　我国远古的神话和传说，由于后世的封建统治阶级的不予重视，或
是由于其他种种原因，所以没有录为专书，仅散见于古籍，其中《山海

经》和《穆天子传》，可看作是中国最古的志怪小说。

《山海经》专记八荒异物，可算是中国古代神话的专集，是研究中国古代神话的重要史料。例如，有名的《夸父逐日》、《精卫填海》、《刑天舞干戚》的故事，便是从这部书来的。《穆天子传》记述了周穆王见西王母的故事。汉魏六朝的志怪小说，虽然有它们自己的社会内容，但同这两本书有继承的关系，是很显著的。

现存的汉人小说，如东方朔的《神异经》、班固的《汉武故事》等书，都是后人伪托的。汉魏六朝流传至今的小说，大都是"志怪"体。这是有它的社会原因的。因为两汉时代，从古代遗留下来的带有原始宗教色彩的巫术在民间还很风行，同时统治阶级如西汉的武帝和东汉的光武帝等，也十分相信长生不老和迷信于符命谶纬，所以社会上颇有以能与神仙相交来欺骗当时的统治者的方士的活动。他们也都要造一些神仙怪异之说来博得统治者的信任。魏晋六朝，老庄哲学和品藻人物，清谈玄学之风盛行，而佛教也盛传于当世，这些社会思想和风尚，都是产生这一类小说的根源。

第二节　晋代的小说

晋代小说有《列异传》（《旧唐书·经籍志》作张华撰）、《博物志》、《搜神记》、《搜神后记》、《灵鬼志》等。其中以干宝的《搜神记》为代表。

干宝，字令升，晋新蔡人。《晋书·本传》说他"少勤学，博览书记"。由于王导的推荐，以著作郎的身份任国史，曾著《晋记》二十卷，有"良史"之称。他很喜欢阴阳术数之学，所以搜集古今神祇灵异、人物变化的事迹，写成《搜神记》一书。

《搜神记》虽也宣传迷信，有一部分作品是宣传这种迷信神怪和荒诞不经的故事的，但却在许多故事里，通过神怪的题材，反映出封建社会里人民对于统治阶级的反抗情绪以及对于幸福生活的追求。例如卷十一记干将莫邪给楚王铸剑，剑成而为楚王所杀，他的儿子为恳侠客为他报仇而自刎。侠客在杀死楚王以后，也自刎而死。这个壮烈的故事，强烈地反映了人民对统治阶级的仇恨和反抗，真可以说是达到"余及汝皆亡"的程度了。

《韩凭夫妇》的故事，是说宋康王夺了韩凭的妻子何氏，韩凭愤恨自杀，他的妻子也自杀殉情，遗书请求与韩凭合葬，宋康王故意将他们分葬。结果两个坟上都生了相思树，"屈体相就，根交于下，枝错于上。又有鸳鸯雌雄各一，恒栖树上，晨夕不去，交颈悲鸣，音声感人。宋人哀之"。这个故事颇有些与《孔雀东南飞》的故事类似，通过这个故事，也反映出人民对于统治阶级至死不屈的反抗精神。在《吴王小女》这个故事中，也描写了一个不惜以死来反抗婚姻不自由，争取真正的爱情的女子。这些故事，都是具有积极意义的。《搜神记》里有许多有意义的故事，都成为后世小说戏曲的素材。例如鲁迅的《铸剑》，即取材于《干将莫邪》的故事，关汉卿的名剧《窦娥冤》也是以本书的《汉孝妇周青》的故事为蓝本的。黄梅戏的《天仙配》，则是由本书中《董永遇仙》的故事发展而来。此外如《三国演义》中的左慈、于吉、管辂、华佗等的故事和《聊斋志异》里的《种梨》等故事，也都是从本书中取材的。可见这书影响之大了。

第三节　南北朝小说

南北朝小说，受了汉末到魏晋那种品评人物和清谈之风的影响，以记录士流的言谈轶事为主要内容。其较早的如裴启的《语林》和郭澄之的《郭子》，两书现在早已亡佚，但尚散见于一些古籍中，鲁迅先生已将它们勾稽入《古小说勾沉》中。

到后来宋临川王刘义庆的《世说新语》出，就集此种小说的大成，成为这一时期小说的代表。还有一部分作品，如王琰的《冥祥记》、颜之推的《冤魂志》、吴均的《续齐谐记》等，或则宣传佛教轮回报应，神鬼灵验之事，或则记录怪异的故事，成就都不大。

《世说新语》，宋临川王刘义庆撰。《隋书·经籍志》称，《世说》原为八卷，梁刘孝标注之为十卷。现在流传的《世说新语》是三卷，据说是经北宋晏殊手校删并过的，"新语"两字是何人所加，则不可考。此书今本共三十八篇，所记都是汉末至东晋的遗闻轶事（只有《规箴门》的东方朔、京房二事，《贤媛门》的陈婴母、王嬿、班婕好三事，是东汉前的事情），百年衣冠，一代人物，在这本书里都有鲜明的反映。所记虽然是一些片言数语的散记，但内容非常丰富，广泛地反映出这一时期士族阶级的思想和生活面貌，并且揭露和讽刺了豪门贵族的虚伪面目和穷奢极欲的腐朽生活。鲁迅说此书"记言则玄远冷俊，记行则高简瑰奇。下至缪惑，亦资一笑。孝标作注，又征引浩博。或驳或申，映带本文，增其隽永，所用书四百余种，今又多不存，故世人尤珍重之。"这本书的特色，是人物形象刻画得很鲜明生动，语言又精练深刻，幽默有风趣，往往用片言只语，即把一个人的精神风貌或某些特长和突出的性格，刻画了出来，有些语言，则颇能发人深省，耐人寻味，书中还保存了一些当代流行的口语。现录数则于下，以见该书的一斑：

> 阮光禄在剡，曾有好车，借者无不皆给。有人葬母，意欲借而不敢言。阮后闻之，叹曰："吾有车而使人不敢借，何以车为？"遂焚之。（《德行篇》）

第七章　这一时期的小说

　　阮宣子有令闻。太尉王夷甫见而问曰："老庄与圣教同异?"对曰："将无同?"太尉善其言，辟之为掾。世谓"三语掾"。(《文学篇》)

　　世目李元礼"谡谡如劲松下风"。(《赏誉篇》)

　　过江诸人，每至美日，辄相邀新亭，藉卉饮宴。周侯中坐而叹曰："风景不殊，正自有山河之异。"皆相视流泪。唯王丞相愀然变色曰："当共戮力王室，克复神州，何至作楚囚相对!"(《言语篇》)

　　刘伶恒纵酒放达，或脱衣裸形在屋中。人见，讥之，伶曰："我以天地为栋宇，屋室为裈衣，诸君何为入我裈中!"(《任诞篇》)

　　王子猷居山阴，夜大雪，眠觉，开室命酌酒，四望皎然。因起彷徨，咏左思招隐诗。忽忆戴安道。时，戴在剡，即便夜乘小船就之。经宿方至，造门不前而返。人问其故，王曰："吾本乘兴而行，兴尽而返，何必见戴?"(《任诞篇》)

　　石崇每要客燕集，常令美人行酒，客饮酒不尽者，使黄门交斩美人。王丞相(王导)与大将军(王敦)尝共诣崇。丞相素不能饮，辄自勉强，至于沈醉。每至大将军，固不饮以观其变;已斩三人，颜色如故，尚不肯饮。丞相让之，大将军曰："自杀伊家人，何预卿事?"(《汰侈篇》)

361

除《世说新语》以外，其他如吴均的《续齐谐记》和王嘉的《拾遗记》，虽然成就不高，但也间有可采的，如《拾遗记》中的《怨碑》、《翔风》等篇，也揭露了统治阶级的罪恶，《续齐谐记》中的《阳羡书生》和《清溪庙神》等篇，虽然所记的是迷信的神怪之事，但他却把这些神或怪描写得很生动真实，颇有人的感情。

第四节　简短的结论

小说起源于神话和传说，汉魏六朝的小说，是继承着古代神话和传说，在当时的社会基础上产生出来的。由于两汉以来的巫术尚在民间流行，由于统治者对神仙迷信谶纬之说的相信，由于佛教的盛行，以及士流中流行的清谈玄学和品评人物的风气，更由于这一时期南北分裂，政治黑暗，人民生活十分痛苦，灾祸时起，这种种原因，就使这一时期的小说大都是"志怪"的小说。

这一时期的"小说"，还是在萌芽状态，所以它与后世的小说，在意义上是有区别的。

《搜神记》和《世说新语》，是这一时期两部比较有成就的作品，它对后世的小说，戏曲的发展，起着积极的影响，通过它，也反映了当时的社会面貌和人民的痛苦生活和斗争情况。

本 编 附 论

魏晋南北朝，是中国文学史上酝酿发展变化的时期，两汉的乐府民歌，发展到建安时代，产生了伟大的长篇叙事诗《孔雀东南飞》，成为乐府民歌发展的最高峰。汉末产生的五言诗，经过建安一代作家的努力，终于使它成为这一时期诗歌的主要形式。并且产生了曹植、王粲、阮籍、嵇康、刘琨、陶潜、鲍照、谢朓等一系列的著名诗人，在他们的作品里，表现了反传统思想，反门阀制度，反外来侵略的思想倾向，对于时代的丧乱和人民的疾苦，表示了同情，建安诗歌的风骨和民歌精神，是值得注意的。曹植和陶渊明，是这一时期有代表性的诗人。文人写作的七言诗，也在这一时期开始出现了较好而完整的篇章。

由于这一时期佛教的盛行和佛经转读的影响，使得声韵之学迅速发展，沈约等所创造的四声八病之说，直接影响到诗歌的创作，因而产生了新体诗运动，新体诗运动在诗歌形式的发展上是一个重要的过程，它们的成就虽不很大，但对于唐诗形式的发展，却做好了准备。

这一时期的民歌是丰富的，但由于南北社会的分裂，社会经济的不平衡，所以民歌也显出了南北不同的风格。《木兰诗》是北方民歌的代表作品。

　　南方流行的描写男女爱情的短小的民歌这种形式，被统治阶级利用来描写他们糜烂的生活和感情，结合了新体诗运动，它便产生了一种堕落的作品——宫体诗。宫体诗是统治阶级腐化没落的生活思想的反映。

　　文学批评从曹丕以后，有了很大的发展，刘勰的《文心雕龙》和钟嵘的《诗品》，是这一时期文学批评方面的重要著作，它们是我国古代文学批评著作中的不朽名著，对当时及后来的影响很大。

　　过去形式板滞的汉赋，在这一时期内，由于文人们身经播迁之苦，被用来写物抒情，因而产生了一些优秀的抒情小赋，使汉赋这种形式得到了改造和新生的机会。随着声律说的普遍，骈体文的流行，辞赋这种形式，便成为骈文发展的基础。总的来说，骈文的产生和发展，对文学创作并不能带来积极的影响，但从它本身来说，它在这一时期中，也曾产生过一些优秀的作品的。南朝文学中的形式主义和宫体诗，是应该加以批判的，《文心雕龙》和《诗品》都曾对它进行过批评，并取得了一定的成绩。

　　由于韵文的发展，由于文学批评家们把散文与韵文分开来，比较重视抒情的韵文，因而叙事的散文便几乎处在停滞状态，但《水经注》和《洛阳伽蓝记》，仍然表示着这一时期的散文成绩。小说方面，《世说新语》对后代有很大的影响，它虽只是反映了士族阶级的生活面貌，但比起同时期的那些志怪小说来，却进了一步。这一时期的小说，对于唐代的传奇，也起了一定的影响。

　　总起来说，这一时期，是中国文学发展过程中的酝酿、变化、发展的时期，它本身虽然不如后来唐代那样繁荣和发展，但唐代文学艺术的繁荣和发展，却与这一时期的文学有着密切的关系。